西方图书馆史

HISTORY OF LIBRARIES IN THE WESTERN WORLD

著 —— [美] 迈克尔·H. 哈里斯

译 —— 张远航 张瞳

中央编译出版社
Central Compilation & Translation Press

图书在版编目（CIP）数据

西方图书馆史 /（美）迈克尔·H. 哈里斯著 ；张远航，张曈译. -- 北京 ：中央编译出版社，2025. 5.
ISBN 978-7-5117-4872-0

Ⅰ. G259.19

中国国家版本馆CIP数据核字第2025GG0437号

Published by agreement with the Rowman & Littlefield Publishing Group Inc. through the Chinese Connection Agency, a division of Beijing XinGuangCanLan ShuKan Distribution Company Ltd., a.k.a Sino-Star.

著作权合同登记号：01-2025-1334

西方图书馆史
History of Libraries in the Western World

选题策划	张远航
责任编辑	赵可佳　孙百迎
责任印制	李　颖
出版发行	中央编译出版社
网　　址	www.cctpcm.com
地　　址	北京市海淀区北四环西路69号（100080）
电　　话	（010）55627391（总编室）　（010）55627362（编辑室）
	（010）55627320（发行部）　（010）55627377（新技术部）
经　　销	全国新华书店
印　　刷	北京盛通印刷股份有限公司
开　　本	880毫米×1230毫米　1/32
字　　数	248千字
印　　张	12.5
版　　次	2025年5月第1版
印　　次	2025年5月第1次印刷
定　　价	98.00元

新浪微博：@中央编译出版社　　微　信：中央编译出版社（ID：cctphome）
淘宝店铺： 中央编译出版社直销店（http://shop108367160.taobao.com）（010）55627331

本社常年法律顾问：北京市吴栾赵阎律师事务所律师　闫军　梁勤
凡有印装质量问题，本社负责调换，电话：（010）55627320

关于作者

迈克尔·H.哈里斯，北达科他大学文学学士，伊利诺伊大学图书馆学硕士，印第安纳大学博士，肯塔基大学图书馆与信息科学学院教授。哈里斯博士在美国国家和州立图书馆协会中非常活跃，曾担任美国图书馆协会研究和美国图书馆史圆桌会议主席，并曾当选为肯塔基图书馆协会主席。哈里斯博士曾获得美国图书馆协会赫伯特·普特南荣誉基金奖（Herbert Putnam Honor Fund Award）。哈里斯博士曾担任《图书馆学进展》（Advances in Librarianship）杂志编辑，目前是《图书馆季刊》（Library Quarterly）编委会成员。哈里斯博士曾撰写数十篇关于图书馆史的论文，并出版多部关于图书馆史的书籍，包括美国图书馆史的书目，以及关于公共图书馆、贾斯廷·温瑟和查尔斯·科芬·朱厄特的专著。他为最新版《美国百科全书》（The Encyclopedia Americana）撰写关于图书馆史的文章。

目 录

第一部分 | **古代世界的图书馆**

第 1 章 图书馆的起源 / 003

第 2 章 巴比伦的图书馆和亚述的图书馆 / 021

第 3 章 埃及的图书馆 / 032

第 4 章 希腊的图书馆 / 043

第 5 章 罗马的图书馆 / 068

第二部分 | **中世纪的图书馆**

第 6 章 拜占庭图书馆和伊斯兰教图书馆 / 089

第 7 章 修道院图书馆和大教堂图书馆 / 112

第 8 章 大学的崛起、文艺复兴、印刷术的问世,以及 1500 年以前欧洲图书馆的发展 / 135

第三部分 | **西方现代图书馆的发展**

第 9 章 欧洲图书馆:1917 年以前的扩大与多样化 / 167

第 10 章 1850 年以前美国图书馆的发展 / 210

第 11 章 现代欧洲图书馆 / 272

第 12 章 现代美国图书馆 / 317

第一部分

古代世界的图书馆

第1章
图书馆的起源

图书馆的起源，与语言和书写的起源一样，时至今日仍存在一些未知的谜团。不过，与语言和书写不同的是，由于书面记录的出现是公认的有史时代的开端，图书馆的出现可追溯至史前时代结束之后。基于这一推断，我们应该能够判定首座图书馆兴建的大致时间和地点。不过，我们所知的也只是早期图书馆在某些时间和某些地点曾经存在过，而在此之前，毫无疑问，曾有类似于图书馆的图文材料收藏机构，只是要确定其中的具体细节非常困难。书写发展的目的之一就是保存人类的交流信息，让人类的言论和记忆在其生命终结后仍能继续流传，而这些书面交流的内容极有可能从人类刚开始书写时就已被记录了下来。早期的书写形式通常备受尊崇，这也是它们有幸被精心保存的另一个原因。如果这些早期记录以井然有序的方式保存下来，并供日后需要时使用，那么它们就具备了图书馆或档案馆雏形的所有特征。

在探讨图书馆的历史前，我们必须先给"图书馆"这一名词下一个工作定义。什么是图书馆？它与图文材料收藏机构或档案馆有何区别？为阐明本书的主旨，我们假定图书馆是收集和整理图文材料供未来使用、由熟悉该规划的个人或多人管理，并至少对一定数量的人群开放的机构。此定义涵盖了早期宗教档案馆和政府档案馆的职能。图书馆和档案馆的区别在于相对现代的概念，出于历史溯源的目的，两者可以放在一起讨论。但是，对于它们之间的明显差异，我们只考虑狭义上的图书馆的特征。

在考查古代图书馆的类型之前，我们似乎应该停顿片刻，思考一下促使图书馆兴起的社会条件。从尤斯图斯·利普修斯（Justus Lipsius）于16世纪末出版的著作《图书馆史简论》（*Brief Outline of the History of Libraries*），到当代学者的大量研究成果，图书馆历史学家们始终致力于发现图书馆对同时代社会产生的影响，以及社会抑制、鼓励或引导图书馆发展的方式。大多数历史学家认为，图书馆发展的重要先决条件可大致分为以下三类：

社会条件：在这一条件下，可列举出一些积极影响，比如，城市中心的形成。人类在中心区域的各种社会活动中产生了无数的文字记录，进而需要复杂的信息系统对其进行处理。这样的需求自然也就促进了图书馆或档案馆的发展。而另一个意义重大的社会条件则是教育：正规教育体系不仅要求与教学配套的书面记录和记录保存，还要有支持教学系统的图书馆设施。当然，识字能力的程度和性质也会对图书馆的发展产生显著影响。最后，稳定的家庭生活、充裕的闲暇时间、家庭规模和人口总数等社会条件都能成为影响图书馆发展的重要因素。

经济条件：经济条件在很多方面均具有重大意义。首先，毋庸置疑的一点是，图书馆数量的大规模增加与一个国家的经济健康或繁荣程度直接相关。一般来说，必须先有大量的剩余财富积累，才能为图书馆的长足发展提供所需的资源。同样重要的是，繁荣兴旺的经济对复杂精确的记录保存系统也有很强的依赖性。图书馆一经问世即成为必不可少的经济"工具"，它们既是商业记录的存储库，也是探索未来技术进步和商业拓展的研究机构。

众多历史学家还指出，保存书面或印刷记录的材料的可用性及其成本也是极为重要的经济条件。价格低廉、便于获取的原材料是图书量产的重要前提，一旦二者同时满足，图书的普及就变得非常容易，图书贸易就会大规模兴起，图书馆也随之蓬勃发展。

政治条件：在冲突频发、动荡不安的历史时期，图书馆及其收藏必然受到严重影响，相对而言，政局稳定和社会安宁才有助于图书馆的长足发展。除此之外，统治机构的官方许可和大力支持也必不可少，只有得到官方护持，图书馆才能迅猛发展。从另一方面说，高效的政府也需要大量的国内外资讯，而这些信息从很早的时候就已在图书馆进行收集和整理了。

总之，在经济繁荣、人口稳定且具备识字能力、政府支持图书馆发展、拥有大型城市区域以及图书贸易已确立的社会中，图书馆通常会呈蓬勃发展态势。不过，值得注意的是，历史上也曾屡次出现这些"有利条件"似乎并未发挥作用的情况，对此，我们将在后文中展开讨论。在这种情况下，我们必须更加审慎地考查相关的历史记录，以发现在经济萧条时期鼓励图书馆发展或在条件允许的情况下却抑制图书馆发展的那些人的真正动机。

在尝试了解这些发展过程时，我们必须谨记一个共识，那就是，阅读与写作以及书籍的广泛传播对社会或国民生活至关重要。我们可以将这些普遍认同图书馆具有重大价值的观点统称为"阅读意识形态"，这些阅读意识形态提出了不少从思想观念或哲学角度看似乎正当却不切实际的理由，以此向为普通民众开放图书馆和提供信息服务而花费大量人力、物力、财力的做法提供支持。我们暂且将这些意识形态分为以下三类：

控制：在过去的数十年间，数不胜数的学术研究相继问世，在所有人的共同见证下，它们一而再，再而三地证实了人类学家克洛德·列维-斯特劳斯（Claude Levi-Strauss）的观点，即书籍与写作总是同权力紧密相连。日益明确的是，书籍，特别是收集和保存书籍的图书馆，往往会被有权有势的社会阶层所利用，他们试图以有利于自身利益的方式向人们展示这个世界。这些权力集团相信，只要部署一支精心筛选的书籍大军，即可有效控制公众舆论，从而达到预期的目的。图书馆史专业的学生要充分意识到图书馆的发展通常与权力密切相关，并留意玛丽·比尔德（Mary Beard）的提示：

第一部分：古代世界的图书馆

> 图书馆不仅仅是书籍的储藏室。它们还是整理知识和……控制知识并限制获取知识的手段。它们既是智力和政权的象征，也是冲突和对抗的焦点，它们绝非看上去那样公开、公正。虽然许多大型图书馆以堡垒为建筑范式，但这样建造的缘由几乎都不是出于安全考虑。①

纵观历史，强大的宗教、政治和社会意识形态总会促使个人和群体积极支持图书馆的建设与发展，以期达到某些宗教、政治或社会目的。例如，自由主义民主观念的出现假定民主实验的成功取决于全体公民在政治决策过程中广泛、开明的参与，这些观点值得注意。因此，对于世界各地的自由主义者来说，自由、公平地获取信息乃是培养开明公民的关键所在。当然，这一理念也是大多数"公共"图书馆服务构建的基础。

记忆：在这里，我们指的是一种观念，即图书馆历来都是塑造和维系理想的民族认同感的地方。从古至今，具有影响力的个人和团体始终相信，伟大的国家不仅在政治和经济层面独立自主，在思想和文学领域也必须确保独立性。藏书丰富和妥善管理的图书馆被视为构建卓越文化的工具和表现。从这一角度看，图书馆具有象征性和实践性双重意义。一方面，大型图书馆通常被视为一个国家文化成熟的象征，也正是这个原因推动了国家和地方社区竞相建造结构最复杂精妙、最具纪念意义

---

① 参见《伦敦书评》(*London Review of Books*)，1990年2月，第11页。

的图书馆，并吸引人们花费大量时间比较各自图书馆的规模和成本。

另一方面，图书馆被视为一种资源，只有社会上最出类拔萃的人才能从中发掘他们所需的素材，从而对各自文明的文化遗产进行创作、延展和提炼。因此，对于世界史上几乎每个国家的知识精英来说，图书馆代表着不可或缺、弥足珍贵、极具象征意义的文化资源。

商品：此处指的是将图书馆作为书面和印刷材料的专业市场的价值，这一点很少有人提及和评论。在图书馆发展史初期，大批志同道合的学者秉持共同的理念，提出图书馆应在国家的支持下，成为激励"生产"学术、科学和文化"商品"的一种手段。而作者、出版社、书商和图书管理员等也纷纷出面力证，图书馆（在某种程度上）是对欣欣向荣且充满多样性的出版业的必要补充，他们以极具说服力的论据证明，必须创建图书馆并支持图书馆的发展，使其成为公共资助的印刷品需求的来源。

在此，我想说的是，我们必须对那些有助于图书馆发展的"条件"保持警觉，并关注在各个历史时期为创建图书馆提供动力的意识形态。换言之，我们要对那些促进图书馆发展的社会、经济和政治条件，以及图书馆兴建背后的个人和群体带有某种意图的阐述目的加以考量。

尽管早期图书馆常与宗教建筑联系在一起，但我们不能就此认定神庙图书馆是唯一的乃至最重要的一种早期图书馆形式。实际上，对早期图书馆的总体发展功不可没的图文材料收藏类型至少有三到四种。第一种是神庙典藏，第二种是政府档案，第三种是系统性整理的商业记录，可能存在的第四种是家族或宗族文件收藏。在宗教和世俗统治权掌握在同一人手中的情况下，前两种收藏类型有时会合二为一；当家族文件和商业记录重合时，后两种类型也会变得密不可分。无论是哪种情况，书面记录都包含了要保存下来以供将来查阅的事实或信息，而在此用途下，一旦图文材料超过一定数量，就有必要按照逻辑顺序对其进行编排。

首先，我们要讨论的是作为图书馆原型的常见范例的神庙典藏。神庙或任何其他高级宗教建筑都预设了正规的礼拜方式、神职人员和受人敬奉的各级神祇。通常还有一个创世故事和一份信众必须牢记于心的诸神谱系图。这样的宗教文献在若干个世纪里世代相传，从父母到孩子，从牧师神父到新的信徒，无不如此；而最终，这个创世故事必然要经历规范化的整编过程，形成确定和正统的宗教崇拜仪式。产生这种需求的原因可能是政治变革、人口迁徙、异教威胁，或仅仅是宗教文献本身的日益复杂化。或许是书写的进步使宗教稳定成为可能，亦或许是对宗教活动稳定的需求促进了书写的进步。不管是哪一种情况，神庙典藏都始于宗教律法、宗教仪式、圣歌、创世传说、众神传记手抄本，以及后来的宗教权威人士对以上典籍的评注。经典的经文会刻在石头、皮革或铜制品上，或者刻写在黏土坯上，烧制成经久不坏的砖块。普通的宗教文书则写在那个时期当地常用的书写材料上，例如莎草纸或羊皮纸。

神学典藏存放在神圣的地方，由神职人员负责管理。只有位高权重的神庙要员才能进入图书馆，而他们中可能只有少数人才能阅读这些典籍。在大多数社会的早期阶段，缮写员或曾接受读写训练的人地位远远高于普通人，通常只有少数神庙人员属于这一精英群体。被少数人拥有、由少数人管理，并为少数人服务的神庙图书馆保存了其所属宗教最重要的文献，是该宗教信众最基本的文化遗产。在埃及、巴勒斯坦、巴比伦、希腊和罗马，神庙典藏无疑是最早和最重要的图书馆雏形之一。

其次就是政府记录收藏机构或档案馆。为了维持政府的正常运转，需要征税和纳贡。为了显示这些收入来源合理、准确恰当，就要确保财产所有权清晰有效，并编制和留存税务记录。契约和财产交易必须记录在案，证明其合法性的图文材料要在相关政府机构进行归档。法律和法令也必须颁布施行，并妥善保存。从更大的范畴来说，统治者之间的协定、条约和非正式协议也需要永久保存。此外，还有宗主国和附庸国关系的建立和废除、向战败国索取贡品、附属地管辖者向上呈交的报告以及在困难时期发出的援助请求。一些已知的最早记录正是大国君主与其属国之间的准外交文书。以上均为政府的官方记录，当其被保存和整理以供未来调阅或使用时，就成为政府档案。而在律法汇编、军事战报、统治者族谱以及执政史等也相继添加进来后，这些档案收藏就具备了图书馆的基本特征。众所周知，这样的收藏事例不胜枚举。除此之外，史实与虚构成分并存的军事征服史和君王传记为严肃沉闷的收藏内容增添了些许

第一部分：古代世界的图书馆

文学色彩。在早期图书馆形式中，政府档案馆占据了显要位置。政府的存档资料被记录在泥板、莎草纸或羊皮纸上，甚至是铜带或青铜片上。不管以哪种方式呈现，它们均记述和保存了主要的政府活动，为未来历史的编纂奠定了基础。

创建政府图书馆和神庙图书馆的高度发展的文明很可能也拥有相当发达的商业和贸易活动。政府或宗教朝拜中心通常位于人口稠密地区，这些城市或半城市化区域通常在河流沿岸、港口或陆上通商路线交汇处建立并发展起来。先进的文明要求比实物交易和简单的货物交换更加复杂和成熟的贸易方式，于是全新的货币形式应运而生。随着商业活动超越实物交易，相关记录必须予以保存。财产、库存、采购和销售、税收和贡品等记录也必须加以整理并保存完整，以便随时查阅。来自远方城镇的雇员或代理商提交的报告以及对他们发出的指令亦是如此。这些记录综合在一起就形成了商业档案，而其所包含的信息也在实践中不断积累、不断扩展。为寻找商机的航海探险或陆地探索，影响贸易的军事行动和政治事件，自然灾害、生产方法或产品配方——所有与这些相关的叙述都可能被收入商业档案，档案馆也因此在性质上更接近图书馆。无论我们称其为档案馆还是图书馆，这样的馆藏在埃及、腓尼基和巴比伦，以及后来的亚历山大、雅典和罗马的大型贸易公司中屡见不鲜。但如果我们说商业档案馆就是现代图书馆的鼻祖，似乎仍缺乏足够的论据支持，除非我们将其视为"产业"或"专业"图书馆。

家族手稿收藏与公共图书馆建设之间的关系同样单薄，但却与私人图书馆的发展密切相关，为此，家族手稿收藏也被归为图书馆史的一部分，一些已知的最早的书面记录即与私人事务有关。在任何一个组织有序的社会中，财产所有权和遗产继承权都是重要的家族事务；而遗嘱、契约、销售凭证、牛或奴隶的存货清单则构成了部分留存的最早期的家族记录。显示家族血统和亲属关系的族谱通常会世代传承。如果该家族属于名门望族，还会将宗教经文和仪式、占星学和占卜术等著作添加到收藏中。记录各种各样预兆的清单似乎是巴比伦人最喜爱的家族收藏。增加进去的还包括君王名单、历史年表，甚至包括当地诗人或说书人的作品。随着宗教评论、传统史诗和传说以及其他历史或文学作品的不断加入，家族收藏最终转化为真正的私人图书馆。而家族档案室成为私人图书馆的前身，最早也许可以追溯到希腊和罗马时代，藏书丰富的私人图书馆在当时并不罕见。

图书馆早期发展的另一个因素是官方或"版权"手稿的收藏。随着文学作品的不断创作和广泛印制，副本的准确性和纯正性必须得到保证。历史文本的副本可能略有差异，但只要不篡改史实，就无伤大雅。不过，在诗歌和戏剧创作领域，作者的原文对其文学价值的界定至关重要。因此，在索福克勒斯（Sophocles）和欧里庇得斯（Euripides）所处的古希腊时期，戏剧的官方副本会被存放在公共藏书处，以此确保所有人都能读到正确的文本。由于戏剧和其他文学作品极易被剽窃，而被篡

第一部分：古代世界的图书馆

改的文本很有可能同原文一样迅速流传，因此在恰当的地点保存官方副本就尤为重要。只要官方图书馆存放着正确的文本，那么其他所有副本均可随时与官方副本进行比对，如此一来，任何关于准确性或真实性的质疑就都迎刃而解了。埃及在宗教经文方面也遵循类似的做法。官方或正统经文均受到严格保护，以此确保内容的真实性或权威性。早期希伯来人的约柜也是其中范例。当这些收藏不断扩大、经过系统整理且可供阅览时，它们就成为公共图书馆的早期形式。

众多历史学家明确指出，图书馆的用途和规划会因其收藏内容的变化而改变，由此可知，用于存储信息的书写材料正是图书馆发展史的核心部分。在历史的长河中，人们为了寻找最合适的书写工具和最称心的书写表面，曾尝试过几乎所有已知的材料。在此过程中，他们曾用木材、石头、各种金属和皮革、树叶、树皮、布料、黏土及纸张作为书写表面，均取得卓有成效的进展。至于书写工具，人们曾使用过几乎每一种可与颜料或墨水搭配的尖头物体，包括凿子、刷子、棍子、木头和金属尖笔、鸟类羽毛和翎毛。

一般来说，有三种书写表面在古代各国应用最为广泛，且大多数现存的文字均记录于其中一种表面上。首先是按时间和地理区域划分使用范围最广的莎草纸，纸莎草生长在尼罗河下游和整个地中海地区。人们用纸莎草茎制作书写表面时，会剥去草茎的外皮，将柔软的内茎切成狭长的薄片，然后再将这些长薄片叠放成两层，上层垂直覆盖于下层，趁其还湿润时轻轻按压或捶打，直至制成表面粗糙的纸状物。待这些纸状物干燥后用浮石打磨，形成光滑的书写表面，它们既易于吸收墨水，在平常使用中又不易损坏。莎草纸有着不同的重量和等级，而等级取决于草茎的品质、制作时的精细程度以及纸张的大小。

制作完成后，纸张既可单独用于信件、短诗或各类官方文件，也可并排粘连成长条，用于篇幅较长的作品。文字方向通常与纸条的长边垂直，沿长边（从右向左）书写时形成与之垂直的列或页面。一个完整的长条可做成3.1—9.1米长、15.2—25.4厘米宽的纸草书卷。有些纸草书卷甚至更长、更宽，显然用于特殊用途，例如约40.5米长、43.2厘米宽的哈里斯大纸草。人们会在完成的手抄本末端粘上一根圆柱形的木棒、金属棒或象牙棒，然后以此为轴将纸草长条卷起。制作完成后的卷轴会被放入由陶土、金属、象牙或皮革制成的圆筒内，并附有由木头、金属或象牙制成的标签，上面是关于卷轴内容的说明，或许还有物主的印鉴。这些或华丽或简朴的卷轴构成了希腊、埃及和罗马图书馆的"藏书"。少数卷轴会被置于陶罐内，而大部分通常放在图书馆墙上的壁龛或"鸽子洞"里。

羊皮纸书卷与纸草书卷在材质和外观上截然不同，但使用形式却极为相似。羊皮纸，或与之类似的犊皮纸，是用绵羊或山羊的羊羔皮鞣制而成的。人们先将羊皮上的毛和脂肪处理干净，然后进行熏制和晾晒，直至羊皮变得极薄，呈几乎透明的白色。最后，将制作完成的羊皮纸裁剪成常规大小，根据需要，同样可以粘连成长条。羊皮纸兴起于人们使用表面粗糙的兽皮和皮革几个世纪后，是经过不断摸索筛选出来的优点较多的书写表面，但皮革仍用于特殊用途的书写，尤其是宗教作品和宗教仪式卷轴。在日常使用中，皮革和羊皮纸比莎草纸更结实耐用，羊皮纸的优点是适合双面书写。而莎草纸的多孔性导致书写时墨水的渗透性更强，因此，在莎草纸上书写仅限其中的一面。羊皮纸自公元前2世纪开始广泛使用，在之后的几个世纪里，羊皮纸和莎草纸同样受欢迎。

在古代，第三种备受欢迎且应用广泛的书写材料是泥板，上面刻写的是美索不达米亚河谷及邻近地区的楔形文字。从公元前4000年到基督教时期的最初几个世纪，波斯（今伊朗）到地中海地区使用的都是这种书写载体。从表面形态看，泥板就是一块柔韧性强且坚实平滑的黏土板，可用木头、骨头、芦苇或金属制成的尖笔压印出文字。在使用前，黏土要保持柔软，然后揉捏成所需的大小和形状。如果不能在较短时间内完成书写，或日后还要添加更多内容，黏土就必须保持湿润状态，在这种情况下，人们就会用湿布将其暂时包裹起来。泥板大多呈枕头状，宽约5—8厘米，长约7—10厘米，厚约2.5厘米。有些泥板长约30.5厘米，宽约20厘米。此外，泥板并不都是矩形，还有圆形、三角形、圆柱形或锥形等各种形状。泥板的书写工具是一种末端呈方形或三角形的尖笔，握笔时与书写表面形成一定角度，留下的是压痕而非连续笔画。这就使文字看起来像是拖着长尾巴的楔形凹痕，由此得名楔形文字。书写完成后，需要先将泥板晾干，再在烤炉中烘烤后即可长久保存。有些烘烤过或刻写过的泥板会被套上一层黏土外壳，律法文献的正文可能会在外壳上重写一遍。只要这层黏土外壳没有破损，就可以断定里面的文字完好无损、正确无误，这样做，既是一种保护，更是一种防止原文被篡改的措施。

最早的泥板文书采用纵向的书写方式，从泥板右侧的顶部开始，到左侧的底部结束。若干世纪后，书写方式发生了改变，变成和现在一样横向书写，从左上角开始，到右下角结束。篇幅较长的作品可能需要几块甚至几十块泥板。存放这些泥板的最常见的做法是将其装在篮子里，有时只是摆放在架子上。每块泥板都有单独编号，末端醒目地刻着一个关键词或一段文字。有些鸿篇巨制会刻在一块超大的泥板上，其中就包括《辛那赫里布编年史》(*Annals of Sennacherib*) 泥板文书，那是一块高约30.5厘米、厚约12.7厘米的六面大泥板，它于1830年在尼尼微古城被发掘出土，如今存放在大英博物馆中。

众所周知，泥板文书在埃及和纸草书卷一样常见，那么同样地，巴比伦人很可能也会使用莎草纸和羊皮纸，尤其是在基督教时期来临前的最后几个世纪。由于巴比伦地区因土壤湿度，莎草纸或羊皮纸早已腐烂，但人们在那里发现了显然最初就随附在刻字纸卷上的黏土印章。此外，发掘出土的巴比伦宫殿壁画描绘着缮写员正在阅读一卷书；有的壁画则展示了撰写人用一块显然上过蜡的木板保存临时记录。

在希腊和罗马的古典时代，莎草纸或羊皮纸卷轴一直是保存书面记录的主要载体形式，在欧洲，尤其是法律文献，这两种书写载体甚至沿用到现代。而到了4世纪,另一种书籍形式,即古书手抄本(codex)开始广泛使用,它与我们现在阅读的书籍基本相同。"古书手抄本"的名称源自拉丁语caudex,表示"树干"之意。抄本最早期的形式是将两块木头或象牙薄片的其中一侧用铰链连接起来的双联画。薄片的内表面上蜡后,可用尖笔刻写。蜡面在轻松擦除后会变得平滑,可再次书写。蜡面双联画由单片蜡板演变而来,只要在一侧用铰链简单地加以连接即可。它们可用于寄送信件、计算账目、预备课件或其他不需要长期保存的书写内容。后来,两块以上的金属、木头或象牙薄片用铰链连接在一起,就具备了现代书籍的雏形。当易于折叠的羊皮纸被广泛用作书写材料时,一张大羊皮纸可以像双联画那样对折,形成两页或四页的对开本。当新增的羊皮纸不断折叠、插入并沿着折叠线缝合在一起时,小册子或单面书贴形式的抄本也就问世了。其中一些书贴经过缝线固定、胶水黏合,再辅以皮革或木头封面,就成为可保存数百年的抄本。

由于早期基督徒曾用这种形式的抄本抄写经文,所以人们普遍认为,它是基督教时期的产物,但实际上,早在公元前8世纪,亚述人就已开始使用铰链蜡板了。1953年,考古学家在尼姆鲁德废墟中发掘出16块象牙板和数块胡桃木板,每块板子上的痕迹都证明它们曾被铰链连接过。在废墟中还发现了一套带厚重封面和金铰链的15块象牙薄片,表明这部蜡板"书"至少有30页。它可能是学生的作业本,或是保存往来账目的相对简易的记录方式。宫殿内的一幅壁画显示,一名缮写员正在用一块板状物记录战争死亡人数。

总之，随着其他具有历史、文学或信息性质的材料不断加入，记录用途已超越创建者本意，最初作为政府、神庙、商业或私人记录的图文材料收藏机构逐渐发展为图书馆。早在公元前3000年之前，埃及和巴比伦就已拥有井然有序的档案馆，而在公元前2000年之前，两国均已建立真正意义上的图书馆。图书馆随着文明达到巅峰而蓬勃发展，又在文明遭受打压或在军事征服期间衰落，直至被摧毁。不过，尽管个别图书馆可能会被损毁或曾经遭到损毁，但图书馆的概念一经确立，就变得坚不可摧。自有记载的历史开始，作为不同时空之间主要的交流纽带，图书馆发挥了至关重要的作用。一份历经沧桑保存至今的书写材料上的记录，可以使特定的一代人的思想或行为永久留存，而只有当这些记录经过整理保存在图书馆中时，它们才会对子孙后代的成长进步产生意义深远的影响。

| 延伸阅读 |

有关"阅读的意识形态"的更多细节，请参阅迈克尔·H.哈里斯（Michael H. Harris）的《国家、阶级和文化再生产》("State, Class, and Cultural Reproduction," *Advances in Librarianship* 14, 1986: 211—52)，以及迈克尔·H.哈里斯和斯坦利·哈纳（Stanley Hannah）的《面向未来：后工业时代图书馆和信息服务的关键基础》(*Into the Future: The Critical Foundations of Library and Information Services in the*

PostIndustrial Era, Norwood, N. J.: Ablex, 1993）。

书面语言的出现是图书馆发展的先兆，但在这里无法详细讨论。杰克·古迪（Jack Goody）的《写作的逻辑和社会的组织》（*The Logic of Writing and the Organization of Society*, Cambridge: Cambridge University Press, 1986）和哈维·J. 格拉夫（Harvey J. Graff）的《识字的遗产：西方文化与社会的延续和矛盾》（*The Legacies of Literacy: Continuities and Contradictions in Western Culture and Society*, Bloomington: Indiana University Press, 1987）对识字的含义进行了出色的论述。关于书写系统，最近有两种比较容易理解的处理方法：乔治斯·琼（Georges Jean）的《写作：字母表与文字的故事》（*Writing: The Story of Alpbabets and Scripts*, New York: Harry N. Abrams, 1992）和韦恩·M. 森纳（Wayne M. Senner）主编的《写作的起源》（*The Origins of Writing*, Lincoln: University of Nebraska, 1989）。

我们现在所拥有的关于图书馆起源的大部分信息都是由考古学家提供的。感兴趣的学生可以从大量的文献中进行深入细致的研究，从而学到很多知识。不过，有一些著作对这一主题做出了相关而全面的论述，其中比较突出的有以下几部，它们都包含大量参考书目：恩斯特·波兹奈尔（Ernst Posner）的《古代世界的档案馆》（*Archives in the Ancient World Cambridge*, Mass.: Harvard University Press, 1972）和费利克斯·赖希曼（Felix Reichmann）的《西方文化的起源：中东文明》（*The Sources of Western Literacy: The Middle Eastern Civilizations*,

Westport, Conn.: Greenwood Press, 1980）。此外，还有许多关于西方世界图书馆和书籍的通史，它们或多或少详细地介绍了图书馆的起源。读者应注意，这里提及的著作与本书其他章节也有关联。

Harris, Michael H. "History of Libraries," *Encyclopedia Americana* vol. 17 (1993): 311—325.

Hessel, Alfred. *A History of Libraries*. Translated by Reuben Peiss, New Brunswick, N. J.: Scarecrow Press, 1955.

Jackson, Sidney. *Libraries and Librarianship in the West: A Brief History*, New York: McGraw-Hill, 1974.

Schottenloher, Karl, *Books and the Western World: A Cultural History*. Trans. William D. Boyd and Irmgard H. Wolfe, Jefferson, N. C.: McFarland, 1989.

Thompson, James Westfall. *Ancient Libraries*, Berkeley: University of California Press, 1940.

Vleeschauwer, H. J. de. "History of the Western Library," *Mousaion* nos. 70—74 (1963—1964); "Survey of Library History," *ibid*, nos. 63—66 (1963).

第 2 章
巴比伦的图书馆和亚述的图书馆

很难断言西方世界的第一座图书馆是位于埃及还是美索不达米亚，但可以肯定的是，在公元前 4000 年至公元前 3000 年间，这两个地区出现的文明中，书写产生了"书籍"，这些书籍保存下来，并达到一定规模，足以形成图书馆。在美索不达米亚平原上，苏美尔人、巴比伦人和亚述人相继在此居住，图书馆的产生在当时肯定就已经开始了。可能早在公元前 4000 年左右，象形文字在那里已经发展起来了，到公元前 3600 年时，谷底下游地区的苏美尔人从象形文字中发展出了一种楔形文字。到公元前 3000 年左右，王朝、神庙和商贸的缮写员普遍使用大约有 400 个符号或字符的楔形文字"符号系统"。在接下来的几个世纪里，图书馆，或者至少是精心整理的档案馆，在整个平原上相当广泛地建立了起来。多亏了烤制黏土的耐久性，我们才能对这些图书馆有相当多的了解。在美索不达米亚城镇的废墟中，已经出土了 20 多万块泥板文书，而且由于楔形文字已被破译，我们不仅可以阅读泥板内容，还可以了解它们最初是如何被收集和整理成图书馆的。

平原下游的苏美尔人不是闪族人，但大约公元前2500年，底格里斯河和幼发拉底河上游居住着一众闪族人，即阿卡德人。大约公元前2250年，闪族领袖阿尔贡一世将整个谷地统一为古巴比伦帝国，建立了一个从波斯湾延伸到地中海的强大国家。然而，从文明上看，古巴比伦文明是在苏美尔文明的基础上发展的，由此产生的文明持续了大约两千年。在汉谟拉比（Hammurabi，约公元前1700年）的统治下，随着著名的《汉谟拉比法典》（Code of Laws）的问世以及历史编年史和王表的编纂，古巴比伦文明达到了顶峰。一千年后，当美索不达米亚平原被亚述人统治时，数位进步的国王推动文学和图书馆的发展，使其跨上一个新的台阶，但公元前625年后，迦勒底人、波斯人和希腊人相继征服了这一地区，也终结了这一历史时期，此后的两千年间西方世界对这一历史时期一无所知。直到考古学家用手中的铲子让成千上万的泥板文书重见天日，西方世界才得以重新认识苏美尔-巴比伦-亚述时代的辉煌。

然而，在这种文明存在的时期，美索不达米亚平原是世界上最具启蒙性和进步性的地区之一。随着平原上许多古代城镇遗址的发掘和研究，这些泥板文书藏品揭示了图书馆发展的漫长且几乎连续的故事。

最早的泥板文书发现地之一是厄雷赫的红庙。这个城镇位于幼发拉底河下游平原，这些泥板可追溯到公元前3000年左右，是用象形文字书写的。在后来的巴比伦遗址附近的杰姆代特·纳斯尔（Jemdet Nasr），还发现了一种更先进的文字，可追溯到公元前2700年左右。在拉格什附近的特洛斯，出土了近3万块楔形文字泥板，其年代约为公元前2350年；而在现代巴格达南部的尼普尔（Nippur）发现了数千块泥板文书，可追溯到公元前2000年左右。在平原上还发现了20多块其他的泥板文书藏品，显然是神庙或皇家图书馆的遗迹，还有许多较小的泥板文书，似乎是私人或商业图书馆或档案馆的藏品。

尽管这些保存下来的泥板是我们了解巴比伦历史的重要来源，但实际上其中包含的历史记录非常有限。大约在汉谟拉比统治时期，人们曾试图编纂美索不达米亚平原的完整历史。他们编纂了历代国王的年表，并记录了所有战争和国际争端的历史。同时，人们也撰写了宗教历史，讲述了各种神祇以及他们的庙宇和祭司的故事，其中既有神话成分也有历史纪实，虚实夹杂。不幸的是，这些历史记录都没有保存下来，但后来的亚述人以王表的形式抄录了一些政治历史的残余，同时也记录了这些历史的编纂过程。据称这些王表涵盖了从大洪水之前到汉谟拉比的所有统治者，纵使现代历史学家对此提出了质疑，但它们仍然是研究早期美索不达米亚历史的基础。汉谟拉比统治时期还因编纂以汉谟拉比的名字命名的法典而闻名。它不是第一部巴比伦法典，但却是最著名的一部，它必定是在一部精心编排的法律文献集的基础上编纂而成的。实际上，它间接表明存在一个出色的法律档案馆或法典图书馆。从图书馆史的角度出发，重要的一点是，为了编纂这些历史或法典，编写者必须拥有数以千计的泥板文书，而且这些泥板文书必须经过精心编排和组织以供使用。

毫无疑问，巴比伦人和苏美尔人的泥板藏品整理到何种程度，这仍是一个问题。然而，到亚述帝国时期，这一点就无可置疑了，因为这些图书馆按主题进行分类，并且采用了原始的目录系统。亚述图书馆不仅规模庞大、组织良好，而且显然向读者开放，使用率很高。特别是在公元前705年左右去世的萨尔贡二世（Sargon II）统治期间，亚述人在霍尔萨巴德建立了一座皇家图书馆，这标志着图书馆史的一个卓越的开端。该图书馆的遗址已被发掘，不仅出土了数百块泥板，还发现了一份从公元前2000年到萨尔贡二世时期的王表。萨尔贡二世的直接继任者扩大了皇家图书馆的规模，但真正将该图书馆发展成古代世界最伟大的图书馆之一的，则是他的曾孙亚述巴尼拔（Assurbanipal，约公元前668—约公元前631年）。亚述巴尼拔将国都迁至尼尼微古城，并在其皇家图书馆内收藏了3万余块泥板。在他的亲自指挥下，使者被派遣到亚述帝国的各个角落，从波斯湾到地中海，甚至到外国，收集各种各样的、有关所有主题的书面记录。亚述巴尼拔显然是识字的，他让缮写员学习早期的苏美尔和巴比伦文字，以便将古老的记录翻译成亚述语。他对宗教文本、咒语和口头符咒特别感兴趣，但他的使者接到的命令是以书面形式带回所有收集到的东西。据说，他曾请求亚述书写之神纳布（Nabu）保佑他的图书馆，并赐予他建立图书馆的恩典。就像几个世纪后的亚历山大图书馆一样，亚述巴尼拔图书馆也同时向官方和非官方学者开放。事实上，国王雇用了许多缮写员和学者来修订、编纂和编辑其图书馆里收集的数千本文献。

亚述巴尼拔图书馆分布在王宫的多个收藏室里，且按主题进行排列。例如，有一个收藏室专门存放与历史和王朝相关的泥板，包括与附庸的统治者签订的条约、官员传记和王表。在同一个收藏室里，还存放了邻国信息和与驻其他国家皇家大使的来往信件副本，以及与对军事官员的命令相关的泥板。图书馆的另一个分区则专注于地理，包含对城镇、国家、河流和山脉的描述，以及每个地区的商贸产品表。有的分区涉及法律条文和司法判决，还有的分区涉及商贸记录，包括合同、契约、买卖凭证等。税单以及贵族应纳贡品的账目构成了另一个分区。有一个重要的收藏室专门存放含有传说和神话的泥板文书，这些内容构成了亚述宗教的基础。这些泥板文书记录了大洪水、神祇名录、众神各自的权能和成就，以及献给他们的颂歌。仪式、祈祷和咒语构成了该类主题的一个重要分支。亚述巴尼拔图书馆的其他分区还涉及科学和伪科学方面的作品——天文学和占星术、生物学、数学、医学和自然历史。总而言之，该图书馆必定包含由3万块泥板组成的1万部不同的作品，并且值得一提的是，其中许多作品是美索不达米亚先辈以及邻国作品的副本或译本，它们不属于亚述帝国本土的作品。

亚述巴尼拔图书馆内各个收藏室的泥板文书被保存在陶罐里，陶罐则整齐地排列在书架上。每块泥板上都贴有识别标签，注明其所在的陶罐、书架和收藏室的位置。在每个收藏室的门旁墙上都有一份清单，列出了其内存放的作品内容，相当于该收藏室的粗略目录。此外，在每个收藏室门口附近还发现了类似于主题目录或描述性书目的一些泥板文书。这些泥板文书上注明了每部作品的标题、泥板数量、行数、开篇词、重要章节及其位置或分类符号。这些"目录"泥板中有些因使用频繁而显现出明显的磨损痕迹。

亚述巴尼拔以他的图书馆为荣，他收藏了当时世界上各个已知角落的文献。他的官方印章便是这种自豪感的体现。在印章上，他祈求最崇拜的神纳布的帮助后，说道："我收集了这些泥板，我让人抄写它们，在上面刻下我的名字，并将它们存放在我的王宫里。"这也表明他将这些文献用于教导他的臣民。但我们从另一处得知，他也对图书馆的藏品内容进行了控制或审查。据说他的一名缮写员兼图书管理员曾说："我将放入国王满意的内容，移除国王不满意的内容。"无论是否经过审查，亚述巴尼拔图书馆的建立对历史来说都是一件幸事，因为其中保存了许多关于美索不达米亚早期历史的独特资料。例如，《吉尔伽美什史诗》(*The Epic of Gilgamesh*)就保存在亚述巴尼拔图书馆的12块泥板上，而巴比伦的创世神话也被保存于7块泥板上，此外还有许多其他的传说、史诗和英雄故事。令人称奇的是，这座图书馆几乎完好无损地保存了下来，而它的保存实际上可能归因于一场灾难。当公元前612年尼尼微古城被毁时，入侵的迦勒底人和米底人显然对这些泥板不感兴趣，他们仅仅用攻

第一部分：古代世界的图书馆

城锤撞倒了王宫的墙壁，从而将其摧毁。倒塌的墙壁将泥板文书掩埋在废墟下，帮助它们免于一难，使其得以保存下来，直到19、20世纪被考古学家发掘出来。如今，近2万块来自"世界之王"亚述巴尼拔所建图书馆的部分或完整的泥板文书存于大英博物馆中。

尽管亚述巴尼拔图书馆是古代美索不达米亚最著名的图书馆，并且很可能是规模和内容最为壮观的，但它并不是唯一的图书馆。事实上，从该地区的多次考古发掘中，人们发现了更多皇家图书馆和神庙图书馆存在的证据，其年代大约可以追溯到公元前2000年至公元前500年。此外，还有证据表明，富有的私人家庭也拥有图书馆，其中发现了一些与商业档案相关的泥板文书藏品。不过，最有用的泥板文书藏品是在王宫、神庙和政府建筑的废墟中发现的。

神庙图书馆的性质和用途与皇家图书馆截然不同。它们的内容包括神祇的历史、仪式手册、颂歌、咒语和祷告，以及神圣的史诗和经文。此外，由于巴比伦宗教与科学或伪科学密切相关，神庙图书馆还包含农业、生物学、数学、天文学和医学方面的作品。在前文提到的尼姆鲁德古城遗址附近，也有一座神庙图书馆，收藏了含有颂歌、咒语、预兆和医学内容的泥板。亚述巴尼拔除了他的主要图书馆，还有一座神庙图书馆，该图书馆也完全是宗教和伪科学性质的。由于神庙不仅是宗教社群的知识中心，还对其持有的大量土地和商业活动产生经济作用，因此它雇用了数十名非宗教工作者，除了保管神学文献的藏品，还有商贸记录的相关作品。

神庙更重要的功能之一就是为缮写员开设文士学校。楔形文字的书写过程非常艰难，需要经过多年的学习才能熟练掌握这门艺术。学生们不仅要接受祭司和缮写员的培训，还要学习其他专业技能，如天文学、数学、医学和会计学。人们发现了练习用的泥板，表明学生是从简单的楔形文字符号进阶到更复杂的符号，最终能够书写完整的泥板。"学校图书馆"中保存着教学泥板以指导学生如何书写，词典、语法书，以及商贸单据和信件也一应俱全。此外，还有类似于地名词典的地名表，以及植物、动物、矿物和贸易产品的清单。对于使用当前或古代语言的缮写员或学生，还有翻译成巴比伦语的外语词典。甚至还有其他语言的重要作品的逐行翻译。尼普尔的神庙中设有文士学校，从遗留的泥板中可以看到一系列关于学童学艺的对话或辩论。

在物理结构上，巴比伦和亚述的图书馆与现代图书馆相差甚远，这种差异主要源于"书籍"的性质——泥板文书。大多数泥板藏品被发现时都散落在废墟中，因此很难判断它们最初是如何排列的。在少数情况下，比如在亚述巴尼拔图书馆中，我们至少可以知道这些泥板最初所在的收藏室或区域，但有时甚至连这一点都很难做到。然而，从发现的众多藏品中可以得出几条结论。显然，无论是在神庙还是在王宫，这些泥板都被存放在指定的区域，按照一定的顺序摆放，并由经验丰富的人员进行日常管理。也有些泥板被发现时是在其他办公室中，好像是被某位官员在工作区查阅,又好像是个人的私人图书馆。在图书馆的常规收藏室中,在不同的时间和地点,泥板的保存方式各有不同。有些泥板放在狭窄的架子上,有些放在浅槽中,有些放在格子架里,还有些放在篮子或陶罐里。除了泥板,偶尔还使用其他书写材料,如莎草纸、动物皮革、蜡板,甚至光滑的木板,但这些材料没有保存下来,我们只能通过遗留的插图和泥板上的记载得知它们的存在。现存的泥板在大小和形状上也存在很大的差异,不过常规的泥板呈枕形,长约15.2厘米,宽约7.6厘米。

由于每块泥板只能容纳相当于现代书籍两三页的内容,因此大多数作品需要使用多块泥板。对于这些较长的作品,泥板通常按顺序编号,并通过作品的第一个词或词组形成的序列"标题"串联在一起。例如,亚述巴尼拔图书馆中发现的创世神话以"从前,上面……"开头,因此包含该故事的几块泥板标注为"从前,上面,第1号""从前,上面,第2号",以此类推,直到第7块泥板。在一些藏品中,第一块泥板上有题词的内容,标明了所有者、缮写员、首行内容或序列标题,以及这套泥板的数量。有时,整套泥板会用绳子绑在一起,或放在单独的篮子或罐子中。书架上可能会标注位置符号来帮助定位泥板,但即便如此,如果藏品规模较大,相似或相关的作品通常会被放在一起。如同在亚述巴尼拔图书馆中,查找清单或"目录"经常被刻在门旁的墙上或容易取用的泥板文书上。清单上通常注明了多份副本,有些图书馆里有多达6份最受欢迎作品的副本。阿根内的一份藏品"目录"主要包括天文学和占星术方面的作品，建议读者写下所需泥板的编号并交给图书管理员，图书管理员会为他找到所需的泥板。

图书管理员，或称"书籍保管员"，必须是训练有素的专业人员。首先，他必须完成文士学校的学业，然后他必须接受有关他所要保管的文献或记录类型的全面培训。此后，他要当几年学徒，学习图书管理员的工作，并同时学习多种语言。人们还发现很多藏品有多个不同语言的版本，这表明图书管理员必须精通多种语言。除了担任图书管理员，他还常常负责编辑、抄写和翻译高级行政或宗教官员需要的作品。他被冠以各种头衔，如"书写泥板之人""泥板守护者"或"书籍大师"。最早闻名的一名巴比伦图书管理员是阿米特·阿努（Amit Anu），他在公元前2000年左右担任乌尔皇家图书馆的"泥板守护者"。在神庙图书馆中，图书管理员兼缮写员通常是一名祭司，往往级别很高；而在皇家图书馆，图书管理员通常由重要官员担任。无论哪种情况，图书管理员通常都来自上层阶级，一般是贵族家庭的幼子。

苏美尔-巴比伦-亚述民族对西方文明的贡献确实很多，但是不管其他方面表现如何，他们最值得铭记的成就在于对沟通方式的贡献。他们开发了一种书写方法，一种经济的、易于获得的且相对持久的书写材料，以及一种在档案馆和图书馆中用于整理和使用记录信息的系统。无论这些商业、法律、政治和教育方面的藏品的直接用途是什么，最终的结果都是保存了这一特定地区文明进步的记录。从长远来看，这对西方文明的贡献可能比汉谟拉比的法典或亚述的战车更大。除了公元前的最后三个世纪内的希腊亚历山大和公元的最初三个世纪内的罗马，古代世界中没有哪个地区拥有像巴比伦和亚述那样发达的图书馆。可以说，苏美尔-巴比伦-亚述文明在经历了多次战争和征服后，仍能持续三千年之久，这在很大程度上归功于其书写方法和记录保存的方式。多亏了这些记录，每个文明得以在过去的基础上不断延续。显然，没有这些图书馆和档案馆的遗存，我们今天对美索不达米亚平原三千年的历史几乎一无所知。在西方的历史长河中，很少有哪个时期能像这一时期一样，如此生动地展示出书写艺术在沟通方式层面起到的文化作用，以及建设完善的档案馆和图书馆的实际价值。

| 延伸阅读 |

第 1 章中引用的所有著作同样适用于本章。特别值得参考的是恩斯特·波兹奈尔（Ernst Posner）的《古代世界的档案馆》（*Archives in the Ancient World*）和费利克斯·赖希曼（Felix Reichmann）的《西方文化的起源》（*The Sources of Western Literacy*）。此外，另一部特别有价值的作品是莫根斯·维特梅耶（M. Weitemeyer）的《古代美索不达米亚的档案和图书馆技术》（"Archive and Library Technique in Ancient Mesopotamia," *Libri 6*, 1956: 217—38）。

第3章
埃及的图书馆

埃及已知的时间最久远的图书馆与巴比伦一样，也与皇家和神庙有着密切的联系。埃及有记载的历史可以追溯到公元前3200年左右，与巴比伦开始书写和记录的时期大致相同。埃及人最早的书写形式是象形文字，在碑文上发现了许多这种书写形式的残存样本。由于这种早期的象形文字是刻在石头上的，所以用希腊语词汇hieroglyphic来指代这种文字，被称为"圣书体"，意为"神圣的石刻文字"。这种书写形式在公元前3000年初期就已经形成了经典形态，并且随着它被广泛地书写在莎草纸、皮革和其他材料上，它被简化为一种被称为"僧侣体"（hieratic）的草书体。这两种书写形式的使用时间都超过了两千年，在公元前700年左右又出现了第三种形式。那是一种从僧侣体发展而来的速记形式，被称为"世俗体"（demotic），广泛用于商业和贸易。随着时间的推移，僧侣体的字符被进一步简化到可以用作音节，甚至单独的音素和字母，但这种用法仅限于再现外来名称和词汇；埃及书写形式仍保留用一个字符表示一个单词的表现形式，有时还伴有限定符。因此，尽管埃及人几乎达到了创造音节表甚至字母表的程度，但他们仍然保守地坚持使用他们古老的书写形式。

随着书写的出现，人们开始保存记录。在神庙和王宫中，专门的收藏室被指定用于保存官方手稿。无疑，档案馆先于图书馆出现，起初，政府、教会或商业记录以有序的方式保存下来，过了很长一段时间，有了历史、文学或神学作品的加入，第一座真正的图书馆才得以问世。与巴比伦类似，早期的档案馆和图书馆由受过专业训练的缮写员管理，早在第五王朝（约公元前2400年）就有关于"文献馆"的记载，这显然是一个公共档案馆。在那些备受尊敬的官员的墓碑上，可以找到诸如"档案馆缮写员""神圣著作缮写员"和"法老记录保管员"之类的头衔。显然，直到公元前2000年左右，只有少数人能够读写，而缮写员所从事的书写工作被视为一种近乎神秘或神圣的仪式。早期法老如果能够读写，就会被当成值得记录在其墓志铭中的重大成就。大约公元前2000年之后，识字变得更为普及，在富商和贵族的家中可以找到商业记录和私人图书馆的证据。

虽然我们有可靠的证据表明古埃及确实存在图书馆，但与巴比伦相比，具体藏品的考古证据要稀少得多。与在美索不达米亚遗址中发现的数以千计的泥板相比，我们只能依赖脆弱的莎草纸残片、墓室图案，以及墙壁和纪念碑上的铭文，来追溯埃及图书馆的历史。例如，有证据表明，第四王朝（约公元前2600年）的法老胡夫（Khufu）拥有一个"文献馆"，并且他的继任者们也延续了这一做法。从以下不同的命名中可以推测出，当时存在不止一个这样的收藏室，例如"祖先档案馆""埃及文献之殿"，以及"圣典馆"。法老拉美西斯二世（Ramesses II，约公元前1300年），也被称为奥兹曼迪亚斯（Ozymandias），据说他在底比斯的王宫中拥有一个约有2万件藏品的图书馆。此地被命名为"灵魂疗愈之地"，因此它显然是一个宗教或哲学图书馆，而不仅仅是一个政府档案馆。拉美西斯二世的图书管理员中至少有一名是为人所知的，即阿蒙埃姆哈特（Amen-em-hat），因为他精美的墓碑上注明了他的职业。由于古埃及的皇家行政中心在不同的时期设在不同的地点，因此在孟斐斯、底比斯、赫利奥波利斯等地均发现了各种"皇家图书馆"的证据。

最广为人知的皇家图书馆位于泰尔埃勒阿玛纳，这是阿蒙霍特普四世（Amenhotep IV）于公元前1350年左右建立的首都。在这里，人们在一个被指定为"法老王宫记录之地"的房间里发现了图书馆的遗迹。这座图书馆由书写着巴比伦楔形文字的泥板组成，或者说至少所有幸存下来的藏品都是泥板文书。如前所述，楔形文字在古代世界的某些时期是一种国际外交语言，泰尔埃勒阿玛纳的泥板藏品主要包含了法老阿蒙霍特普三世（Amenhotep III，约公元前1400年）与埃及各附庸国及小亚细亚的外国统治者之间的书信。虽然这些信件主要涉及外交事务，但从中可以深入了解到第十八王朝的历史，以及许多社会和经济信息。例如，它们揭示了小亚细亚的皇家宫廷对埃及医生的需求很大。该图书馆中的其他记录很可能保存在皮革或莎

第一部分：古代世界的图书馆

草纸上，最终未能保存下来。

埃及神庙图书馆存在的证据比皇家图书馆要多一些，不过需要指出的是，在最初的几个王朝中，神庙和王宫往往是同一座建筑，因为法老同时也是神。显然，神庙图书馆最初是为收藏神圣经文而建立的。《托特之书》(*Book of Thoth*)被认为是埃及智慧之神的著作，可能是此类收藏最初的核心作品。后来又添加了关于其他埃及神祇的书籍，以及对这些书籍进行解说和评论的作品。此外，还有宗教仪式书籍，详细介绍了如何执行某些宗教仪式，同时也有颂歌和咒语。甚至还有神圣的戏剧，例如"奥西里斯殉难剧"(Drama of Osiris)，这是一种可以追溯到公元前1800年的受难剧，被发现的只是其中一小部分内容。

渐渐地，神庙图书馆开始收藏大量非宗教作品，尤其是科学著作，因为与巴比伦一样，医学和天文学与埃及宗教紧密相关。因此，埃及的神庙图书馆不再仅仅是宗教档案馆了，它逐渐发展成为真正意义上的图书馆。

有些神庙本身就是一个宗教社群，比如尼罗河上游的阿布辛贝神庙。除了相当多的祭司，神庙社群还包括农民、商人、技艺高超的工匠以及大量的小官员和缮写员，他们都参与了神庙及其土地和财产的维护工作。为了处理这些公共的事务和活动，一些缮写员不仅负责记录、教学，还在图书馆担任"书籍保管员"，这些图书馆不仅收藏神学著作，还收藏技术、文学、历史编年史和许多其他领域的实用作品。有些神庙明显有两座图书馆，一座是供所有识字者使用的综合图书馆，另一座是只供一小部分高级祭司使用的神学专用图书馆。在一座被称为"生命之屋"的神庙中,有一群特殊的祭司和学者,他们的职责是保护神庙并记录重要发现和技术进步。他们拥有自己的图书馆,类似于一种版权收藏行为,专门保管真正的宗教作品,以确保其有效性和真实性。

正如在巴比伦一样,神庙是文士学校的所在地。事实上,大部分教育,或者至少大部分写作和文学艺术的正规教学,都是在神庙中进行的,这些文士学校设立了藏有参考文献和资料的图书馆。要成为一名缮写员,埃及的男孩自幼就开始认真学习,随后还要当多年的学徒。为了熟练地书写,他们必须掌握多达700个不同的象形文字字符,其中许多字符有两个或两个以上的含义,而许多单词可以用两种或两种以上的方式书写。除了课本和语法书、字典和商贸单据,这些"学校图书馆"还收藏了历史、文学、道德和伦理生活等方面的作品供学生学习。

一些埃及神庙尤其以治疗中心而闻名,其图书馆藏品丰富,可视为早期的医学图书馆。在赫利奥波利斯的"书卷大殿"中,发现了详细列举疾病及其治疗方法的长篇著作。在孟斐斯的普塔神庙内发现了有关医学处方的作品残卷,而在埃德夫的荷露斯神庙中则有关于"祛除疾病之因"的论述。这些医学书籍的保管员被赋予"生命双屋文士"和"魔法图书馆博学之士"的头衔。迄今为止发现的规模最大的纸草书卷之一就是关于医学的,也就是《埃伯斯纸草书》(*Ebers Papyrus*),其中包含110页医学信息和处方,据信写于公元前1550年左右。另一个例子是《艾德温·史密斯纸草书》(*Edwin Smith Papyrus*，埃及纸草书卷通常以其发现者或早期所有者的名字命名)，内容既有外科手术又有内科医学，涵盖了疾病的诊断和治疗。赫尔莫波利斯的托特神庙是迄今为止发现的规模最大的医学纸草书卷收藏地之一，在那里发现了六部完整的作品以及其他作品的残片。这个神庙中的缮写员兼祭司被称为"圣书守护者"，他的助手是一名女性图书管理员，其头衔是"文学女士，书之屋女管事"。此外，这座神庙还有一所医学院。

除了神庙图书馆和皇家图书馆，埃及的几千年文明还见证了私人藏书的增长，这些藏书从几卷纸草书卷逐步积累到富商或贵族家中偌大的图书馆。根据现存的残片以及少数几部完整保存的藏书，私人图书馆的内容因收藏者的品位而有所不同。私人图书馆可能几乎完全由家族历史和族谱，或商贸记录，或当时流行的小说、旅行故事等文学作品组成。或者，私人图书馆的藏书可能较为全面，体现了收藏者的兴趣和品位。富有的收藏者可能会雇用缮写员为其抄写书籍，或从公共缮写员那里购买书籍。其图书馆可能设在一个单独的小房间或壁橱中，配有专门用来存放纸草书卷的橱柜，橱柜中设有格子。在其他不太富裕的家庭中，纸草书卷可能被存放在罐子里，置于架子上；或者，纸草书卷也可能被保存在皮盒中。无论是皮盒还是罐子，通常都装饰得十分精美。在拉罕遗址中，弗林德斯·皮特里（Flanders Petrie）发掘出许多上层阶级的私人住宅，并在几乎每一个住宅中都发现了纸草书卷的遗迹，这表明这一社会群体具有很高的文化素养和浓厚的文学兴趣。在这里，不仅发现了大量的私人商业文件、家族信件、法律文书和遗嘱，还发现了许多文学、历史、神学，甚至医学和兽医学作品。然而，考古学家有时也会遇到一些让人哭笑不得的情况，例如有一份几乎完整且保存良好的纸草书卷，翻译后发现竟然是一份大户人家十二天的购物清单！

虽然人们普遍认为只有上层阶级才能轻松读写，但在拉美西斯二世（公元前1299—公元前1232年）时期的一个"工匠村"的发掘结果中发现了一些值得注意的现象。当时建造了代尔·麦迪纳工匠村，供正在建造大型项目的工匠居住，该项目可能是国王纪念碑。在这些工匠和他们家人的住所中发现了大量的莎草纸碎片，甚至还有更多的陶片，即用于记录杂项和不太重要的内容的石灰石碎片和陶器碎片。在这些杂乱的书写记录中发现了账单、贸易记录、工钱支付记录、合同、诉讼记录、工作记录、信件、各种备忘录，以及许多文学和宗教作品。尽管这些杂乱的碎片不能构成私人图书馆的证据，但它们表明劳动人民的识字率很高，并且绘制了这一时期经济和社会生活的生动画面。即使它们不是图书馆的直接证据，也是历史编纂和图书馆最终形成的宝贵来源。

与埃及图书馆密切相关的是邻近地区的巴勒斯坦图书馆。作为《圣经》的发源地，人们自然能够想到，这里肯定有着悠久的历史，记录了足够多的信息，才能在很长时间里奠定这样一部长篇经文的基础。这种历史、文学和神话的结合主要通过记忆和口头传承得以保存，长年累月，代代相传。然而，《圣经》本身就有证据表明，至少从所罗门时代起，就存在类似于埃及神庙著作的圣书藏品。在耶路撒冷的希伯来圣殿中，律法书、摩西的著作和先知的著作被保存在一个只有少数祭司可以进入的极其隐秘之处。《约书亚记》（*Book of Joshua*）后来被添加到这个藏品集中，后来又纳入了先知的布道和劝诫。这些作品不仅为圣殿的使用而保留，也为后人保留。

希伯来圣书的第一批藏品在巴比伦之囚期间几乎尽数被毁。在希伯来人从巴比伦归来后，尼希米（Nehemiah）重新整理了《摩西五经》《列王纪》和《先知书》，重建了这座神圣的图书馆。他在此过程中得到了以斯拉（Esdras）的帮助，有些人认为以斯拉是《摩西五经》的第一个编辑者。当安条克（Antiochus）在公元前2世纪攻陷耶路撒冷时，这座图书馆可能被烧毁了，后来犹大·马加比（Judas Maccabeus）可能第三次重建了这座图书馆。《旧约》（*Old Testament*）中多次提到了这套神圣的希伯来圣书。例如，耶利米（Jeremiah）提到了在圣殿中保存的"祖先的记录之书"，以斯拉提到了书卷保存在"书吏房间"中。《列王纪下》（*Second Kings*）中有一条注释，提到了一名缮写员被派去取回保存在主的圣殿中的《律法书》。

在基督教兴起前的后期，所有的犹太教堂中可能都有小规模的经文收藏，而较大的教堂则为祭司学校的学生设立了图书馆。根据传统，希伯来经文通常保存在皮革书卷上。《旧约》中有证据表明，其中的许多内容是从更古老的书面资料以及口头传统中编纂而成的，这表明这些来源的有组织的收藏可能早已存在，并供学者们使用。近年来最著名的例子可能就是1947年至1956年间在库姆兰发现的《死海古卷》(Dead Sea Scrolls)。这些古卷大约有八百卷，不仅引发了广泛的争议，还揭示了经文的早期版本和不同的解释。

人们对埃及图书馆的物理形态所知甚少。例如，从发掘的遗址以及坟墓和墙壁上的图示来看，纸草书卷通常放在房间里的书架或格子中，但书卷的具体排列方式尚不清楚。每卷纸草书卷会用布或皮革包裹，这些书卷可能单独或多卷一起放在带盖的类似陶罐的容器中，更为珍贵的书卷有时会放在通常镶嵌着珠宝的金属容器中。当有大量书卷时，可以推测当时必然存在一种排列系统，因为"书籍保管员"应该能够根据要求提供任何需要的书籍。在一些考古发现中，发现图书馆房间的书卷清单被写在或刻在墙上，容器外部也会列出书卷的内容。

虽然很长一段时间内莎草纸在古埃及被广泛使用，但其他材料也被用作书写载体。前文已经提及泥板文书，但在莎草纸出现之前，皮革和其他形式的动物皮也被用作书写材料，并且在莎草纸普及后仍然用于记录重要文献。蜡板，或涂有蜡的木片，则用于临时书写，如课业、信件和账目。在石碑和墙壁上雕刻铭文是埃及最持久的书写形式之一，不过墙壁也被广泛用于墨水和颜料的书写。事实上，几乎任何可以吸收墨水的材料都被用于日常书写，例如扁平的石头、破碎的陶片，甚至没有涂层的木头。

古埃及的图书管理员由具有重要地位且学富五车的人担任，

第一部分：古代世界的图书馆

这一点我们可以通过考古发现中提及的头衔推测出来，他们经常被冠以"书籍保管员"和"书卷掌管者"等头衔。他们通常具有很高的政治地位，或者除了缮写员培训，他们还接受过其他职业的培训。在埃及的"葬礼文学"中，赞颂性的传记通常随逝者一同埋葬，从这种文化中，我们可以看到缮写员的身影。关于已故者的各种头衔及其生平活动的描述表明，即使缮写员兼图书管理员不是这些传记的作者，他们也充当了编辑的角色，而非仅仅是记录者。他们校正、翻译、修改，并评论经过他们手的资料，很可能还进行审查。在埃及的葬礼文学中，缮写员被赋予诸如"缮写员和法官""缮写员和祭司""缮写员监察官""国王文件箱掌管者"，以及简单的"皇家缮写员"或"国王缮写员"等头衔。当然，并非所有缮写员都可以被视为图书管理员，但其中有足够多的人可以归入其中。无论他们的头衔是什么，埃及的图书管理员的重要性如果赶得上其葬礼传记中所描绘的一半，那么他们无疑为这一职业增添了一抹色彩。

在超过两千年的时间里，埃及文明相对稳定，使用的工具、社会形式以及政治和宗教体系几乎未曾变化。尤其是他们使用相同的书写形式和材料，这种沟通艺术的一致性无疑有助于社会运行，并使其在很长时间内保持稳定。即便是内部动乱，甚至是被希克索斯人（Hyksos，公元前17世纪）这样更为原始的民族击败，也未能对埃及已建立的社会和政治制度造成永久性的改变。然而，古埃及被亚述人、波斯人和希腊人这样更强大且善战的对手的军事力量所征服，最终走向灭亡。首先是亚述人，他们在大约公元前661年洗劫了底比斯，并统治了埃及约一个世纪；随后，波斯人又统治了埃及约一个世纪；最后，在公元前332年，埃及被亚历山大大帝（Alexander the Great）征服，并在接下来的数百年里，其文化逐渐变得更具希腊色彩，替代了逐渐褪去的埃及色彩。这些入侵的结果几乎使古埃及文明消失殆尽。宫殿、神庙，甚至陵墓都被洗劫一空，夷为平地。圣书体、僧侣体和世俗体文字逐渐被遗忘，对于少数能够识字的人来说，这些文字依次被希腊文、拉丁文和阿拉伯文取代。遗憾的是，脆弱的纸草书卷几乎没有流传至今，只有那些深埋地下或几乎坚不可摧的材料得以保存下来，不过，从这些残存的文字碎片中，仍然可以拼凑出一部相对可靠的古埃及历史。尽管我们对那个辉煌历史时代的图书馆所知甚少，但我们至少知道，它们在塑造、延续和保存这一被称为"西方文明摇篮"的文化方面发挥了重要作用。

| 延伸阅读 |

目前，关于古埃及文字和图书馆的发展，最详细的论述是费利克斯·赖希曼的《西方文字起源》。恩斯特·波兹奈尔的《古代世界的档案馆》仍然是关于这些图书馆的管理和组织的最佳著作。除了这些书目和第1章列出的关于图书馆起源的总体概述，以下论文也特别值得关注：约翰·A.斯佩里（J. A. Sperry）的《埃及图书馆：证据调查》（"Egyptian Libraries: A Survey of the Evidence," *Libri* 7, 1957: 145—155）。

第一部分：古代世界的图书馆

第4章
希腊的图书馆

在探讨希腊图书馆史时，通常从公元前6世纪以来的古典时代开始。然而，现在已知希腊和爱琴海诸岛几乎在公元前1000年前就已经存在一种有文字的文明，并且在大陆的皮洛斯和迈锡尼以及克里特岛的克诺索斯等地存在档案或著作藏品。上述知识主要来自20世纪在这些地点的考古发现以及自1950年以来对在那里发现的铭文和泥板的解读。

自19世纪末以来，人们在克里特岛的克诺索斯附近收集了许多泥板文书、石刻铭文和陶器铭文。其中一些最早期的铭文是象形文字，但从大约公元前1400年至公元前1100年间，出现了两种线形铭文，这些铭文既使用了一些象形符号，也使用了一些表音字符。这些泥板与克里特岛上居住着非希腊民族的米诺斯时期相关，也与该岛被早期希腊民族迈锡尼人征服的时期有关。后来，在希腊大陆上迈锡尼人起源的地方，发现了这两种文字的样本，分别被称为"线形文字A"（Linear A）和"线形文字B"（Linear B）。尽管线形文字A依旧很难翻译，但线形文字 B 最终在 20 世纪 50 年代初被迈克尔·文特里斯（Michael Ventris）等人破译，它被证明是希腊语的一种早期形式。

随着这一发现，线形文字 B 的相关作品获得了新的意义，数百篇文本也得到了深入研究。这种书写形式似乎完全用于商业目的，至少所有现存的文本都是关于商业和军事主题的。泥板内容涉及土地使用权、士兵口粮和装备、农产品和库存清单、雇员名单等，从中可以收集到大量的社会和经济历史信息。值得注意的是，几乎没有文学作品相关的内容，甚至都没有多少历史记载。人们提出了几种可能的观点来解释这种缺失。首先，有人认为在那个时期根本没有文学作品，或者所有的文学作品都仅限于口头传统，这不利于其以更永久的形式传播。直至今日，争论仍在继续，例如，许多学者认为荷马（Homer）的所有作品都是口头创作的，直到大约三百年后才落于纸面。另一种观点则认为，文学和历史材料可能保存在其他地方，要么完全被摧毁，要么尚未被发现。也许，最合理的原因是，米诺斯人和迈锡尼人的所有文学作品可能都写在了泥板以外的材料（例如莎草纸）上，这些材料会随着时间的流逝而腐烂，而用于商贸记录的便宜材料却保存了下来。

在迈锡尼和皮洛斯的宫殿中，都发现了专门的房间，里面保存了大量的泥板文书，有些放在罐子里，在架子上整齐地排成一排。这表明这些地方有保存良好的档案，并由训练有素的管理员看管。而在克诺索斯，尽管也发现了许多泥板，但它们

第一部分：古代世界的图书馆

的分布杂乱无章，难以确定它们最初存放在哪间屋子。这里的泥板似乎只是风干而未烧制，因此大多是以碎片的形式被发现的。在其他地方，线形文字 B 的藏品中包含类似的商贸记录和政府信息，内容从纯粹的档案记录到更为实用的"随时查阅"类信息，如商品价格、各种商品的来源，甚至包括船只航行和船上货物的信息。

在规模较小的私人住宅废墟中也发现了类似的泥板，尤其是在皮洛斯。在这些显然属于富商的住宅中，发现了许多零散的泥板，表明当时的商业社会文化水平很高。其中一所住宅似乎属于一位油商，在那里发现的泥板上记录了与油品和其他商品贸易相关的账目、库存，以及一些商业合同和官方文件。

到公元前 12 世纪，米诺斯-迈锡尼文明已被来自北方的文明程度较低的多利安人占领，其书写文化随之消失。随后的几个世纪里，希腊和附近岛屿的民众几乎没有书面语言。这一时期包括荷马时代，当时《伊利亚特》(*Iliad*) 和《奥德赛》(*Odyssey*) 作为口头史诗被创作出来，并在几代人中传颂，直至后来才被落于纸面。然而，到了公元前 7 世纪，一个有文字的社会重新形成，书面文献伴随着档案馆和图书馆的兴起而再次出现。

实际上，我们可以将古希腊图书馆的历史追溯到公元前 6 世纪至公元 3 世纪，但留下的实物遗迹却很少。我们只能依靠古希腊和古罗马文献中的记载来获取相关信息。这些文献的存续本身就足以证明希腊图书馆的存在，但关于具体图书馆的参考资料却少而零散。此外，这些参考资料有时相互矛盾。例如，关于亚里士多德图书馆的最终命运，就有至少两种不同的说法。

公元前7世纪之前，甚至早在公元前9世纪，希腊人就从腓尼基人那里获得了字母表，并将其改编到自己的语言中。除了传奇般的荷马，最早一批已知的希腊著名作家都生活在公元前6世纪，他们的一些作品流传至今。以萨福（Sappho）、泰勒斯（Thales）和阿那克西曼德（Anaximander）为代表，他们的诗歌、哲学和科学都存在于这个时代。

如果我们相信作家奥卢斯·格利乌斯（Aulus Gellius，公元2世纪）的说法，那么雅典在公元前560年之后就拥有了一座公共图书馆。格利乌斯说，庇西特拉图（Pisistratus，公元前605—公元前527年）建立了一座大型图书馆，后来将其移交给雅典城，并向公众开放。城中居民为其增加藏书并照管多年。直到公元前480年，波斯征服者薛西斯（Xerxes）占领雅典并没收了藏书。根据格利乌斯的叙述，薛西斯将藏书带到波斯之后，波斯被塞琉古国王征服，塞琉古国王将书籍归还给了雅典。这固然是一个引人入胜的故事，但缺乏其他来源的佐证，人们普遍对此表示怀疑。然而，这个故事可能像许多古代传说一样，在其虚构的外表下蕴含一些真实的成分。我们从其他资料中得知，庇西特拉图是神庙建造者，他热爱音乐和艺术，并且在担任雅典统治者期间主持编纂了荷马著作的批注版。他建立一座小型图书馆的可能性毋庸置疑，但很难证实，另外非常值得怀疑的是，他是否真的建立了一个类似于现代意义上的"公共图书馆"。类似的可疑证据还提到了公元前 6 世纪萨摩斯岛的僭主波利克拉特斯（Polycrates）宫廷中的图书馆，以及公元前 5 世纪早期位于锡拉库萨（Syracuse）的希罗斯宫殿中的藏书。

对于公元前 5 世纪的希腊图书馆史，虽然仍不甚明晰，但已经有了些许确凿的依据。这是散文写作发展的时代，尤其是历史和哲学方面，而且有强有力的证据表明，希腊的作家和学者能够接触到相当丰富的图书馆资源。

此外，希腊各城已经设有学校，尽管当时的教学方法主要是讲授，但老师们必定拥有一些书面资料来帮助他们保持出色的记忆力。柏拉图（Plato，公元前 427—公元前 348 年）是一位伟大的哲学家，也是亚里士多德的老师，他一定有一座相当大的私人图书馆，不过我们几乎没有直接证据证明这一点。柏拉图游历广泛，博览群书，必然有机会接触到大量书籍，用于他的教育、写作和讲授。有资料提到，他曾从塔伦特姆的菲洛劳斯（Philolaus）那里购买过书籍，另一些记载则称他曾在西西里岛锡拉库萨的希腊殖民地购得书籍。柏拉图去世后，这些书籍的去向不得而知，但有一位作家提到，亚里士多德从柏拉图的外甥斯皮尤西波斯（Speusippus）手中买下了部分书籍。亚里士多德持续收藏，形成古代最大的私人图书馆之一。另外，修昔底德（Thucydides）和希罗多德（Herodotus），这两位希腊历史学家必然也有许多书面资料可供编纂著作，希罗多德特别提到利用书面记录是历史学家的合理手段之一。

亚里士多德（公元前 384—公元前 321 年）创立了一个

哲学学派，或被称为逍遥学派（Peripatetic school）。他常在祭祀英雄吕库斯（Lycus）的林荫道中边走边向追随者或学生授课。他的图书馆收藏了几百册通过购买或由众多追随者赠送而获得的书籍，且向他的学生们和朋友们开放。亚里士多德去世后，他的教学继任者——来自莱斯博斯岛的泰奥弗拉斯托斯（Theophrastus）继承了这座图书馆。泰奥弗拉斯托斯将学派正式化，并将其发展成一所在几百年间屹立不倒的学院或大学。该学院或大学设有讲堂、教师宿舍和专门用于漫步讲学的长廊，成为地中海世界许多后继学府的典范。泰奥弗拉斯托斯后来又扩建了图书馆，并在去世后将其遗赠给侄子尼勒乌斯（Neleus）。尼勒乌斯在教学上并不成功，晚年时退出了学院，带着他的藏书去了小亚细亚的斯凯普西斯。根据地理学家斯特拉波（Strabo）的记载，尼勒乌斯的后代虽不通文墨，但意识到了书籍的价值，为了防止它们落入正在建设著名图书馆的帕加马王国阿塔罗斯王朝的诸位国王手中，他们将这些书籍埋藏了起来。

最终，大约公元前100年，亚里士多德图书馆中发霉、虫蛀的残存藏书被卖给了来自提奥斯的阿佩利孔（Appellicon），一位来自雅典的低级军事领袖和藏书家。阿佩利孔试图修复这些受损的书卷，但他对缺失的页面进行了错误的"修正"，并对这些作品进行了编辑，反而进一步损坏了这些书卷。他死后，雅典被罗马将军苏拉（Sulla）占领，苏拉将这些藏书带回了罗马，最终成为提兰尼奥（Tyrannion）图书馆的一部分。另一个说法是托勒密二世（Ptolemy II，公元前285—公元前246年）直接从尼勒乌斯手中获得了亚里士多德的藏书，并将其带到埃及，成为亚历山大图书馆的一部分。两种说法都有可能部分属实，至少亚里士多德图书馆的部分副本最终很可能到达了亚历山大城。无论如何，亚里士多德图书馆不仅作为古代最伟大的私人图书馆之一载入史册，还被视为早期学术图书馆的典范。它历经波折，最终得以保存，让我们对古代书籍代代相传的艰难历程有了深刻认识。

亚里士多德图书馆的实际规模和馆藏内容仍然是未知的。然而，可以合理推测，它包含了亚里士多德在自己的著作中使用的许多资料，仅这些资料就足以形成相当庞大的藏书规模。此外，图书馆还包含了亚里士多德大部分甚至全部的著作，估计至少有400卷。众所周知，亚里士多德的朋友和追随者在希腊以外的地区旅行时，经常寄送植物和地质标本给他，他们很可能也会寄送手稿，要么是他们自己著作的副本，要么是他们认为亚里士多德会感兴趣的其他人的著作。总之，亚里士多德图书馆在当时规模宏大，涉及的学科领域也相当全面，体现了他自己广泛而多面的著作内容。

据报道，公元前364年左右，一座建立于比提尼亚的赫拉克利亚（Heraclea）图书馆被统治者克利尔库斯（Clearchus）要求向公众开放。包括科斯岛（Cos）、罗德岛（Rhodes）和克尼多斯岛（Cnidos）在内的爱琴海诸岛，以其"公共"图书馆而闻名。在科斯岛的挖掘中发现了一块图书馆墙壁的铭文残片，列出了捐赠者的名字以及捐赠的钱款和书籍。铭文中经常提到"100德拉克马和100本书",表明捐赠者的可观财富。显然,即使在古典时代,也已经有了"募捐"的活动。罗德岛上也发现了类似的铭文,表明那里也有类似的做法。罗德岛上还有另一块可能来自同一座图书馆的铭文残片,看起来像是小型图书馆的目录或一份赠书清单。此外,在亚历山大大帝时代之前存在其他图书馆,例如在希腊的科林斯、德尔斐和帕特雷,以及在小亚细亚的以弗所、斯密尔那、索利、米拉萨和哈利卡纳苏斯,还有在西西里的锡拉库萨。

有一个有趣的故事讲述了在公元前4世纪时雅典形成第二座"公共"图书馆的经过。这座图书馆的建立源于对埃斯库罗斯、索福克勒斯和欧里庇得斯戏剧的热爱。当一些剧团添加和修改这些作者的剧本后进行演出,其他观众就提出了反对意见。为了确保戏剧按原始版本表演,官方将这些剧本的正式副本存放在一个公共收藏中。这些副本不能被拿走,但任何人都可以阅读和抄写它们。因此,我们可以看到现代公共图书馆服务的雏形,即向公众提供日常信息的便捷访问通道,以便他们对公共事务形成明智的观点。

最著名的希腊图书馆,事实上也是最著名的古代图书馆,并不在希腊,而是在埃及。亚历山大大帝在他短暂的统治期间(公元前336—公元前323年)征服了当时已知世界的大部分地区,希腊的盛名已经远远传播至其边界之外。亚历山大的帝国在他死后瓦解,但他的副将和继任者将希腊文化(Hellenism,

即古典希腊文化）推广到了地中海世界的大部分地区。在公元前305年以后，埃及下游的托勒密王朝的诸位统治者创建了一个在人口和文化上都具有浓厚希腊特色的国家。托勒密一世，即索特（Soter）是一位意志坚定的战士国王，以对精神生活的特别同情而著称，他对学习的兴趣吸引了来自整个希腊世界的学者和科学家。

来自法勒鲁姆的德米特里（Demetrius）是被吸引到亚历山大城的学者之一，他在公元前307年被驱逐出雅典，大约在公元前297年出现在托勒密的宫廷中，并迅速成为宫廷宠臣。德米特里熟悉当时由雅典的泰奥弗拉斯托斯领导的亚里士多德学派，他可能建议托勒密建立一所学校或一座"博物馆"，配备一座藏书丰富的图书馆，以提升他的王权的荣耀，并让他的名字被后代铭记。"博物馆"一词曾用于代指"缪斯之家"，即艺术和科学的殿堂。德米特里成为建于亚历山大城王宫区域（或称布吕基翁，Brucheion）的博物馆的指导者，这座博物馆逐渐成为一个灵活自由的"学院"，集聚了学者和学生。博物馆的建筑群包括演讲堂、书房、餐厅、回廊、花园和天文台，所有这些建筑通过有顶的步道或长廊相连，庭院中还有雕像和池塘。整个博物馆都献给了学习之神，严格来说馆长是一名祭司，但通常也是一名学者。博物馆的聘用学者包括数学家、天文学家、地理学家和医生，还有历史学家、诗人、作家和编辑。

学者的主要职责之一似乎是修订、校对和编辑自荷马以来的一众早期作家的作品。事实上，荷马的作品被划分为单独的

"书卷"被认为就是在这里进行的，每部"书卷"的长度刚好适合装满一个卷轴。虽然大多数学者是希腊人，但也有来自其他国家的学者，尤其是那些能够将他们的母语翻译成希腊语的人。比如，埃及人曼涅托（Manethos）被雇用来翻译埃及作品并编纂埃及历史年表。此外，普遍认为有七十位希伯来学者被聘请来将《旧约》翻译成希腊语，也就是著名的《七十士译本》（*Septuagint*）。亚历山大图书馆的学者们的主要工作是研究、编辑和实验，而不是教学，但讲堂和学生的存在仍然营造出一种学习氛围。

德米特里显然指导了博物馆图书馆（Museum Library）的建造，并监督了其早期的收藏工作。然而，在托勒密二世，即菲拉德尔福斯（Philadelphus）继位后，他失去宠信并被流放。菲拉德尔福斯同样对图书馆感兴趣，其他学者继续德米特里未竟的事业，来自以弗所的泽诺多托斯（Zenodotus）在图书馆快速扩展时期担任了馆长职位。菲拉德尔福斯在亚历山大城埃及区的塞拉皮翁神庙建立了第二座图书馆。这座较小的图书馆有时被称为"女儿图书馆"，虽然规模从未赶上布吕基翁图书馆，但明显更倾向于公共收藏，供普通学生和民众使用。

为了扩大博物馆图书馆的规模，所有在亚历山大城已知的书籍副本都被纳入馆藏。由于亚历山大城是当时世界上最大的城市，因此这些书籍的数量必定非常庞大。此外，使者们还被派遣到已知世界的各个地区，全力以赴获取其他作品。到达亚历山大港的船只被迫借出其所载的任何书籍，以供抄录。有时借书会留下押金,书籍归还后,押金也被返还。但据说这些押金有时会被留下,原书也不会归还。

亚历山大图书馆史的一个重要特征是其杰出人物名单,他们曾担任图书馆员,或至少以学者的身份与图书馆有联系。目前尚不清楚哪些与图书馆有联系的学者真正担任过图书馆员,但下面列出了值得关注的人的名字,以及他们在图书馆活动的大概时期:

德米特里,来自法勒鲁姆,公元前290—公元前282年。

泽诺多托斯,来自以弗所,公元前282—公元前260年。

卡利马科斯(Callimachus),来自昔兰尼,公元前260—公元前240年。

阿波罗尼奥斯(Apollonius),来自罗德岛,公元前240—公元前230年。

埃拉托斯特尼(Eratosthenes),来自昔兰尼,公元前230—公元前196年。

阿里斯托芬(Aristophanes),来自拜占庭,公元前196—公元前185年。

阿波罗尼奥斯,《圆锥曲线论》,公元前180—公元前160年。

阿里斯塔克(Aristarchus),来自萨莫色雷斯,公元前

160—公元前146年。

奥尼桑德尔（Onesander），来自塞浦路斯，公元前100—公元前89年。

卡埃莱蒙（Chaeremon），来自亚历山大，50—70年。

狄俄尼索斯（Dionysius），格劳科斯（Glaucus）之子，100—120年。

盖乌斯·尤利乌斯·瓦西努斯（Caius Julius Vasinus），120—130年。

目前尚不清楚这些人是否都是"首席图书馆员"，但他们的名字在所示时期内都与图书馆有关。尤其是卡利马科斯，很可能只是与图书馆有关的一名学者，或者可能是助理图书馆员。无论他们的职位如何，毫无疑问，西方历史上很少有图书馆能拥有如此杰出的驻馆学者名单。卡利马科斯和罗德岛的阿波罗尼奥斯是诗人，而泽诺多托斯、阿里斯托芬和阿里斯塔克斯是批评家、编辑和研究荷马作品的权威专家。埃拉托斯特尼是地理学家和天文学家，他提出了地球是球形的并计算了其周长。

卡利马科斯可能是最重要的一位，至少从图书馆史的角度来看是如此，因为他为这座著名的图书馆编制了目录。无论如何，人们认为他编写了一部名为《文化界名人及其著作概览》的作品，不过这部作品现仅存少量片段。据推测，这部作品包含120卷，但尚不能确定它是不是图书馆目录，或仅仅是一份扩展的传记书目。显然它不可能是后者，因为现存的残片提供了每位作者的生平和作品，甚至每部作品的行数。卡利马科斯的书目通常被称为《卷录》(*Pinakes*)，源自 tablets（意为"书板"）一词。他还提出了一套系统，将较长的作品划分为"书卷"或多个部分，以便使卷轴更均匀、更易于使用和存储，他也因此受到赞誉。我们可以从他将《卷录》分为八个主要学科类别推断出，他不仅是目录编制者，还是分类学家。八个主要学科类别包括演讲、历史、法律、哲学、医学、抒情诗、悲剧和杂集。卡利马科斯无法完成他已经开始的艰巨任务，他的书目工作由继任图书馆员继续进行，特别是泽诺多托斯和埃拉托斯特尼。最近的学术研究表明，除了这部著名的《卷录》，卡利马科斯还参与了许多其他重要的书目项目，这使得他无愧于"书目之父"的称号。

亚历山大图书馆繁荣了几百年，在至少两百年的时间里，它对希腊世界的文化发展起到了极其重要的作用。它吸引了来自远方的几乎所有学科领域的学者。成千上万的书卷被购买、抄写、偷窃或编纂到图书馆的书架上，据估计其藏书量超过 60 万卷。有一点不可否认，这个数字可能有夸大的成分，因为许多作品都有多个版本或副本，且一卷书的内容可能只有普通现代书籍的十分之一。即使考虑所有这些因素，亚历山大图书馆的藏书规模仍然非常庞大，它一定收藏了当时大部分甚至全部存世的文献。除了较大的博物馆图书馆，据说较小的塞拉皮翁神庙的藏书规模也超过了 4 万卷。

有些权威人士认为，亚历山大图书馆可能对希腊文学产生了抑制作用,学者兼图书馆员们为了收集和保存希腊文明的记录,耗费了大量的精力,以至于他们无力再推动创造性研究和写作。一旦文献被汇集起来,学术研究便转向了编辑、编纂和评论,而不是创作新的作品。实际上,图书馆中确实诞生了许多汇编作品。据说一位名叫狄迪莫斯(Didymus)的语言学家编纂了3500部关于文学著作的评论作品。2世纪的阿特纳奥斯(Athenaeus)也曾表示,他研究过亚历山大图书馆中的1500卷书,以编撰他的《智者之宴》(*Deipnosophistae*)十五卷本。

不幸的是,亚历山大城作为文化中心的繁荣未能永远持续。托勒密王朝的前几任统治者都热爱文学和学术,并为图书馆提供资金,而托勒密八世,即费斯康(Cacergetes)登上王位后,情况急转直下。他被敌人逼离亚历山大城,在一次内战期间返回,并烧毁了该城的大部分地区。博物馆的学生们和学者们当时被暂时遣散了,据阿特纳奥斯记载,"大量的语法学家、哲学家、地理学家和医生被迫在世界各地'游荡',靠教学为生"。尽管博物馆及其图书馆未能恢复昔日的辉煌,但它们重建后又存续了数百年。

在此之后,亚历山大图书馆的历史变得更加扑朔迷离。战争和内乱不断困扰埃及,各路征服者接踵而至。为了将图书馆的故事讲到最后,我们需要跨越希腊时代,进入罗马统治的几个世纪。公元前47年,当盖乌斯·尤利乌斯·恺撒(Gaius Julius Caesar)征服埃及时,人们认为图书馆至少被部分摧毁。这一说法基于历史学家卡西乌斯·狄奥 CassiusDio)对于火灾的描述,火灾从燃烧的船只蔓延到附近的码头。一些仓库中的藏书可能被烧毁,但火灾是否蔓延到博物馆区域尚存疑。然而,这种说法还称马克·安东尼(Mark Antony)将从帕加马图书馆带来的约 20 万卷书送给了克利奥帕特拉(Cleopatra),以替代被恺撒烧毁的藏书。不可否认,从基督教时期开始,亚历山大图书馆的影响力就减弱了,至少一些藏书被带到了罗马,以补充罗马图书馆的馆藏。如上所述,阿特纳奥斯在 2 世纪时使用过该图书馆,哈德良(Hadrian)皇帝在位期间(117—138 年)也曾到访过该图书馆。273 年,罗马皇帝奥勒良(Aurelian)再次征服埃及,烧毁了亚历山大城包括布吕基翁地区在内的大量区域,但可能重建了规模较小的图书馆和博物馆。据说塞拉皮翁神庙图书馆在 391 年才被基督教主教西奥菲勒斯(Theophilus)摧毁,因为它位于异教徒的塞拉皮翁神庙内。直到最后,据称主要图书馆的所有遗留物都在 645 年被穆斯林征服者奥马尔(Omar)或他的军队摧毁。有一种说法是,纸草书卷和羊皮纸书卷被用作燃料,为士兵洗澡提供热水。如果此时还有图书馆被烧毁,那么它更有可能是塞拉皮翁神庙原址上的一座在教堂或修道院里建立的基督教图书馆。

虽然亚历山大图书馆的命运仍存在相当大的争议,但有几点是明确的。首先,亚历山大图书馆的早期创始人似乎设想了现代大型国家或世界图书馆的原型。这个愿景,加上巨额的资金投入和富有灵感的领导,最终促成了一座馆藏数量庞大的图书馆,类似规模的藏书在接下来的近千年里都难觅踪影。随着图书馆迅速而显著的发展，它越来越需要得到细心照料，馆长们不得不面对所有大型图书馆固有的管理问题。亚历山大图书馆的重要性再怎么高估都不过分，因此当现在的亚历山大城正在努力建设一座名为新亚历山大图书馆（Bibliotheca Alexandriana）的现代图书馆时，也就不足为奇了。这个项目由埃及政府管理，得到联合国教科文组织的支持，受益于个人和政府的捐赠，旨在重现亚历山大图书馆昔日的辉煌。

从埃及转向亚历山大大帝时代之后，受希腊影响的其他地区还有几座著名的图书馆值得一提。事实上，当亚历山大东征印度时，他充分利用了被征服国家的图书馆和档案馆，指示他留下的行政人员研究这些国家的法律和记录，以寻找治理新领土的最佳方案。塞琉古王朝的安条克大帝（Antiochus the Great）于公元前 200 年左右在奥龙特斯河畔的安条克（Antioch）建立了一座图书馆，并向学者开放。马其顿国王安提柯二世在公元前 250 年左右于佩拉建立了一座图书馆。在所有由亚历山大继任者建立的图书馆中，帕加马图书馆仅次于亚历山大图书馆。帕加马国王阿塔罗斯一世（Attalus I）可能是帕加马图书馆的创始人，但他的儿子欧迈尼斯二世（Eumenes II，公元前 197—公元前 159 年）将图书馆推向了顶峰。欧迈尼斯力图与亚历山大图书馆相媲美，甚至被指控试图引诱后者的图书馆员之一、拜占庭的阿里斯托芬从埃及来到帕加马。帕加马图书馆类似于亚历山大图书馆，也是一种学校的形式，有相应的学术团体，来自马鲁斯的语法学家克拉特斯（Crates）曾在欧迈尼斯二世统治期间担任图书馆负责人。他可能负责图书馆的早期发展，但塔尔苏斯的阿特诺多罗斯（Athenodorus）也曾担任过一段时间的负责人，他受罗马老加图（Cato the Elder）的邀请前往罗马，并就那里的图书馆建设提供建议。

与帕加马图书馆相关的还有羊皮纸起源的故事。据说，埃及人为了防止帕加马图书馆发展得和亚历山大图书馆一样庞大，切断了向帕加马提供的莎草纸供应。于是，帕加马的图书馆员开发了羊皮纸作为一种新的书写材料来替代莎草纸。虽然这一传统故事可能有所夸大，因为在帕加马之前的数百年里，埃及和巴勒斯坦就已经使用鞣制和风干的皮革来书写，但帕加马可能确实更广泛地使用了羊皮纸，甚至可能开发出了一种更精细、更洁白的羊皮纸，因而闻名于地中海世界，并激发了这个故事的灵感。尽管如此，帕加马图书馆中的大多数书卷仍然很可能是用莎草纸制成的。

阿塔罗斯二世（Attalus II，公元前159—公元前138年）继续将帕加马图书馆发展壮大，他在位期间图书馆一度繁荣，但在他死后开始衰落，公元前133年，帕加马落入罗马人手中。图书馆在罗马人手中遭受了一些损失，但如果我们相信安东尼在公元前43年从图书馆中夺取20万卷书作为礼物送给克利奥帕特拉的故事，那就表明图书馆的规模此时依然庞大。罗马皇帝奥古斯都（Augustus）可能将部分或全部书卷归还给帕加马，因为该图书馆在那里又存续了好几百年。根据俄罗斯的一个传说，穆斯林征服者将帕加马的一些手稿带到了小亚细亚的布尔萨，帖木儿（Tamerlane）在 1402 年时找到了这些手稿。帖木儿又将这些古典图书馆藏书的残余部分带到了中亚的撒马尔罕，它们在那里至少被保存到了 17 世纪，但之后它们的踪迹便彻底消失了。

帕加马的雅典娜神庙遗址已被发掘，从中我们找到了希腊图书馆的最佳范例。这座图书馆的设计可能是借鉴了雅典的亚里士多德图书馆的布局，图书馆的房间位于神庙北侧的柱廊外。最大的藏书室长约 16.8 米，宽约 13.7 米，周围三面墙上都有一个约 0.9 米高的狭窄平台。平台后面的墙上有孔，可能是用来安装书架支撑或固定书柜的。假设三面墙上都有放书卷的格子，那么这个房间最多只能容纳大约 1.7 万卷书，这表明在图书馆规模最大时，其他房间也一定作藏书之用。房间中有一个长凳，用来将读者与书卷隔开，可能也为展开书卷进行阅读提供了位置。在房间一端的中间，有一尊希腊女神雅典娜的雕像，神庙正是为了她而建的。克拉特斯可能编制了帕加马图书馆的目录，也可能将图书馆的设计方案带到了罗马，后来的图书馆建造都受到了它的影响。克拉特斯在公元前 160 年左右以元老院成员的身份在罗马生活，那个时期建造的梅特卢斯柱廊（Porticus Metelli）被用作奥古斯都皇帝统治时期建造神庙图书馆的范例。

到公元前 3 世纪末，图书馆在整个希腊半岛的各个地区已十分普遍，这一点是希腊本土与亚历山大大帝征服所形成的希腊世界（the Hellenic World）的不同之处。亚历山大大帝之后，希腊逐渐成为一个相对平静的政治区域，因为他的继承者们在

第一部分：古代世界的图书馆

其他地方建立了帝国，而罗马人逐步征服了地中海世界。雅典也开始因其学者和学校而闻名，不再是帝国的中心，转而成为一个教育中心，并保持了数百年时间。公共图书馆不仅普遍存在于较大的城镇和城市，也常见于较小的地方和内陆地区。除了学术图书馆和私人图书馆，雅典显然还有不少其他图书馆。波利比乌斯（Polybius）提到，雅典的图书馆非常多，以至于一位名为提迈乌斯（Timaeus）的西西里学者花了五十年时间在这些图书馆里进行历史研究。波利比乌斯还提到，希腊每一座主要城市的任何公民都可以在其图书馆中进行研究。学术图书馆包含中等学校、综合学院以及哲学和医学等专门学院的图书馆。有记录显示，雅典的一所中等学校，即托勒密馆（Ptolemaion），其学生每年都会向学校图书馆赠送100本书作为毕业礼物。在综合学院层面，有时被称为雅典大学的机构于公元前300年左右开始运作，并一直延续至5世纪之后。虽然有关该图书馆的具体信息不多，但鉴于与其相关的学者，可以推测其藏书量非常可观。类似的学术图书馆在整个希腊世界的各个城市中一定比较普遍，因为在埃及、罗德岛等地发现了教学书籍的残片和课业讲义。

私人图书馆在较富有的希腊人中也变得普遍起来。维特鲁威（Vitruvius）是一位1世纪的罗马建筑学作家，他指出人们通常认为将图书馆房间设在住宅的东侧是比较合适的，这样可以获得最佳的阅读光线。书籍收藏家也变得越来越常见，如前文提到的提俄斯的阿佩利孔，而书籍本身也变得丰富。在古希腊文学的古典时期，已知有超过1000位作者创作了大量作品，仅仅是收集希腊作家的书籍就足以成为富有的藏书家的一项主要工作。除了学者和富有的藏书家，许多政治领袖也积累了相当规模的藏书，马其顿国王珀尔修斯（Perseus）的图书馆就是一个证据，他的图书馆在公元前187年被罗马人占领，藏书作为战利品运往罗马。

在古希腊，除了公共图书馆和私人图书馆，还有许多专门图书馆。雅典有官方档案馆，位于母神之庙（Metroon）中，其他城市也很可能有类似的专门藏书机构。位于埃皮达鲁斯附近的阿斯克勒庇俄斯神庙是古代著名的医学院，在公元前500年到公元100年之间繁荣发展。它是一所集学校和神庙于一体的机构，拥有许多建筑，为教师、学生、官员和访客提供住宿、礼堂、浴室和图书馆。图书馆供奉阿波罗·马利阿特斯（Apollo Maleates）和医神阿斯克勒庇俄斯（Asklepios）。据了解，科斯岛、克尼多斯岛、帕加马、罗德岛、昔兰尼和亚历山大等地也有医学院，每所学校都拥有相当规模的医学图书馆。据说，希波克拉底（Hippocrates）曾因克尼多斯岛的学生拒绝遵循其教导而下令焚毁了那里的图书馆。每个哲学学派，如智者学派（Sophists）、斯多葛学派（Stoics）和伊壁鸠鲁学派（Epicureans），都拥有自己喜爱的作家的图书馆。仅伊壁鸠鲁的作品就有大约400部。直到150年，雅典仍有四个主要的哲学学派。

从物理形态上讲，古希腊典型的图书馆通常与学校或神庙相关联，图书馆的专用房间通常位于通向神庙的柱廊旁。图书馆内的书卷被存放在墙壁上的格子里或书架上。个别书卷，尤其是更有价值的，通常会用布或其他保护性材料包裹，并附上识别标签。尽管在公元前200年之后羊皮纸的使用更加广泛，但主要的书写材料还是莎草纸。这一时期的图书馆员通常是学者，且往往是杰出学者，不过也有一些与伟大的图书馆相关的名字实际上可能属于管理者或顾问，而非图书馆员。无论如何，图书馆员和图书馆在希腊社会中都有着重要地位，在创造和保存那个时代的文化中发挥了重要作用。

在研究图书馆史的过程中，我们不妨提出这样一个问题：既然有如此多的古典希腊文献得以保存，为什么我们对希腊图书馆的了解如此有限？据估计，或许只有10%的主要古希腊经典作品得以流传。如果图书馆普遍存在，为什么那么少的作家、历史学家和编者提到它们？为什么在现存的希腊文献中，我们仅能找到零星的、偶然的对图书馆的提及？对此有两种可能的解释。一种解释是许多关于图书馆的记载可能已经失传。特别是与地方历史和宗教历史相关的作品，在这两个领域中，图书馆被提到的机会可能较多，但相关资料却几乎没有保存下来。但更有可能的一种解释是图书馆被认为是一个有序的社会中不可或缺的存在，因此作家们并不觉得有必要特别提到它们。他们可能认为图书馆自古以来就存在，并将一直存在。例如，阿特纳奥斯在写到亚历山大图书馆时说："关于藏书的数量、图书馆的建立，以及缪斯神殿的藏书，这些都已为世人所熟知，我何须再提？"

虽然我们对希腊图书馆史所知甚少，但是希腊文献得以保存的结果说明了一切。除了雕塑和建筑，古希腊的文化遗产主要以书籍的形式流传至今，而这些书籍正是保存在希腊的图书馆中。如果西方图书馆史始于埃及人和巴比伦人，那么它在古典希腊则迎来了第一个"黄金时代"。

| 延伸阅读 |

关于希腊文化的文献相当丰富，其中许多作品至少顺便提到了图书馆。一部特别有价值的书是赫伯特·库蒂斯·赖特（H. Curtis Wright）的《希腊图书馆学的口述渊源》（*The Oral Antecedents of Greek Librarianship*, Provo Utah: Brigham Young University Press, 1978）。这本书虽然内容晦涩且备受争议，但包含一份详细的书目和一则附录，讨论了亚历山大图书馆及其相关文献。

近年来关于希腊图书馆和文化的许多重要学术研究都围绕着这一时期识字能力的程度和性质问题展开。这个问题仍然极具争议，但通过威廉·V.哈里斯（William V. Harris）的《古代识字率》（*Ancient Literacy*, Cambridge, Mass.: Harvard University Press, 1989）可以学到许多关于识字、写作和图书馆发展的知识，他的结论是识字率远不及之前的预期；而罗莎琳德·托马斯（Rosalind Thomas）的《古典雅典的口头传统与书面记录》（*Oral Tradition and Written Record in Classical Athens*, Cambridge,

第一部分：古代世界的图书馆

Mass.: Harvard University Press, 1989）则聚焦识字能力与口头传统的相互作用。约翰·哈尔弗森（John Halverson）在他的文章《哈夫洛克论希腊的口头表达与识字能力》("Havelock on Greek Orality and Literacy," *Journal of the History of Ideas*, 1992: 148—63）中，以平衡的视角回顾了这场争论。读者还应参阅杰斯珀·斯文布罗（Jesper Svenbro）的《弗拉西克莱亚：人类学视角下的古希腊阅读研究》(*Phrasikleia: An Anthropology of Reading in Ancient Greece*, Ithaca: Cornell University Press, 1993）。

亚历山大图书馆仍然是文化史学家研究的焦点。多年来，爱德华·亚历山大·帕森斯（Edward Alexander Parsons）的《亚历山大图书馆：希腊世界的辉煌》(*The Alexandrian Library: Glory of the Hellenic World*, Amsterdam: The Elservier Press, 1952）一直被视为标准研究。近年来，数部重要的研究对帕森斯的观点作出了修正。卢西亚诺·坎福拉（Luciano Canfora）的《消失的图书馆：古代世界的奇迹》(*The Vanished Library: A Wonder of the Ancient World*, Berkeley: University of California Press, 1987）广受赞誉，是近年来关于希腊文化最具可读性的书籍之一。同样重要的还有鲁道夫·布卢姆（Rudolf Blum）的《卡利马科斯：亚历山大图书馆与目录学的起源》(*Kallimachos: The Alexandrian Library and The Origins of Bibliography*, Madison: University of Wisconsin Press, 1991），该书由汉斯·哈南·威利斯（Hans H. Wellisch）翻译自德文，为亚历山大图书馆的运转提供了重要的新见解。在这方面，还有弗朗西斯·J.

威蒂（F. J. Witty）的两篇旧作值得关注，分别是《卡利马科斯的〈卷录〉》（"The Pinakes of Callimachus," *Library Quarterly* 28, 1958: 132—36）和《卡利马科斯其他〈卷录〉与参考作品》（"The Other Pinakes and Reference Works on Callimachus," *Library Quartley* 43, 1973: 237—44）。史蒂文·布莱克·舒伯特（Steven Blake Shubert）的文章《亚历山大图书馆的东方起源》（"The Oriental Origins of the Alexandrian Library," *Libri* 43, 1993: 142—172）有力地论证了埃及对亚历山大图书馆的影响。

最后，乔恩·泰姆（Jon Theim）的一篇精彩文章《被烧毁的亚历山大图书馆：被赋予象征意义的历史》（"The Great Library of Alexandria Burnt: Towards the History of a Symbol," *Journal of the History of Ideas* 40, 1979: 507—26）追溯了从亚历山大图书馆消亡至今，人们对这一典型的通用图书馆的兴趣。

其他重要作品如下：

Johnson, Elmer D. "Ancient Libraries as Seen in the Greek and Roman Classics," *Radford Review* 23 (1969): 73—92.

Pfeiffer, Rudolf. *History of Classical Scholarship from the Beginnings to the End of the Hellenistic Age*, Oxford: Clarendon Press, 1968.

Reynolds, L. D. and N. G. Wilson. *Scribes and Scholars: A Guide to the Transmission of Greek and Latin Literature*, Oxford: Oxford University Press, 1968.

Turner, E. G. *Greek Papyri: An Introduction*, Princeton, N. J.: Princeton University Press, 1968.

Witty, F. J. "Reference Books of Antiquity," *Journal of Library History* 9 (1974): 101—19.

第 5 章
罗马的图书馆

古罗马的图书馆在类型、组织形式和内容上直接继承自希腊图书馆。事实上，希腊图书馆的许多手稿都进入了罗马图书馆。这种文化继承是罗马世界接替古典希腊文明的一部分。从约公元前 200 年开始，罗马共和国（Roman Republic）逐渐将其军事和政治影响力向东和向南扩张到地中海，向西和向北扩张到欧洲，直到约公元前 30 年罗马帝国（Roman Empire）成立之初，其疆域从小亚细亚延伸至英格兰。罗马的军团征服了许多地区，对当地文化产生了深远影响，但反过来，他们也受到了所征服地区的物质文明和文化的影响。随着强大的军团不断前进，他们仔细搜刮战利品，并将这些财富带回罗马。许多因军事实力而非知识兴趣而闻名的罗马将军似乎对他们占领的图书馆特别感兴趣。于是，雕塑、手稿、建筑设计图和受过教育的奴隶，以及更珍贵的黄金和珠宝都被带回罗马。整个罗马时代，大量的珍宝，包括数以千计的哲学、文学和历史的无价之作，缓慢地向罗马首都汇集。因此，罗马的首批大型图书馆实

第一部分：古代世界的图书馆

际上是通过战争中从希腊和小亚细亚获取的战利品建立起来的。

罗马最早的"图书馆"只是收藏了一些历史记录和法律条文，例如《大祭司编年史》(*Annales Pontificum*)，该作品似乎在公元前120年左右被汇编成80卷。这些是严格意义上的编年史，简要记录了共和国的主要事件，保存在大祭司（Pontifex Maximus）的官邸中。更早之前，据传罗马法文献《十二铜表法》(*Law of the Twelve Tables*) 于公元前450年左右被刻在青铜板上，公示于众。此外，还有一部早期的公共记录集《裁判官之书》(*Libri Magistratum*)，记录了裁判官的名字和他们长期以来的官方行为。其中一些是记录在亚麻布上的，也被称为亚麻书（*libri lintei*），这些文献被保存于卡庇托林山（Capitol Hill）的记忆女神莫内塔（Moneta）的神庙中。早期罗马的神庙与埃及和巴比伦的神庙类似，设有供祭司学习的学校，神庙圣所中可能藏有书籍以及经典宗教作品的副本。此外，公元前2世纪时，已有一些私人图书馆，但关于它们的具体信息很少。

据记载，罗马的第一座著名图书馆是保卢斯·埃米利乌斯（Paulus Aemilius）的图书馆。这位罗马将军也是一名学者，他在公元前168年击败了马其顿国王珀尔修斯。当他的士兵们在宫殿中搜寻所有有价值的物品时，埃米利乌斯本人只要求图书馆归其所有，他说书籍比金子还贵重，日后会造福他的儿子。几年后，来自马鲁斯的帕加马图书馆员克拉特斯作为使节来到罗马，拜访罗马元老院。他在罗马的公开演讲和与罗马公民的私人讨论极大地激发了他们对希腊文学和文明的兴趣，他到达罗马的那一刻，往往被认为是罗马"希腊化"的开始。

继埃米利乌斯之后，罗马征服者们将书籍作为战利品带回罗马逐渐成为常态。其中一个特别著名的藏品是科尔内利乌斯·苏拉（Cornelius Sulla）获得的，这位罗马将军于公元前86年攻占了雅典并占领了来自提俄斯的阿佩利孔的图书馆。这座私人图书馆至少包含亚里士多德图书馆的一部分。苏拉将这些藏书带回罗马后，由提兰尼奥担任图书馆员，据说来自罗德岛的安特洛尼克斯（Andronicus）在那里研究了亚里士多德的著作。显然，苏拉向他的学者朋友们开放了图书馆，并在晚年成为一位文学名流。他将这些藏书传给了他的儿子浮士德（Faustus），西塞罗（Cicero）于公元前55年在浮士德家中见过这座图书馆，但之后的历史无人知晓。卢西乌斯·卢库鲁斯（Lucius Lucullus）曾在苏拉手下作战，后来成为一名征服者，并将罗马旗帜插到亚美尼亚。他从征服之地带回了大量书籍，包括本都国王的图书馆，并将这些书籍安置在他位于罗马的私人图书馆中。失去政治影响后，卢库鲁斯成为一名文艺爱好者，向来访的朋友和学者开放了他的图书馆和花园。西庇阿·埃米利安努斯（Scipio Aemilianus）在公元前146年征服迦太基时也发现了图书馆，但由于大多是未知语言的书籍，他只拿走了几本关于农业的书籍，其余的则被销毁了。

到公元前50年，私人图书馆在罗马富裕家庭中变得越来越普遍，然而公共藏书仅存于神庙和政府档案馆。尤利乌斯·恺撒（Julius Caesar）曾计划建立一座能够媲美甚至超越亚历山大

第一部分：古代世界的图书馆

图书馆的公共图书馆。因此，为了在罗马建立公共图书馆，他任命著名学者和藏书家特伦提乌斯·瓦罗（Terentius Varro，公元前116—公元前27年）收集当时著名的文学作品的副本。但事与愿违，恺撒在公元前44年被暗杀，未能实现这一计划。相反，罗马的第一座公共图书馆诞生的方式与许多私人图书馆一样，源自战争的战利品。盖乌斯·阿西尼乌斯·波利奥（G. Asinius Pollio）在征服达尔马提亚后积累了巨额财富，他利用这些财富整合了罗马已有的多座图书馆，可能包括瓦罗和苏拉的藏书，并在阿文提诺山的自由神庙建立了一座图书馆。公共档案馆此前已经设立在那里，但波利奥重新整理了藏书，并于公元前37年前后向公众开放，使其成为罗马第一座已知的公共图书馆。

从奥古斯都开始，罗马皇帝接手了在罗马建造图书馆的任务。实际上，奥古斯都负责建立了两座公共图书馆。第一座位于阿波罗神庙，于公元前36年开始建造，并于公元前28年落成。这座图书馆分为两个独立的藏书区，分别容纳希腊文藏书和拉丁文藏书。庞培·马塞尔（Pompeius Macer）是该图书馆的第一位图书馆员，著名的语法学家尤利乌斯·许癸努斯（Julius Hyginus）也曾担任此职。后来，提比略（Tiberius）皇帝和卡利古拉（Caligula）皇帝对其进行了扩建，这座位于帕拉蒂尼山的图书馆成为罗马几百年间的两大图书馆之一。其间它曾至少两次遭遇火灾，但一直存续到4世纪。奥古斯都建立的第二座图书馆位于屋大维娅柱廊（Porticus Octaviae）中，是为纪念皇帝的姐姐屋大维娅（Octavia）而建造的宏伟建筑。尽管这座图书馆是由奥古斯都下令建造的，但人们普遍认为是屋大维娅为纪念其于公元前23年去世的儿子马塞勒斯（Marcellus）而建立的。该图书馆的首任图书馆员是盖乌斯·梅利苏斯（Caius Melissus），馆内藏书保存在柱廊上方的房间中。尽管在80年左右提图斯（Titus）统治时期曾遭火灾破坏，但屋大维娅图书馆可能存续到2世纪。

奥古斯都的继任者们保持了建造图书馆的传统。提比略皇帝于20年左右在帕拉蒂尼山上的王宫中建立了一座图书馆，并一直保存至3世纪。据说他还在奥古斯都神庙中建立了另一座图书馆，落成于36年。由于该神庙中也有阿波罗（Apollo）雕像，因此可能会与奥古斯都建立的阿波罗神庙图书馆或提比略王宫中的图书馆混淆。韦帕芗（Vespasian）皇帝于75年左右建立了另一座公共图书馆，馆藏来自耶路撒冷缴获的战利品。犹太历史学家约瑟夫斯（Josephus）提到《摩西五经》的副本也被存放在该图书馆中。这座图书馆在190年左右被大火烧毁，后来得到修复，延续至4世纪。图密善（Domitian）皇帝修复了尼禄（Nero）统治期间在火灾中受损的图书馆和其他公共建筑。有人认为他还在卡比托利欧山建造了一座公共图书馆，也有人认为这座图书馆是哈德良皇帝建造的，除此之外，关于这座图书馆我们所知甚少。

乌尔皮亚图书馆可能是罗马最伟大的图书馆，由图拉真（Trajan）皇帝于114年在图拉真广场上建立。这座图书馆的藏书据说可能源于切罗内亚的埃帕弗罗狄托斯（Epaphrodites）的私人图书馆，包含大约 3 万卷书。和其他罗马图书馆一样，乌尔皮亚图书馆的藏书也分为希腊文藏书和拉丁文藏书两部分。4世纪初，这座图书馆曾被暂时迁往戴克里先浴场，浴场旁边有一个剧院和一间演讲室，因此它更像是绅士俱乐部而不是公共浴场。这种迁移可能只是短暂的修复措施，因为后来图书馆又被搬回到了原来的广场。据记载，这座图书馆在 455 年仍然存在，当时阿维图斯（Avitus）皇帝将圣希多尼乌斯·阿波黎纳里斯（Sidonius Apollinarius）的半身像放在该图书馆中。

在罗马权力兴衰更替的过程中，建立公共图书馆的传统仍在延续。据说，在 4 世纪之前，罗马城内至少有 28 或 29 座图书馆。如果真是这样，我们则对其中 20 多座图书馆都所知甚少，甚至一无所知。有些图书馆可能设在其他公共浴场中；有些或许位于埃斯库拉比乌斯神庙中或与其相关的医学院里；还有一些可能是基督教图书馆，最初作为私人图书馆成立，后来在 4 世纪向公众开放，或是出于慈善目的向公众开放的大型私人图书馆。

哈德良皇帝也因其对图书馆的热爱而闻名。在罗马郊外蒂沃利（Tivoli）的豪宅中，他拥有一座规模宏大且价值不菲的私人图书馆，其设计灵感来自希腊图书馆，有带顶棚的墙壁或柱廊通往图书馆房间。此外，哈德良皇帝还在雅典建造了一座宏伟的图书馆，其遗址已经被发掘。图书馆呈正方形，四周环绕着 120 根柱子组成的走廊，宽敞的房间内饰有大理石和黄金，布满绘画和雕像。关于其藏书的具体情况，我们了解不多，但我们知道，图书馆内设有阅览室和讲座室，还有一个中心区域，可能类似于现代图书馆的"流通服务台"，供读者借阅书籍。哈德良皇帝还因复兴或建立了以弗所和帕加马的图书馆以及在罗马建立了雅典娜神庙而受到赞誉，后者可能也包含一座图书馆。

公共图书馆绝不是富裕的罗马人获得文献的唯一来源，因为在罗马的鼎盛时期，私人图书馆已经存在数百年。这一点可以从罗马作家的著作中明显看出，他们常常引用丰富的文献资源，并且在通信和其他文献中也能找到相关的证据。除此之外，罗马的医生、律师等也有收集藏书并建立大型图书馆的习惯。

西塞罗的作品经常提到他和朋友们的图书馆。大约在公元前56年，他在给朋友阿提库斯（Atticus）的信中写道：

> 请注意，无论你遇到多么热衷于收藏的人，也不要将你的图书馆许诺给任何人，因为我正在积攒我所有的积蓄，作为我晚年的财富。如果我成功了，我会比克拉苏（Crassus）更富有，足以轻视任何人的庄园和草地。

西塞罗称他的图书馆是他住所的"灵魂"。他曾雇用过提兰尼奥作为图书馆员，并高度赞扬他在整理书籍以及给书籍贴标签方面所做的工作。

提图斯·庞波尼乌斯·阿提库斯（Titus Pomponius Atticus）不仅是一位著名的书籍收藏家，也是罗马时期一位重要的书商。他的客户包括西塞罗等罗马文坛名家。作为早期的书商之一,阿提库斯让他的奴仆制作了大量流行作家的作品副本并出售。据说阿提库斯的私人图书馆收藏了大约2万卷书。然而,约两个世纪后,作家昆图斯·萨蒙尼库斯·塞尔尼乌斯(Q. Sammonicus Serenius)的图书馆以超过6万卷的藏书规模超越了阿提库斯的藏书量。萨蒙尼库斯的图书馆最终归戈尔迪安(Gordian)皇帝所有,他可能将其作为公共图书馆向公众开放。

其他私人图书馆也必定屡见不鲜,因为塞涅卡(Seneca)曾写道,这些图书馆在富裕家庭中已经变得和冷热水浴一样不可或缺。他谴责那些并非学者却大量购书的人,并质问道:

> 拥有无数书籍和图书馆,有何用处?这些书的标题,主人一生也难以读完……与其在众多书籍中迷失自己,不如专心研读少数经典。

后来的一位作家琉善(Lucian)写了一篇关于"无知的藏书家"(Ignorant Book Collector)的文章,并问道:

> 你对书籍有什么期望,以至于你不断地展开和卷起它们,涂胶水,修整,涂抹藏红花油和雪松油,为它们加上封面,装上把手,就好像你期望从中获利一样?

甚至佩特罗尼乌斯(Petronius)在他的讽刺作品中也介绍

了一个名为特里马尔基奥（Trimalchio）的人物，他炫耀自己拥有希腊文作品和拉丁文作品的图书馆，但却对书籍的内容一无所知。尽管罗马的别墅图书馆在当时常常受到嘲讽，现代学者却认为它们是罗马帝国衰落后幸存下来的大量古典罗马文学的宝库。

罗马绝不是帝国内唯一拥有图书馆的城市。事实上，尽管罗马早期从征战将领们的藏书习惯中受益匪浅，但到了帝国时期和基督教时期，罗马自身发展出了一个相当可观的书籍出版和贸易体系，成为全国书籍分销系统的中心。此外，罗马的慈善家们为许多城镇建立图书馆提供了各种支持。奥古斯都不仅以身作则，在罗马建立了图书馆，他还鼓励富有的公民在帝国各省资助修建神庙、图书馆和学校。

后期的罗马帝国见证了古代世界的伟大图书馆的衰落，同时也目睹了基督教图书馆的兴起。早期基督徒认识到保存和传播圣经文献的必要性，因此有效地利用了书籍和图书馆。耶稣（Jesus）的教诲、保罗（Paul）的书信以及早期福音书被各个教会保存，通常存放在教堂的祭坛附近，并受到严格看护。保罗在《提摩太后书》第4章第13节中提到他的私人图书馆，并要求将其中的书籍带给他。大约250年，亚历山大主教在耶路撒冷建立了一座基督教图书馆。与此同时，奥利金（Origen，约182—251年）在凯撒利亚（Caesarea）创办了神学院和图书馆。早在175年，埃及的亚历山大就已经拥有基督教图书馆。该城在3世纪是基督教的学术中心，亚历山大的克莱门特

（Clement）约215年去世，在其著作中引用了348位作者的作品，表明该城拥有相当大的图书馆。奥利金是克莱门特的学生，他把自己的藏书传给了学生潘菲鲁斯（Pamphilus），后者在凯撒利亚学习、任教多年。303年，戴克里先（Diocletian）皇帝试图摧毁所有基督教图书馆，许多图书馆都消失了，但凯撒利亚的那座图书馆幸免于难。尤西比乌斯（Eusebius）在330年写道，他在撰写基督教会历史时使用了这座图书馆。4世纪的哲罗姆（Jerome）和5世纪的尤塔利乌斯（Euthalius）也使用了该图书馆。它可能一直保存到614年，直到波斯军队占领巴勒斯坦并摧毁了所有基督教文献。

随着罗马皇帝君士坦丁（Constantine，约288—337年）承认基督教，基督教会的处境大为改善，4世纪余下时间里，基督教会迅速传播，基督教图书馆遍地开花。教会历史学家尤西比乌斯（约265—340年），在凯撒利亚的潘菲鲁斯图书馆学习和工作，继潘菲鲁斯去世后，他将该图书馆扩大规模，学术藏书超过2万卷。出生于达尔马提亚的哲罗姆在罗马学习，成为教皇达马苏斯（Damasus）的秘书。他编辑了拉丁文的《武加大译本》（VulgateVersion），并撰写了许多《圣经》注释，成为有史以来基督教最伟大的学者之一。晚年时，哲罗姆隐退到伯利恒（Bethlehem）的一座修道院主持工作，并带去了一大批私人藏书。397年，他在一封信中描述了自己的图书馆，提到其中不仅有神学著作，还有大量的历史和哲学书籍。亚历山大主教乔治（George）也建立了一座兼具世俗和宗教性质的图书馆。然而，

361年，乔治被一个反基督教的暴民杀害，尤利安（Julian）皇帝保住了他的图书馆，并将其安置在安条克的一座神庙中。不幸的是，几年后这座图书馆被烧毁，原因也在意料之内，约维安（Jovian）皇帝为博妻子一笑而下令烧毁了这座图书馆。

在早期的基督教堂中，《圣经》和少量的相关书籍被放在左边。早期基督徒是最早开始使用羊皮纸书卷而非纸草书卷作为书本形式的群体之一。这一转变很可能是因为羊皮纸比莎草纸更耐用，而且书本形式比笨重的卷轴更适合频繁查阅。例如，当位于凯撒利亚的潘菲鲁斯图书馆中的纸草书卷在4世纪初受到磨损时，它们被重新抄写到羊皮纸书卷上。这项工作由两位敬业的牧师阿卡西乌斯（Acacius）和尤佐乌斯（Euzoius）历时数年完成。

抛开对具体图书馆和图书馆类型的讨论，我们转向罗马公共图书馆和私人图书馆的物理特征。正如我们所见，罗马的公共图书馆通常与神庙相关，尽管它们也包含公共档案和一般文学作品，而不仅仅是宗教作品。无论在罗马帝国的哪个地方，神庙图书馆通常都遵循相似的总体布局，通常位于通往神庙主建筑的柱廊旁边或上方。这些图书馆通常分为两个部分：希腊文部分和拉丁文部分，有时还有第三个部分专门用于存放档案。尽管柱廊本身也适合边走边读或讨论书籍，图书馆内仍设有存放书籍的房间和阅读室。一些图书馆与讲堂相连，可以公开朗读作者的作品。图书馆内经常有与之相关的雕像，例如罗马阿波罗神庙中有一尊约15.2米高的阿波罗青铜雕像。书籍上方的

第一部分：古代世界的图书馆

墙壁上挂着著名作家的绘画、半浮雕或雕塑作品。在书卷的组织、版式和处理方面，罗马图书馆与希腊图书馆类似，但罗马人增加了存放更贵重书卷的书柜。后来，随着折页取代了卷轴，书架也取代了传统的书格，但直到中世纪时期，书柜仍然被广泛用于存储书籍。

根据一些古典文献，虽然罗马公共图书馆的书籍一般不允许借出，但一些有影响力的人偶尔可以借阅书籍供家里使用。例如，马可·奥勒留（Marcus Aurelius）在145年左右写信给朋友弗朗托（Fronto）时提到，他已经从阿波罗图书馆借出了某些卷册，因此弗朗托不必再去那里借阅。相反，奥勒留建议弗朗托去提比略的图书馆尝试，尽管他可能需要贿赂图书管理员以便获得借阅许可。众所周知，私人图书馆的主人也有借书给朋友的例子，西塞罗和普林尼（Pliny）的信件中都有关于此类借阅的记载。从出土的一面墙壁上发现的100年左右的一座雅典图书馆的规定中也能看出，借书是一个问题，规则写道：

> 禁止借出书籍，因为我们已经对此宣誓。图书馆开放时间为第一小时至第六小时。

私人住宅图书馆的物理设施因主人的财富和藏书量而异。简单的书卷可能会存放在类似于现代帽盒的木制或铅制容器中，而体积较大的藏书则会放在专门的书柜中。当藏书规模进一步扩大时，它们会被存放在设有多个书柜、书桌和艺术品的特殊房间或公寓内。在一个富裕的私人住宅中，典型的图书馆长约7米，宽约4.6米，里面会有几个书柜，单个书柜大约有0.9米高、1.5米宽，上面的圆形徽章会标明其中藏品的作者，也可能是主人最喜欢的作家。在赫库兰尼姆（Herculaneum）曾出土过这样的图书馆。

赫库兰尼姆是罗马富人青睐有加的度假胜地，凉爽的山间别墅和海风使其成为避暑的理想场所。赫库兰尼姆位于那不勒斯和庞贝之间，但79年8月维苏威火山爆发，这座城市及其居民因此遭受灭顶之灾。火山灰和其他物质将该地掩埋了约21.3米。直到18世纪早期，这个度假胜地才重新被发现，其华丽的庄园和其他珍宝才慢慢得以揭示。在其中一栋别墅中，考古学家发现了一个装满碳化纸草书卷的房间。随着时间的推移，学者们逐渐认识到这座图书馆的重大意义。直到今日，学者们仍在研究在那里发现的大约1700卷易碎的纸草书卷。到目前为止，他们发现大部分书卷都是用希腊文书写的，只有少量是拉丁文书卷。由于古代图书馆中通常会将拉丁文书卷和希腊文书卷分开保存，因此人们推测，在这一地区可能还埋藏着一批拉丁文书卷。

我们还了解到，这座图书馆本身是一个大约3.7米见方的房间，阅读室和图书馆之间由柱廊隔开。图书馆的墙壁上排满了书架，这些书架被分隔开，以便存放纸草书卷。这些书架似乎被贴上了标签，图书馆看起来是供几代学者和罗马富人在赫库兰尼姆度假时使用的。关于"纸草别墅"（Villa of the Papyri）

的主人，学术界并没有一致的结论，但大多数学者认为，根据发现的大量伊壁鸠鲁学派文献和其他证据判断，该别墅可能是由公元前40年左右去世的卢修斯·卡尔普尔尼乌斯·皮索·凯索尼努斯（Lucius Calpurnius Piso Caesonius）建造的。皮索是一位有权势的罗马官员，同时也是一个有学问的人，他是艺术家和学者的资助者。他的私人图书馆可能是这座图书馆的基础，并由他的继承人维护，直到79年维苏威火山爆发时被掩埋。

罗马纸草书卷的平均长度约为6.1—9.1米，平均高度约为22.9—27.9厘米。珍贵的书卷通常会用亚麻布包裹，并用绳子捆绑。更为珍贵的卷轴则会存放在用羊皮纸或皮革制成的封套中，有时这些封套还会染上鲜艳的颜色。考虑到书卷的大小和出土的罗马图书馆的大小，如果排除有书卷存放在其他地方的情况，神庙藏书的平均数量可能在2万—4万卷之间。书柜被水平和竖直的木板划分成不同的格子，用于存放书卷，横向书架仅用于存放折页书。这些书柜有时会被嵌入墙中，但通常它们是独立的、可移动的家具。普林尼曾提到，他在卧室的墙上嵌入了一个书柜用于存放书籍。

早期的罗马图书馆员通常是受过高等教育的奴隶或战俘，他们大多来自希腊或小亚细亚。随着罗马历史的发展，图书馆员逐渐由本土学者担任，许多人同时也是作家。最终，这一职位演变为公职。例如，公元前109年至公元前32年，西塞罗的好友，学者提图斯·阿提库斯（Titus Atticus）提到，他所有的图书馆员都是奴隶。西塞罗的图书馆员提兰尼奥于公元前72年左右在罗德岛被卢库鲁斯俘虏并带到罗马。他很快获得自由，并成为一名希腊语教师。后来，他作为书籍出版商和销售商，成为学者和政治家的朋友和知己，从而获得财富。他为西塞罗和苏拉提供建议，帮助他们建立图书馆，并协助西塞罗为图书馆编制书目。特伦提乌斯·瓦罗则担任尤利乌斯·恺撒的图书馆员，或至少是书籍收集者。他学识渊博，是一位研究历史、讽刺作品和诗歌的作家。还有罗德岛的安特洛尼克斯，一位亚里士多德学派的学者，据说曾为苏拉的图书馆编制过书目。

在罗马帝国时期，罗马的几所图书馆似乎由一位"中心图书馆馆长"管理。大约100年，这一职位由来自亚历山大的著名语法学家狄俄尼索斯担任，他还同时担任皇帝的秘书。在哈德良统治时期，盖乌斯·尤利乌斯·瓦西努斯担任这个职位，他之前是一名家庭教师，后来成为亚历山大博物馆的管理员。据在罗马发现的铭文所示，到了250年左右，Q.维图里乌斯·卡利斯特拉图斯（Q. Vetturius Callistratus）担任此职。在中心图书馆馆长的领导下，每座图书馆都有自己的馆长（bibliothecarius 或 magister）。而图书馆的工作人员数量众多，其中许多人是奴隶，部分是女性。级别较低的职位包括馆员（librarius）、行政员（vilicus）和研究员（antiquarius）等，在不同的时间和地点可能还有其他职位。馆员似乎是一个担负多项职责的职位，既负责编目工作又负责抄写工作，同时还负责翻译和文书工作。行政员是通用的勤务人员，职责介于保管和文书之间。研究员则是学者型图书馆员、历史学家以及古文字学家。一般来说，

第一部分：古代世界的图书馆

罗马的图书馆员的重要性比不上亚历山大或帕加马繁荣时期的图书馆员。相反，罗马图书馆的行政职位后来逐渐演变成政治任命或公职，而实际的图书馆工作则由受过良好教育但不那么重要的助手完成。在规模较大的图书馆中，工作逐渐变得高度专业化，服务程度或级别也随之分化。与图书馆员关系密切的是书商，他们经常兼任出版商，出版多部流行书籍。他们中的许多人帮助图书馆选择和获取藏书，在私人图书馆中尤为常见。公共图书馆经常通过抄写他人的书籍来制作自己的书籍。

众所周知，罗马图书馆中的书籍是按照一般主题排列的，但这些主题究竟是什么尚不确定。可以确定的是，书籍分为希腊文和拉丁文，而且似乎同一作者的所有作品都归入他的主要主题下。不同哲学流派的作品是分开的，不同宗教团体的作品也是如此。已知有两种类型的目录，有时两种都会使用。一种是分类目录，或称书架列表，其排列方式遵循书卷的实际存放位置。另一种是书目目录，按作者排列，提供作品的标题、首行内容、作品长度，有时还包含作者的生平信息。

虽然罗马人没有发明审查制度，但他们显然严格控制了向民众提供的阅读材料的种类。奥古斯都皇帝是图书馆的建造者，但他也控制着图书馆的内容。他下令将尤利乌斯·恺撒和诗人奥维德（Ovid）的作品从公共图书馆中移除。奥维德不仅受到审查，在晚年还被流放到黑海地区。在君士坦丁即位之前，大多数皇帝禁止基督教著作，而在某些地区，基督教主教掌权后，他们有时也会禁止非基督教著作。这样做的结果就是，许多经典作家的作品被毁，现今我们只能通过摘录或后来的书目注释了解这些作品。例如，303年，戴克里先皇帝试图关闭所有基督教图书馆，而391年，狄奥多西一世（Theodosius I）则试图摧毁所有"异教"图书馆。在他的指挥下，亚历山大的塞拉皮翁神庙被毁，图书馆的绝大部分藏书也随之消失。后来基督教堂替代了该神庙，但只有少量基督教著作。尤利安皇帝也试图摧毁基督教作品，但他在安条克和君士坦丁堡（今伊斯坦布尔）建立了古典作品图书馆。529年，查士丁尼（Justinian）保留了罗马法和基督教神学，但命令没收雅典学院（Academy in Athens）的古典著作，并禁止在该学院教授希腊哲学。6世纪，教皇格里高利一世（Gregory I）曾查禁西塞罗和李维（Livy）的著作，但并非出于作品内容的原因，而是因为年轻人在应该阅读《圣经》的时候却在阅读这些作品。格里高利一世还被指控下令焚烧罗马的帕拉蒂尼图书馆，但这一说法通常被视为不实。历经基督教和非基督教的焚书活动，以及7世纪后穆斯林的审查制度，许多本来可能幸存的经典作品也因此永远消失在历史的长河中。

古代世界的伟大图书馆注定要被摧毁。其中的一些在意外火灾或自然灾害中毁于一旦，如罗马和赫库兰尼姆的图书馆。更多的图书馆则在战争、内乱以及蛮族入侵中被摧毁。5世纪至6世纪，北方的蛮族袭击了罗马和希腊，他们对学问毫无尊重，书籍在他们眼中不过是一些莎草纸或羊皮纸。雅典最后一个伟大的图书馆，即学院的图书馆，于529年被摧毁。罗马最后一个古代图书馆何时消失尚不确定,但在 5 世纪时就所剩无几了,到 6 世纪时则完全消失了。最后,应该指出的是,罗马大量的图书馆由于疏于管理和废弃而逐渐腐朽消失。政治动荡、不重视书籍和学问的统治者,以及经济灾难,这些都为图书馆的关闭、书籍的损坏提供了温床。

阿米阿努斯·马尔切利努斯(Ammianus Marcellinus)在大约 378 年写道,罗马的图书馆在当时已经如入坟墓般长眠于世了。虽然他的判断或许为时过早,因为其中一些图书馆后来仍然开放,但总体来说他的说法是正确的。罗马伟大的图书馆辉煌的时代已经结束。罗马文学与学术的鼎盛时期已经过去,古典时代已经消亡,黑暗时代(Dark Ages)即将来临。然而到了 6 世纪,西方世界的许多角落仍有学术火种在延续。东罗马帝国(Eastern Empire)仍然警觉于世,图书馆在那里开枝散叶,许多书籍从罗马流向东方。此外,在西方的边缘地区,如西班牙、法国、甚至英国,私人图书馆仍在使用,藏书仍然不断被收集;而在意大利,修道制度已经开始,它将在整个中世纪(Middle Ages)保护和传承学术知识。

| 延伸阅读 |

在第 4 章中引用的许多著作也涉及罗马图书馆的发展,但读者应特别注意威廉·V. 哈里斯的《古代识字率》,该书对识字率、书籍贸易和书籍使用进行了非常详尽的探讨。洛恩·D. 布鲁斯(Lorne D. Bruce)发表的论文《〈罗马帝王纪〉中对罗马图书馆的重新评估》("A Reappraisal of Roman Libraries in the Scriptores Historiae Augustae," *Journal of Library History* 16, 1981: 551—73)对早期有关该主题的文献进行了批判性审查，这篇论文仍然是关于这一主题的有用综述。

其他重要作品如下：

Cramer, F. H. "Bookburning and Censorship in Ancient Rome," *Journal of the History of Ideas* 6 (1945): 147—96.

Davis, Donald G., Jr. "Christianity and Pagan Libraries in the Later Roman Empire," *Library History* 2 (1970): 1—10.

Reichmann, Felix, "The Book Trade at the Time of the Roman Empire," *Library Quarterly* 7 (1938): 40—76.

Sider, Sandra, "Herculaneum's Library in 79 A. D.: The Villa of the Papyri," *Libraries and Culture* 25 (1990): 534—42.

第二部分

中世纪的图书馆

第二部分：中世纪的图书馆

第6章
拜占庭图书馆和伊斯兰教图书馆

在所有古代图书馆中，君士坦丁堡（今伊斯坦布尔）的图书馆几乎在中世纪完好无损地保存了下来。特别是由君士坦丁大帝（Constantine the Great）在4世纪建立的帝国图书馆（Imperial Library），其规模和重要性随着拜占庭帝国（Byzantine Empire）的命运而变化，但无论以何种形式，它一直存续到1453年君士坦丁堡被奥斯曼土耳其人攻占为止。

拜占庭的历史背景兼具希腊与罗马的双重色彩。君士坦丁堡这座城市，坐落于博斯普鲁斯海峡（即伊斯坦布尔海峡）欧洲一侧，连接地中海与黑海，曾被希腊人称为拜占庭。大约325年，君士坦丁大帝统一了东罗马帝国和西罗马帝国后，在此建立了首都，将其改名为君士坦丁堡。随着岁月流转，西罗马帝国逐渐走向衰败，被北方的蛮族入侵，而东罗马帝国，也就是拜占庭帝国，却延续了它的命脉。尽管有时强盛，有时衰弱，但在长达千余年的岁月里，它始终在文化上扮演着举足轻重的角色。

从本质上讲，拜占庭文化更倾向于希腊而非罗马，更具有东方色彩而非西方色彩。它在西方文明中的作用主要体现在对巴尔干半岛和俄罗斯的影响，以及对许多希腊文经典和拉丁文经典的保存方面。总体来说，在君士坦丁堡保存下来的希腊文经典多于拉丁文经典，因为希腊语是东部地区的主导语言。千年之后，在14世纪至15世纪，这些手稿的副本传到了意大利和西欧，预示着文艺复兴（Renaissance）的黎明。通过建立君士坦丁堡并将基督教确立为国教，君士坦丁大帝的名字成为所有罗马皇帝中最为人铭记的名字之一。

东罗马帝国的帝国图书馆最早由戴克里先皇帝于300年在首都尼科米底亚（Nicomedia）建立，但关于它的记载甚少。君士坦丁大帝在330年至336年之间的某个时间点在君士坦丁堡建立了一座帝国图书馆。他的使者遍寻帝国各地，为他的图书馆搜集基督教书籍。他还收集了希腊和拉丁世俗作家的作品，不过这座图书馆的藏书量显然增长相当缓慢，因为据报道，337年君士坦丁大帝去世时，图书馆里只有大约7000册书。一代人之后，尤利安皇帝试图推翻基督教，他可能下令销毁图书馆里的一些基督教作品，但他在安条克建立了一座古典文学图书馆，并于362年将自己的藏书捐给了帝国图书馆。狄奥多西二世（Theodosius II，401—450年）扩充了图书馆的藏书，增加至约10万卷，但在利奥一世（Leo I）统治期间再次衰落。利奥一世的继任者芝诺（Zeno）经历了图书馆部分被火灾摧毁，他用从其他图书馆收集的作品副本重建了图书馆。当时的图书馆藏书量可能超过10万卷，折页书比卷轴还多。

第二部分：中世纪的图书馆

5世纪，狄奥多西二世（408—450年在位）在君士坦丁堡基于一所哲学大学或学校创立了一座学院图书馆。该校繁荣了几个世纪，在查士丁尼一世（Justinian I，527—565年在位）统治时期尤为兴盛。伊苏里亚王朝皇帝利奥三世（Leo the Isaurian，717—741年在位）统治期间，因为皇帝与偶像或圣像崇拜者进行斗争，学院图书馆和帝国图书馆都因此遭受了重创。那些含有宗教图片的书籍有时被"圣像破坏者"（iconoclasts）摧毁，他们将这些图片视为异教的象征。学院图书馆在8世纪末不复存在，同时帝国图书馆的藏书也减少到大约3.5万卷。不过在9世纪，一所大学重新建立起来。这个新机构由著名学者团队管理，领袖是数学家利奥（Leo the Mathematician），其图书馆在11世纪即将到来的拜占庭"文艺复兴"中发挥了重要作用。

查士丁尼一世在图书馆史上之所以赫赫有名，原因有二。首先，他于529年关闭了当时位于雅典的最后一所幸存的古典学校，因为他认为那里的课程与基督教会的教义相悖。然而，查士丁尼一世更为人称道的成就，是对罗马法律的系统性编纂。在他任命的学者委员会的努力下，这项伟大工程得以完成，涵盖约2000卷法律著作，可追溯罗马帝国近千年的历史。《查士丁尼法典》（*Justinian Code*），以及其摘要和补充条款，共同构成了《查士丁尼民法大全》（*Corpus Juris Civilis*），这一法律体系成为整个中世纪及近现代西欧民法的基石。围绕这一法典，君士坦丁堡逐渐形成了一所法律学府，并在11世纪发展为正式的法律大学。为完成《查士丁尼法典》的编纂，当时显然有一座组织良好的法律图书馆作为学术支持。而在法律学府的漫长历史中，法律图书馆无疑也为学生们提供了宝贵的资源。1045年，君士坦丁九世下令，该图书馆应囊括"所有对法律教学有用且必要的书籍"，并由一名"虔诚的"图书馆员负责管理。关于查士丁尼时代的法律著作本身的价值及其对西方世界法律体系的深远影响，颂扬之词溢于言表。

除了帝国图书馆和学院图书馆，君士坦丁堡通常还有另一座重要的图书馆，即东正教会领袖的牧首图书馆。这座图书馆在拜占庭帝国漫长的历史中，同样经历了规模和重要性的变化。据记载，君士坦丁大帝也为该图书馆奠定了基础，其捐赠了50卷用羊皮纸制作的精美书籍。随着时间的推移，一所学校或学院在牧首的指导下发展起来，与帝国大学（Imperial University）截然不同。这所学校虽然由宗教学者授课，但通常培养的是帝国的行政人员和高级公职人员，而宗教领袖则在修道院中接受教育。虽然不确定这所学校是使用了牧首图书馆，还是拥有独立的图书馆，但众所周知，部分牧首拥有自己的私人图书馆。

在东罗马帝国，修道生活的兴盛早于西罗马帝国。早在500年，许多修道院已经在小亚细亚和希腊出现。几个世纪以来，这些修道院一直遵循埃及圣帕科米乌斯（St. Pachomius）制定的修道院生活法，鼓励学习，但并不强制建立图书馆。大约825年，位于君士坦丁堡附近的斯图迪乌姆修道院的院长西奥多（Theodore）编订了一套新的修道院规章，强调缮写室和图书馆的重要性，并明确了图书馆员的职责。自此之后，各修道院开

第二部分：中世纪的图书馆

始被鼓励建立自己的图书馆。希腊阿索斯山上的修道院图书馆因其悠久的历史而尤为著名，其中一些图书馆至今仍然存在。修道院中保存的典籍大多是宗教著作，但也包含一些世俗作品。由于一些修道院提供医疗服务，甚至培养医生，所以他们的图书馆也收藏了医学和科学著作。拜占庭修道院中保存下来的最重要的文献之一是《西奈抄本》(*Codex Sinaiticus*)，这是现存最古老的《圣经》手稿之一，原保存在西奈山上的圣凯瑟琳修道院，现存于大英图书馆。

850年至1100年间，拜占庭的学术和文学迎来了复兴期。对知识和学习的兴趣的重燃，不仅刺激了大学的复兴，还推动了一些重要作家的创作，不过他们的作品大多是汇编作品或选集，而非原创作品。9世纪，学者兼牧首佛提乌（Photius）编纂了《群书摘要》(*Bibliotheca*)，这是一部涵盖约280部早期作品的摘要或文摘，其中许多作品现已失传。佛提乌在引用他总结和评论的众多作品时，似乎非常谨慎，但并没有确凿证据表明他确实读过这些书籍。无论他的私人图书馆是否拥有所有提及的作品，他都很可能有机会接触到一间出色的藏书室。他所讨论的作品包括许多神学著作，以及大量的希腊历史和文学作品，还有一些艺术和科学领域的书籍。10世纪，来自凯撒利亚的阿瑞塔斯（Arethas）是佛提乌的追随者之一，通过他现存的信件，我们了解到他拥有一座私人图书馆，其中包括欧几里得（Euclid）、琉善、阿里斯提德斯（Aristides）、亚里士多德和柏拉图的作品，他还为一些经典作家的作品撰写过评论。他的藏书中有一卷幸存下来，现藏于牛津大学（University of Oxford）的博德利图书馆（Bodleian Library）。

10世纪的百科全书编纂者苏达（Suidas）也从许多来源中搜集资料，编纂了《苏达辞书》（*Lexikon*），这是一部常识性词典或百科全书。在为数不多的文学作品中，10世纪的诗人约翰·盖奥梅特（John Geometres）与同时代的散文作家一样，诗篇中充满了对古典作品的引用。11世纪的诗人约翰·毛罗普斯（John Mauropous）在一首诗中表达了他对图书馆的情感：

> 我栖息于书中，如蜜蜂徘徊花间。
> 我滋养于文字，如蚱蜢汲取露水。

在君士坦丁堡之外，拜占庭帝国的大多数主要城市在不同时期都拥有一座或多座图书馆，通常设在修道院、学校和教堂中。随着帝国在其漫长的千年历史中经历了多次兴衰起伏，这些省级城市的命运也随之波动。

在拜占庭帝国的统治下，凯撒利亚、贝鲁特、塞萨洛尼基以及雅典等地建立的图书馆均被记载。12世纪的塞萨洛尼基大主教尤斯塔提乌斯（Eustatius）在其著作中引用了超过400位作者的作品，足以显示出他接触到了丰富的图书馆藏。另一方面，当米哈伊尔·阿科米纳图斯（Michael Acominatus）于1175年成为雅典大主教时，他发现该城竟然没有任何图书馆，而他仅有的两箱书则成了城中最具规模的书籍藏品。当12世纪末诺曼十字军席卷希腊大片土地时，他们从私人图书馆和公共图书馆中掠夺书籍作为战利品，这或许开启了由东向西的书籍流通之路。

在拜占庭悠久的历史中，其文化影响曾从斯里兰卡延伸至巴黎，从西班牙延伸到莫斯科。例如，查理大帝（Charlemagne）曾从君士坦丁堡的帝国图书馆中获取书籍副本，以充实他在亚琛（Aachen）的皇家图书馆。亚美尼亚的修道院也曾向君士坦丁堡借书。此外，在君士坦丁堡沦陷前的八百年间，穆斯林一直是君士坦丁堡的近邻和敌人，他们不仅从拜占庭人那里借阅文学作品，还借阅艺术、教育、政治科学和哲学作品。在西西里岛和意大利南部，拜占庭的影响尤为深远，11世纪的一座修道院图书馆中珍藏着一些希腊古典作家的作品，而这些作品在西欧其他地方几乎无人知晓。13世纪，塞尔维亚皇后伊丽莎白（Elizabeth）从君士坦丁堡获得了一座希腊图书馆。而14世纪，摩尔多瓦的巴西尔·拉普（Basil Lapu）王子也拥有一座收藏古典希腊作家作品的图书馆。由此可见，古典时代的伟大著作，尤其是希腊的经典作品，从未在西方世界中完全消失。拜占庭人以及与东罗马帝国有文化和外交往来的西方民族一直都能够接触到这些书籍。然而，在中世纪的大部分时间里，这些接触却是少之又少，而且从实际意义上来说，实在是微不足道。

不幸的是，曾经屹立不倒的拜占庭，在经历了多个世纪的内忧外患后，逐渐走向了终结。12世纪末，诺曼人对希腊半岛的入侵预示着这一命运的到来，而当君士坦丁堡于1204年沦陷时，这座城市几乎被彻底毁灭。一些入侵者意识到公共图书馆和私人图书馆中的书籍价值非凡，因此开始与渴望拥有这些书籍的意大利买家进行交易。然而，被毁坏的书籍数量可能远超过被售出的数量，甚至可以合理假设，1204年基督徒对君士坦丁堡的毁灭所造成的损失，远超过1453年土耳其人的所作所为。

君士坦丁堡沦陷后，拜占庭迁都到尼西亚，约翰三世（John III，1222—1254年）在那里重建了帝国图书馆。13世纪时，尼西亚一度成为文化中心，拥有可以与西方世界任何城市媲美的学校、教堂、修道院和医院。以尼西亚为原点，拜占庭人开始恢复国力，于1246年从诺曼人手中收复了塞萨洛尼基，并于1261年重返君士坦丁堡。米哈伊尔·巴列奥略（Michael Paleologus）皇帝在宫殿的一翼重建了帝国图书馆。然而，拜占庭帝国的最后两个世纪却是黯淡无光的，因为这个曾经伟大的帝国逐渐衰落，到1450年时只剩下君士坦丁堡一城。拜占庭帝国四面楚歌，意大利人、塞尔维亚人、保加利亚人和土耳其人四面夹击，加之内部纷争和领导不力，最终于1453年被奥斯曼土耳其人攻陷，这标志着欧亚历史上一个辉煌时代的终结。

颇为奇妙的是，虽然君士坦丁堡在1260年至1450年间政治逐渐衰弱，但是其文学与学术出现了复兴。君士坦丁堡的学校、图书馆、修道院和医院的水平远远领先于衰落的伊斯兰世界或文艺复兴前的欧洲。当然，这一切在穆罕默德二世（Mohammed II）率领他的征服军进入这座城市时便荡然无存，教堂和修道院、住宅和宫殿都被洗劫一空，凡有价值之物尽数被掠走。毫无疑问，许多书籍被毁，但一些土耳其士兵意识到这些书籍的潜在价值，因此数百本书籍被保存下来并出售。最初，据说亚里士多德和柏拉图的著作每册只卖1便士，但随着意大利商人重新开始书稿和其他珍宝的交易，这些书籍的价值迅速攀升。我们无法确定在1453年君士坦丁堡到底有多少座图书馆、有多少部藏书，但可以肯定的是，尽管大量书籍被毁，希腊书稿交易在此后的一百多年里仍然是一个获利颇丰的生意。

君士坦丁堡的艺术与文学作品产量惊人，但原创性稍显不足，所以君士坦丁堡在西方文明中的重要性不在于其自身的艺术与文学成就，而在于它在中世纪保存了大量在西方几乎完全消失的古典文献。如今我们所知的希腊古典文学作品中，至少有75%是通过拜占庭的抄本传承下来的。自东向西的书籍流通早在1200年就开始了，但其巅峰出现在14世纪和15世纪。对于一些商人而言，书籍成为最珍贵的贸易商品，而这种文献贸易对西方产生的影响，则是令他们重新燃起了对古典文学、历史和哲学的兴趣，进而催生了我们称之为"文艺复兴"的伟大时代。从这个角度来看，正是拜占庭的衰落为欧洲中世纪的终结以及现代的诞生提供了动力。

在中世纪的地中海东部地区，君士坦丁堡并非唯一的文化中心。作为基督教拜占庭人的近邻和宿敌，穆斯林在7世纪崛起。自622年伊斯兰教历元年开始的短短几十年内，伊斯兰教便席卷了从波斯到摩洛哥的阿拉伯世界及其边缘地区。穆斯林曾多次逼近君士坦丁堡，但直至1453年才最终攻陷这座城市。

在伊斯兰教信仰的激励下，阿拉伯人不仅建立了强大的军事力量，还发展出一种繁荣数百年的文学文化。

然而，在先知穆罕默德（Prophet Mohammed）到来之前，阿拉伯人的文学素养和识字水平都十分有限。相反，代代相传的是一种口头文学，如故事和诗歌，类似于荷马时代的希腊。伊斯兰教的第一部主要书面文学作品是《古兰经》（Koran）。这部基本经典不仅相当于伊斯兰教的"圣经"，也代表其哲学基础。学习《古兰经》及其教义成为所有穆斯林的义务，因此他们的识字能力至关重要，学校也随之开始建立。为了教授《古兰经》，需要学者和教士，许多高等教育机构应运而生，其中不少与教堂或清真寺有关。这一系列发展促成了稳定的阿拉伯语言体系的形成，使其不仅适用于世俗文学，也适用于宗教文学。另外，纸张的使用则助推了阿拉伯文学和学术的扩展。纸张作为书写材料，比羊皮纸或莎草纸便宜得多，也更容易获得。经济实惠的书写材料意味着可以制作更多的文学作品副本，各类读物也因此能够触及更广泛的受众。造纸术约于800年通过中亚从中国传入东部伊斯兰世界，随后逐步传播开来，约于950年传入西班牙。纸张可以用多种纤维材料制成，其中最优质的材料是亚麻或棉布碎料。

尽管军事力量在伊斯兰教的传播过程中起到了一定作用，且一些穆斯林领袖曾声称除了《古兰经》不需要其他书籍，但总体而言，伊斯兰世界是一个热爱书籍的世界。在世界历史上，鲜有哪个时代像这个时代一样，书籍受到十足的尊重，至少在上层社会中是如此。除了学习《古兰经》,虔诚的穆斯林还被鼓励抄写《古兰经》并让其他人阅读,因此缮写员的技艺在阿拉伯世界流行起来,成千上万的《古兰经》副本被制作出来,许多作品以精美的字体和装帧展现其精致。

伊斯兰世界的第一个中心是大马士革,该地于661年至750年被倭马亚王朝统治。倭马亚统治者提倡学习,并建立了一座皇家图书馆,其中还收藏了教会和国家的档案。大约690年,档案从文学和宗教作品中分离出来,档案被归于档案馆,文学和宗教作品则构成了皇室图书馆。皇室图书馆向重要的学生和学者开放,馆内收藏了从世界各地获得的书籍副本。图书的内容不仅涵盖文学、历史、哲学,还涉及炼金术、医学和占星术,当然还有大量关于伊斯兰教的作品。

伊斯兰文化的早期发展有一个有意思的插曲,即关于景教徒(Nestorian Christians)的历史,他们在485年被拜占庭皇帝芝诺驱逐出叙利亚。景教徒逃往波斯后,在尼西比斯建立了一个强大的希腊文化中心,并建有古典图书馆。他们吸引了来自希腊的学者,包括一些被查士丁尼皇帝于529年关闭的雅典学院的教员。于是,穆斯林在波斯的深山中发现了一座希腊科学与哲学的宝库,并迅速将其翻译成阿拉伯文。事实上,到750年时,大多数幸存下来的希腊文献都已被翻译成阿拉伯文。例如,亚里士多德的作品受到了广泛研究,阿拉伯学者撰写了数百本关于他的书籍。穆斯林还通过常规的贸易渠道从君士坦丁堡获取希腊著作,并在他们与东罗马帝国的战争中缴获了其他文献。

伊斯兰文学和学术的黄金时代出现在阿拔斯（Abbasid）王朝统治者（或称哈里发）的统治时期，大约从750年持续到1050年。哈里发将伊斯兰国家的首都迁至巴格达，伊斯兰教的力量和影响从地中海南岸附近的波斯传播到西班牙，甚至延伸至法国南部。事实上，西班牙和摩洛哥从未承认阿拔斯王朝的统治，在内部和外部冲突的影响下，其统治范围在不同时期差异很大，但在文化上，接受伊斯兰教的地区逐渐实现了统一。早期的阿拔斯哈里发秉持鼓励学习与辩论的宗教哲学，推动在整个王国建立大学和图书馆。早期的开端是在艾哈迈德·曼苏尔（Ahmad al-Mansur，754—775年）和哈伦·拉希德（Harun al-Rashid，785—809年）时期，彼时因《一千零一夜》（*Arabian Nights*）而闻名，但真正让巴格达的"学术馆"（House of Learning）或大学声名鹊起的是马蒙大帝（Al-Mamun the Great，813—833年）。在他的领导下，这个机构拥有图书馆、实验室、接受资助的学者、翻译服务，甚至还有天文台，吸引了从西班牙到印度的学者。它的藏书汇集了十几种语言的书籍精华，其教员讲的语言也多达十几种。图书馆向来自世界各地的学者开放，满足他们在宗教、科学、诗歌和医学等方面的兴趣。它与欧洲、亚洲和非洲的所有文明国家都保持着学术交流，与西欧的联系相对开放，特别是在和平时期。东西方之间的思想交流贯穿了阿拔斯王朝的统治时期，彼时伊斯兰世界从西方汲取的知识可能多于它向西方传播的。而在后来的几年里，这一趋势则出现了显著的逆转。

到 900 年时，巴格达已成为可与君士坦丁堡相匹敌（即便未超越）的学术中心。当地的学校和图书馆为整个伊斯兰世界的同类机构树立了典范。据说，891 年，仅巴格达就拥有超过 100 家书商，而在其文化鼎盛时期更设有大约 30 座公共图书馆。其他的大学图书馆和公共图书馆遍布伊斯兰世界，从位于中亚腹地、丝绸之路要冲的布哈拉和梅尔夫，途经巴士拉、大马士革、开罗和阿尔及尔，直到西部的摩洛哥和西班牙。地理学家雅古特·哈迈维（Yakut al-Hamaw）于 1228 年访问梅尔夫时，发现那里至少有 12 座图书馆向公众开放。其中 10 座是捐赠图书馆，2 座则位于清真寺内。其中一座图书馆拥有超过 1.2 万册典籍，而另一座自494 年便已存在。雅古特还提到，梅尔夫的图书馆借阅政策非常宽松，以至于他可以一次性将 200 册典籍借回自己房间中研读。

11 世纪后期，在塞尔柱突厥人（Seljuk Turks）的统治下，东方的穆斯林教育变成更加纯粹的神学，但同一时期，巴格达建立了一所更正规的大学——尼采米亚大学。该大学成立于 1065 年左右，本质上是一所神学院，但也正式开设了其他课程。尼采米亚大学拥有学生宿舍、奖学金制度、捐赠教授职位等，并且具备现代大学的一些特点。一所著名的医学院附属于这所大学，大学和医院都设有图书馆。尽管在蒙古人的征服之下，学校建筑曾被洗劫一空，师生们四散而去，但这所大学仍然幸存下来，并且 15 世纪仍在运作。

埃及法蒂玛（Fatimid）王朝的哈里发在 10 世纪至 12 世纪

期间在开罗打造了一个可比肩当时世界上任何一个文化中心的文化枢纽。哈里发阿齐兹（Caliphal-Aziz，975—996年在位）庇护诗人和学者，并为他们建立了一座皇家图书馆。开罗的这座皇家图书馆和其他图书馆的藏书目录得以编制，已知知识领域的专题书目得以整理。成立于972年的爱资哈尔大学（Al-Azhar University）至今仍然存在。

据称（尽管可能有所夸张），在11世纪中期开罗文化发展的鼎盛时期，其图书馆藏书量曾超过100万卷。1068年，一场反对法蒂玛王朝统治者穆斯坦绥尔（Al-Mustansir）的叛乱导致皇宫被洗劫一空，其藏书20万卷的图书馆也遭流散或焚毁。据一名目击者描述，士兵们用手稿来点火，珍贵书籍的皮革封面则用来修补靴子。然而，图书馆后来似乎得以重建，因为当萨拉丁（Saladin）于1173年掌权时，他发现该图书馆仍有超过10万卷的藏书。据早期的记载，开罗的一座图书馆拥有自己的工作人员，包括馆长、管理员、装订师、书法家、仆人和守卫，并由其所拥有的房产租金维持运营。据称该图书馆收藏了2400多部《古兰经》抄本，其中大部分是拥有精美字体和装帧的艺术作品。在法蒂玛王朝的统治下，科学（尤其是天文学）、艺术和建筑学蓬勃发展，其学者借助图书馆撰写了数百卷著作。然而蒙古征服者和基督教十字军的联手打击最终终结了埃及的文艺复兴。

穆斯林学术和知识达到高峰的另一个重要地区是西班牙，穆罕默德的追随者们在那里活跃了几个世纪。穆斯林于711年进入西班牙，他们在科尔多瓦、塞维利亚、托莱多等城市建立

第二部分：中世纪的图书馆

了一种先进的文明，其光芒盖过了同一时期西欧的任何文明。例如，在科尔多瓦，除了一所著名的穆斯林大学，还有多座大型图书馆，其中包括拥有超过40万卷藏书的皇家图书馆，仅其目录就有44卷。在哈基姆二世（Al-Hakim II）统治期间，这座图书馆雇用了500多人，其中包括许多派往世界各地购买书籍的使者。哈基姆二世还将自己的私人藏书捐赠给了大约于850年建立在科尔多瓦的皇家图书馆，该图书馆在阿卜杜勒·拉赫曼三世（Abd al-Rahman III）统治期间得到了大规模扩建。10世纪，在穆斯林西班牙的其他地方共有70座图书馆，其中数座图书馆位于托莱多。除了皇家图书馆，科尔多瓦、塞维利亚、马拉加和格拉纳达的大学以及众多清真寺中也设有图书馆。穆斯林西班牙的私人图书馆也如雨后春笋，据说科尔多瓦是10世纪西方世界最大的书籍市场。9世纪至10世纪时，西西里岛以及撒丁岛和科西嘉岛也受到了伊斯兰教的影响。通过这些岛屿以及西班牙，西欧获得了由穆斯林保存的古典著作的译本。

在世界历史上，私人图书馆的规模和奢华程度恐怕很少有能达到穆斯林统治时期那样的高度的。通过征服、进贡和贸易带来的财富，穆斯林社会发展出一个精英化且文化素养极高的上层阶级。由于允许并鼓励富裕者实行一夫多妻制，贵族家庭通常人丁兴旺，许多幼子选择以学术研究为职业。除了战争和征服，学术成为最受尊崇的职业，图书收藏不仅用于实际学习，也成为财富的象征。据地理学家、历史学家和传记作家的记载，许多私人图书馆的规模十分庞大。例如，据说10世纪巴格达的一位学者的图书馆搬迁时，竟需要400头骆驼运输。这些私人图书馆的藏书如此之多，以至于一位作家估计，截至1200年，伊斯兰世界的私人藏书量超过了整个西欧所有公共图书馆和私人图书馆的藏书总量。富有的爱书之人将他们的图书馆赠予民众，并提供资金，以确保图书馆能够持续发展和发挥作用，这样的情况并不罕见。

伊斯兰教图书馆的一个有趣之处在于其藏书主题的多样性。除了其他宗教的典籍，穆斯林还收集、抄写和翻译了他们所能找到的一切文献，涵盖所有学科、跨越各个时代、采用各种现存语言。希腊和拉丁经典、梵文哲学、埃及历史、印度史诗以及中世纪法国抒情诗——这些作品都可以在伊斯兰教图书馆中找到，还有来自各个时代的世界各地的传记、科学和伪科学作品。虽然这些图书馆大多毁于后世，但从幸存的目录和孤本中，我们仍能找到这些多元主题的证据。例如，摩洛哥菲斯的图书馆就收藏了罗马历史学家李维和希腊医学家盖伦（Galen）等人的作品；大马士革的图书馆收藏了亚里士多德的所有已知作品；位于埃及和巴勒斯坦之间的加沙的一座图书馆收藏了许多埃及纸草书卷，其中一些是用象形文字书写的。《查士丁尼法典》出现在许多伊斯兰教图书馆中，这表明阿拉伯人对这部伟大的法律文献的尊重，即使它与他们自己的法律体系迥然不同。

不幸的是，我们对于伊斯兰教图书馆的物理形态的认知缺乏准确的信息。常见的书籍形式为抄本，书写材料可能为羊皮纸、其他兽皮，或是纸张。卷轴并不罕见，尤其是在早期的几个世纪，还能见到奇特的亚洲经折装书卷，甚至偶尔能看到印度的棕榈叶手稿。在图书馆的布局方面，有记载表明规模较大的图书馆会根据不同的学科将书籍分类存放在不同房间，甚至会有"学科专家"负责管理。在较小的图书馆，书籍通常存放在箱子里，外贴目录以标明其内容。而在那些规模较大的图书馆中，工作人员或多达数百人，除了通常理解的图书馆员，还包括缮写员、装订师、插画师等一众雇员。真正的图书馆员往往是学者、作家或诗人，他们精通多种语言，在统治者或贵族的资助下，享有丰厚的报酬。同时，图书馆管理人员也常被提及，这表明这些大型机构的管理往往更需要商人而非学者。尤其在那些捐赠图书馆中，随着营利性业务的加入，这一点显得尤为突出。

大型图书馆似乎已将编制目录纳入常规程序，目录采用手抄本的形式。据记载，有些图书馆的目录多达 20 卷，甚至 40 卷。这些目录显然是按学科编排的，但在每个学科类目中，藏书是按获取顺序排列的。由于书籍按学科存放在不同的房间或箱子中，因此目录编排有点像分类的藏书清单，尽管如此，它们确实起到了应有的作用，并被广泛使用。许多伊斯兰教图书馆不仅设有阅读室，还有会议室，以及用于讨论和辩论的小房间。

在伊斯兰教图书馆中，尤其是富有的私人图书馆，以及部分公共图书馆，插画和装帧艺术达到了极高的水准。书法本身就是一门艺术，流畅的阿拉伯草书体尤为适合创作精美的作品。

书籍常用精美的羊皮纸，往往染上奇异的色彩，不同颜色的墨水搭配经过复杂的雕刻和压花处理的皮革装帧，造就了世界上最美的书籍。当然，如此精美的作品并不多见，但书籍本身在当时备受珍视且应用广泛。虽然很少有伊斯兰教图书馆是现代意义上的公共图书馆，但大多数图书馆，甚至大型私人图书馆，都对认真做学问的学者开放。甚至书籍的外借也并非罕见之事，而且在很多情况下，图书馆还提供额外服务，如免费的书写材料、抄写以及翻译。

关于这些图书馆和学术机构所取得的学术成果，我们可以在一些具有代表性的穆斯林作家的著作中找到线索。987年，穆罕默德·纳迪姆（Muhammad al-Nadim）撰写了一部多卷本的《科学索引》（*Index of the Sciences*），这是一部关于各知识领域的阿拉伯文书籍的书目，并附有作者的生平简介。当我们注意到纳迪姆所提及的书目如今现存的只有不到千分之一时，就可以大致了解阿拉伯图书馆的损毁对世界文学造成的巨大损失。10世纪的另一位作家穆罕默德·塔巴里（Muhammad al-Tabari）撰写了一部150卷的世界史，声称在写作过程中参考了超过1万卷资料。11世纪早期，埃及学者、天文学家伊本·海什木（Ibn al-Haytham）撰写了超过100卷的数学、天文学、哲学和医学等领域的著作。还有一些更伟大的阿拉伯作家，虽然他们的作品数量并不算特别多，但其作品却传到了中世纪的欧洲世界。12世纪，生活在西班牙的阿维罗伊（即伊本·路世德，Ibn Rushd）将已被翻译成拉丁文的亚里士多德的著作连同评注一起带回了西欧。在此之前，西欧所知的亚里士多德的作品仅限于500年左右波爱修斯（Boethius）翻译的摘录。

不幸的是，伊斯兰教图书馆的命运与古典时代的图书馆极为相似，它们最终也以大规模的毁灭而告终。许多伊斯兰教图书馆在不同时期统治者的统治下，因内战和学术兴趣的减退而受到重创。宗教纷争常常导致征服行动，进而摧毁与特定穆斯林教派的历史和信仰相关的书籍。1175年，逊尼派穆斯林萨拉丁征服了曾由什叶派穆斯林统治的埃及，据说他不仅摧毁了大量图书馆，还将那些精美的书籍分发给胜利的追随者。1100年之后，反动派控制了大部分东部伊斯兰世界，伊斯兰教图书馆的命运急转直下。那些幸存的图书馆往往以神学藏书为主。尽管北非和西班牙的学术活动继续繁荣了两个世纪，但1300年之后，这里也出现了明显的衰退迹象。

11世纪至13世纪基督教十字军的劫掠，也是伊斯兰教图书馆遭到破坏的重要原因。在叙利亚、巴勒斯坦和北非部分地区，基督教徒对图书馆热情的破坏丝毫不逊于几百年前意大利的蛮族。当西班牙从阿拉伯人手中被重新夺回时，塞维利亚、科尔多瓦和格拉纳达的大型伊斯兰教图书馆要么被毁灭，要么被逃亡的主人带走。直到1499年，格拉纳达还发生了阿拉伯文手稿焚烧事件。然而，在接下来的一个世纪，腓力二世（Philip II）在建造埃斯科里亚尔图书馆时，意识到阿拉伯文献的价值，他收集了在西班牙能找到的所有作品，还从摩洛哥购买了其他作品。他为这座图书馆收集了超过4000件与西班牙历史相关的阿拉伯文手稿。

火灾与洪水也曾吞噬过穆斯林图书馆。1257年，麦地那（Medina）的一座大型图书馆因雷击引发的火灾毁于一旦。然而，最惨烈的浩劫来自13世纪蒙古人的铁蹄。成吉思汗麾下的部落从中亚的山川和草原蜂拥而来，席卷一切，所到之处无不化为废墟。在第一次针对里海和波斯北部的大扫荡中，布哈拉、撒马尔罕和梅尔夫等名城与无数小镇一同覆灭。撒马尔罕作为一座穆斯林城市已有五百多年历史，其学校和图书馆资源丰厚、盛极一时。梅尔夫的图书馆更是久负盛名，然而，图书馆连同无数正在馆内研读典籍的学者一起，在这场浩劫中都灰飞烟灭。这场浩劫发生在1218年至1220年，蒙古人随后撤退。但到了1258年，他们在旭烈兀的指挥下卷土重来，这次兵力更强大，直抵巴格达并将其摧毁。短短一周内，积累了数百年的图书馆及其珍贵典籍被焚毁殆尽。甚至有一位作家称，数量惊人的书卷被抛入底格里斯河，汇成了一座足以让人骑马通过的"书桥"。对于这些胜利者而言，学者与学生是毫无用处之人，他们被成百上千地杀害。

但伊斯兰文明对西方世界，尤其是西方图书馆的影响究竟如何呢？由于大量文献已遗失，其影响不如图书馆保存下来时那么大。然而，伊斯兰教图书馆几乎与君士坦丁堡的图书馆一样，成为古典希腊学术与西欧文化发展的纽带。特别是在西班牙，这一联系尤为显著。早在953年，戈尔兹的约翰奉德意志国王奥托大帝（Otto the Great）之命前往科尔多瓦学习。他学会了阅读阿拉伯文，并满载阿拉伯文手稿而归，其中包括一些亚里士多德著作的译本以及一些阿拉伯文科学著作。1070年，莫利的丹尼尔作为英国学者访问托莱多,并带着阿拉伯文科学著作的副本回到英国。13世纪的英国科学家、哲学家罗杰·培根(Roger Bacon)也从阿拉伯文学术文献中汲取了大量知识。克雷莫纳的杰拉德于1187年去世,他终其一生都在托莱多,将70多部科学著作从阿拉伯文翻译成拉丁文。当西班牙基督徒占领托莱多时,他们发现了大量阿拉伯文书籍,虽然大部分被毁,但仍有一些被保留下来并译成拉丁文。卡斯蒂利亚的基督教国王阿方索十世(Alfonso X)曾受教于阿拉伯教师,当他在13世纪创立萨拉曼卡大学(University of Salamanca)时,很大程度上模仿了穆斯林大学,甚至使用相同教科书的译本。因此,在1250年之前,阿拉伯文科学著作以及对古典希腊作品的翻译和评注已通过西班牙,或经由西西里岛和意大利南部传入西欧。希腊医生盖伦和希波克拉底的著作,经他们的阿拉伯继任者扩充,成为那不勒斯、博洛尼亚、帕多瓦和巴黎等欧洲地区最早期医学院的教科书。倘若没有伊斯兰世界的知识,现代欧洲的文化发展很可能会大大受限。

尽管基督教的十字军东征摧毁了一些伊斯兰教图书馆,但它也促成了西欧与地中海东部地区的交流,这种接触不仅涉及军事领域,还延伸到社会和商业领域,进而以地中海东部地区为连接点,使西欧与横跨阿拉伯至中国的东方世界建立了广泛的联系。这种联系带来了贸易的繁荣,西欧的文学品位和饮食偏好也随之改变。伴随着精美织物、稀有金属和异域美食的贸易往来,此后延续了数百年的书籍贸易也应运而生。商业的兴盛推动了经济的发展，唤起了人们对探索未知领域的兴趣，最终促成了美洲的发现。经济的稳定促进了民族主义的发展，也为自由与民主等思想的复兴和发展铺平了道路。然而，真正对西欧思想解放产生深远影响的，是那些从君士坦丁堡和伊斯兰的图书馆和书商手中流入的书籍。正是这些古典世界的思想与理念的重新发现，引发了思想的碰撞，标志着文艺复兴的开始，也预示着现代历史的曙光。因此，在任何关于西方图书馆发展的研究中，我们都必须记住，在长达千年的时间里，我们文学遗产中的大部分精华都保存在东方的拜占庭和伊斯兰的图书馆中。

| 延伸阅读 |

关于中世纪图书馆的标准参考书仍然是詹姆斯·韦斯特福尔·汤普逊（James Westfall Thompson）的《中世纪的图书馆》（*The Medieval Library*），该书于1939年首次出版。书中包含了 S.K. 帕多弗（S. K. Padover）撰写的两篇重要文章，分别为《拜占庭图书馆》（*Byzantine Libraries*）和《伊斯兰教图书馆》（*Muslim Libraries*）。另外，L. D. 雷诺兹和 N. G. 威尔逊所著的《缮写员与学者：希腊与拉丁文学的传承指南》（*Scribes and Scbolars: A Guide to the Transmission of Greek and Latin Literature*, Oxford: Oxford University Press, 1968）一书的第2章也非常有用。要了解该时期的更完整历史，读者可以参考亚历山大·亚历山德罗维奇·瓦西里耶夫（A. A. Vasiliev）的巨著《拜占庭帝国史》（*History of the Byzantine Empire*, Madison:

University of Wisconsin Press, 1961）和阿尔伯特·胡拉尼（Albert Hourani）的《阿拉伯诸民族历史》（*A History of the Arab Peoples*, Cambridge, Mass.: Harvard University Press, 1991）。此外，值得注意的是穆罕默德·塔希尔（Mohamed Taher）适时且详尽的文章《清真寺图书馆：书目随笔》（"Mosque Libraries: A Bibliographic Essay," *Libraries and Culture* 27, 1992: 43—48），该文涵盖了所有的伊斯兰教图书馆，而不仅仅是清真寺图书馆。另可参阅穆罕默德·马基·西拜（Mohamed Makki Sibai）的《清真寺图书馆：历史研究》（*Mosque Libraries: A Historical Study*, London: *Mansell*, 1987）。

其他重要作品如下：

Bashiruddin, S. "The Fate of Sectarian Libraries in Medieval Islam," *Libri* 17 (1967): 149—62.

Erunsal, Ismail E. "Catalogues and Cataloguing in Ottoman Libraries," *Libri* 37 (1987): 333—49.

Erunsal, Ismail E. "Ottoman Libraries: A Brief Survey of Their Development and System of Lending." *Libri* 34 (1984): 65—76.

Mackensen, R. S. "Four Great Libraries of Medieval Baghdad," *Library Ouarterly* 2 (1932): 279—99.

Pinto, O. "Libraries of the Arabs During the Time of the Abbasides," *Pakistan Library Review* 2 (1959): 44—72.

Wilson, N. G. "The Libraries of the Byzantine World," *Greek, Roman and Byzantine Studies* 8 (1967): 53—80.

第7章
修道院图书馆和大教堂图书馆

曾经辉煌的罗马帝国，拥有规划完善的城市、卓越的教育机构和众多的图书馆，却在历史学家如今所称的中世纪土崩瓦解。征服带来的破坏和野蛮时代的降临，使西方的所有学术成就陷入了真正的危机。随着战火的蔓延，那些渴望思想与知识的人纷纷逃离动荡不安的城市，书籍与学术也随之转移到了教会手中。在近千年的时光里，典型的欧洲图书馆，散落在从希腊到冰岛的众多修道院中，辛苦抄写并小心守护少量的手稿收藏。中世纪的图书馆，更多地表现为修道院教堂角落里存放着几百份手抄本的一两个书箱，而非那些在拱形大理石房间里收藏着成千上万卷书的大型神庙图书馆。书籍和图书馆的衰落，正是罗马帝国沦陷后西欧大部分地区普遍文化衰退的写照。令人惊叹的并非遗失了如此多的古典文献，而是在如此艰难的环境下竟还有这么多文献得以保存。

幸运的是，对于西方文明而言，与过去的联系从未彻底割裂。早在旧秩序崩溃之前，新秩序的曙光已开始出现，或至少已经孕育出了一种能够在黑暗时代中守护古代文化遗产的机构，那便是中世纪的修道院。3世纪时，修道院已在埃及、巴勒斯坦及其邻近地区相继建立，修道院图书馆的概念也在这些地方悄然成形。正如早期的基督教堂，修道院以其珍贵的小型经典文献、书信和评注为荣，并在教堂中赋予它们崇高的地位。

修道制度的确切起源尚不明晰。已知最早的基督教修道院似乎出现在埃及，不过这一概念并非源自那里。基督诞生前就存在孤立的宗教团体，最近在巴勒斯坦库姆兰洞穴发现的遗迹表明，这种现象在基督时代就已经有了发展。早期的修道院与隐士有一定关系，隐士是那些为沉思自己的罪过并避免犯下更多过错而逃离人群、独自生活的虔诚基督徒。也许其中一些隐士吸引了追随者，进而建立起宗教共同体，又或许修道院本身便起源于虔诚的宗教团体。但无论如何，男性和女性的独立定居点很早就已经建立了，同时基督教的兴起也与修道制度的发展密切相关。

我们所知的一座早期埃及修道院，由圣帕科米乌斯（292—345年）在上埃及的塔本尼西建立。圣帕科米乌斯仅拥有一小批宗教书籍，他对此极为重视，严加守护。他为自己的修道团体制定的规定中，有几条与书籍使用有关，但总体而言，这些规则颇为严格。书籍被存放在修道院礼拜堂墙壁内嵌的柜子里，每晚都要上锁。白天时，每个修士一次只能使用一本书，且只能在礼拜堂区域内阅读，不可带至修道院的其他地方。此外，来自埃及贝鲁西亚一座修道院的修士伊西多尔（Isidore，约

390—450年）的书信也为我们提供了宝贵的记录。这些信件表明，当时的修士不仅通晓宗教作品，还熟悉希腊和拉丁文学。

修道制度于4世纪末传入西欧，罗马周围的早期修道团体逐渐形成。410年左右，圣奥诺拉图斯（St. Honoratus）在法国地中海沿岸的莱兰建立了一座重要的修道院。随着文明世界在北方蛮族的侵袭下逐渐崩溃，一小群虔诚的基督徒撤退到偏远的岛屿或山地，以寻求在相对安全的环境中进行礼拜。其中，最具影响力的修道院之一由马格努斯·奥勒留·卡西奥多罗斯（Magnus Aurelius Cassiodorus）于540年左右建立。卡西奥多罗斯曾是489年至526年间罗马的东哥特王国的统治者狄奥多里克（Theodoric）的秘书，他原本希望在罗马建立一所类似于亚历山大博物馆的大学，但由于时局动荡未能成功。在他最终从公职退休后，他利用自己积累的财富在意大利南部的维瓦里乌姆创办了一座修道院。他的私人图书馆成为修道院藏书的核心，他本人也将余生献给了学习与信仰。

卡西奥多罗斯对学术怀有极大的敬意，对书籍也充满崇敬，因此他的图书馆不仅收藏了大量古典拉丁作家和少量希腊作家的作品，还有许多宗教典籍。他并不满足于收集和抄写他人的作品，还亲自创作了一些颇具影响力的作品。从图书馆史的角度来看，他最重要的作品是《神圣与世俗文学指南》（*Institutiones Divinarum et Saecularium Litterarum*），这是一部为修道院日常生活提供详细指南的长篇著作。除了详细的宗教生活指导，卡西奥多罗斯还介绍了如何处理、校勘、抄写和修复手稿，并列出了一份带有注释的当时最佳文学作品的书目。卡西奥多罗斯还因将智力劳动和体力劳动的理念引入修道士的职责中而受到赞誉，因此在很大程度上促成了缮写室和修道院图书馆的诞生。在他的指导下，一些希腊文作品被翻译成拉丁文，因而在接下来的五百年间，他助力扩充了西欧能接触到的希腊文献。卡西奥多罗斯被视为连接古典世界与中世纪世界的一座桥梁：童年时，他接受古典教育；成年后，他目睹了旧世界的残余逐渐消逝；晚年时，作为学者，他帮助奠定了修道院体系的基础，这使得学术研究在中世纪仍能延续。历史学家曾认为，卡西奥多罗斯去世后，他的著名图书馆被转移至博比奥（Bobbio）的修道院。然而，最新的研究表明，这些书籍实际上被运送到罗马，并由当地书商分散售出。

与卡西奥多罗斯同时代，但从长远来看影响更大的是圣本笃（St. Benedict）及其追随者在卡西诺山修道院所做的工作。圣本笃（约480—543年）因厌倦了罗马的世俗生活，退隐到罗马南部的山中过起了隐士生活。他的虔诚吸引了众多追随者，于529年建立了一座修道院，成为本笃会的总院，本笃会是众多修道团体中最古老、最具影响力的团体之一。修士们从卡西诺山出发，前往西欧建立其他修道院，并带去了关于修道院生活行为的《圣本笃会规》（*Rules of St. Benedict*）。这些会规成为未来几个世纪修道院生活的基本指南，并规定阅读和抄写书籍是日常修行的一部分。显然，圣本笃将抄书和阅读书籍视为一种精神修行，而非智力劳动，他认为这是一种心灵上的磨砺，旨在使修士们摆脱世俗杂念。但他更为开明的追随者，或许受到了卡西奥多罗斯的《神圣与世俗文学指南》的影响，对书籍和阅读持有更积极的态度。随着本笃会的传播，每一座新建的修道院都设有图书馆和缮写室，从而确保了许多古典作品的保存。

修道院的思想逐渐传播到欧洲各地，但北欧甚至意大利北部的许多修道院并非由维瓦里乌姆或卡西诺山的修士们建立，而是由爱尔兰的传教士们建立，这可以归因于罗马对不列颠群岛的占领。罗马人在50年左右征服了英格兰南部，并控制该地区约四百年。罗马风格的城镇和庄园在这里拔地而起，形成了与法国南部和西班牙相似的繁荣省份，而受罗马影响的文明社会也与不那么文明的不列颠人并存。在罗马统治时期，英格兰从未完全皈依基督教，但在5世纪时，爱尔兰当地人在圣帕特里克（St. Patrick）和其他传教士的教导下皈依了基督教。到6世纪，爱尔兰已经有了众多修道院，并从这些修道院派出传教士，前往英格兰、苏格兰、法国和欧洲其他地区传教。圣高隆（St. Columba，521—597年）离开爱尔兰，在苏格兰海岸外的爱奥那岛建立了一座修道院，基督教由此传播到苏格兰和英格兰北部。圣高隆庞（St. Columban，543—615年）在勃艮第的吕克瑟伊莱班、瑞士的圣加仑、德国的维尔茨堡和萨尔茨堡，以及意大利的塔兰托和博比奥建立了修道院。在这些修道院中，正如在爱尔兰和不列颠的修道院一样，书籍和学术备受重视，精美的手稿得以制作，图书馆不仅有宗教作品，还有大量的世俗作品。

在坎特伯雷的圣奥古斯丁（St. Augustine）的努力下，修道院及其图书馆首次传入英格兰。约597年，他受教皇格列高利的派遣，作为传教士前往英格兰。奥古斯丁随身携带了一些基督教经典文献，后来又从意大利获得了其他书籍，并引入了《圣本笃会规》，从而在坎特伯雷建立了一座小型图书馆。7世纪时，本笃·比斯科普（Benedict Biscop）在英格兰东北部建立了韦尔茅斯（Wearmouth）和贾罗（Jarrow）双子修道院，并在那里建立了卓著的图书馆。他至少五次前往罗马，每次都从意大利和法国南部为他的修道院带回书籍。尊者比德（The Venerable Bede，673—735年）曾是比斯科普的学生，他充分利用这些图书馆完成了《英格兰教会史》（*Ecclesiastical History of England*）的撰写。比斯科普的继任者科尔弗里德（Coelfried）继续扩建双子修道院的图书馆，而他的一名学生埃格伯特（Egbert）则在约克的大教堂学校建立了一座图书馆。

在法国，由来自吕克瑟伊莱班的修士于660年建立的科尔比修道院具有重要意义。该修道院设立了一所著名的学校，其图书馆和缮写室在西欧也是数一数二的。在德国，一位来自英格兰的修士圣博尼法斯（St. Boniface）在8世纪时建立了多座修道院，包括富尔达、海登海姆和弗里茨拉尔等地。这些修道院在8世纪时就已经有图书馆，其中富尔达修道院在744年至749年间编纂的一份藏书目录至今仍保存着。虽然7世纪和8世纪是书籍和图书馆发展相对黯淡的时代，但是爱尔兰修士的作品脱颖而出。这一时期，意大利和法国南部的文化出现衰退，因为欧洲野蛮人的入侵长达几个世纪，随后穆斯林的征服又带来了新的动荡。

7世纪的西班牙基督教文化是一个亮点。尽管当时大部分人口都是文盲，但在大城市中仍然存在一些文化中心，并且有几个作为学校或神职人员培训机构的宗教团体。这个时代最杰出的西班牙学者之一是依西多禄（Isidore），他于600年至636年间担任塞维利亚主教，他不仅收藏了当时最著名的文学作品，还从中提炼出一部早期的百科全书。他拥有多少本书尚不确定，但由于他将书籍存放在14个书柜中，因此数量肯定有数百本。每个书柜都专门用于放置一位特定作者的作品。其中7个书柜上刻有宗教作家的名字，如圣奥古斯丁（Saints Augustine）、圣安布罗斯（Saints Ambrose）和圣杰罗姆（Saints Jerome），而其他书柜则用于存放文学界人物、历史学家以及宗教和世俗法律领域作家的作品。每个书柜上都有一首献给作者的诗，依西多禄还为整个藏书集写了一首描述性诗歌，其中包括以下诗句：

神圣之书与世俗之卷在此交融；若诗作令你心醉，便请细读，它们皆为你所拥有。

我的草地布满荆棘，然花香四溢；若荆棘令你不悦，便让玫瑰伴你前行。

在此可见备受尊崇的法律典籍；新知储存于此，旧闻同样不乏踪影……

第二部分：中世纪的图书馆

读者与闲谈者难以达成共识；因此，游手好闲之人，此处不宜长留！

依西多禄在他的百科全书《词源》(Etymologiae)中也提供了早期图书馆史的资料，记录了他所能发现的关于古典时代图书馆的所有信息。

8世纪末至9世纪初，在查理大帝的统治下，西欧出现了所谓的加洛林文艺复兴（Carolingian Renaissance）。查理大帝本人对学习非常感兴趣，他懂拉丁语，甚至还懂一点希腊语。王国在他的统治下相对安全，因此学者们才会蜂拥而来，进而赋予了这个时代文学意义。他邀请了欧洲各地的学者来到他的宫廷，其中就有英格兰学者阿尔琴（Alcuin，735—804年）。阿尔琴在约克的大教堂学校接受教育，并于782年来到法国，负责管理亚琛的皇家学校。他派人回英国取书来抄写，在皇帝的鼓励下，他和他的追随者们在西欧各地建立了学校和修道院。

这种新兴的知识活动最显著的结果是对书籍需求的剧增，这刺激了大规模的生产，并确保了大量拉丁文学遗产的保存。后来，作为图尔主教，阿尔琴在那里建立了一座非常出色的图书馆和缮写室。在大约半个世纪的时间里，文学和学术蓬勃发展，法国的科尔比和里昂、瑞士的圣加仑、德国的富尔达等地建立了重要的图书馆。其中规模最大的图书馆可能是位于亚琛的皇家图书馆，查理大帝将装帧精美的书籍摆满书架，甚至还与君士坦丁堡的东罗马皇帝交换书籍。

加洛林文艺复兴的发展依赖于查理曼帝国的安全和财富，但在9世纪和10世纪，该帝国遭受了北欧人、匈人和撒拉逊人的持续攻击，最终遭到严重破坏，北欧和西欧的大部分地区再次陷入学术的衰退。丹麦人和维京人的入侵始于8世纪末，持续了约两百年，摧毁了许多修道院和图书馆。英格兰和法国的沿海地区受到的影响尤其严重，许多偏僻的修道院也因零星的袭击或局部战争而遭到破坏。例如，图尔修道院在短短五十多年的时间里遭受了六次洗劫。867年，丹麦人占领了英格兰北部的大部分地区，约克被洗劫一空，那里的书籍散落一地，神职人员和学者遭受杀害和驱逐。位于9世纪初在汉堡附近的建立的一座图书馆被维京人摧毁，尽管它的建立主要是为了向他们传播基督教。穆斯林对法国和意大利北部的地中海沿岸构成持续的威胁，同时这一地区在900年左右又遭到了匈人的侵袭，教堂和修道院遭受更严重的破坏。早期的爱尔兰文化曾孕育出圣高隆和圣高隆庞这样的传教士，但从大约850年至1050年，维京人的袭击和征服持续了两个世纪，使得这种文化宣告终结。在西欧各地，情况如出一辙，那些没有被摧毁的修道院往往被废弃或者闲置。只有少数管理良好或位置优越的修道院在动乱中幸存下来。其中之一是大约910年在法国建立的克吕尼修道院，它不仅蓬勃发展，还引领了修道院文化活动的短暂复兴。

各个修道士团体对书籍、图书馆和文学作品有着不同的看法。本笃会修士对其创始人的规章进行了灵活的解释，因此在修道院图书馆的发展以及手稿的抄写和传播方面处于领先地位。主教兰弗朗克（Lanfranc）于11世纪颁布的《规章》（*Constitutiones*）扩充并明确了本笃会关于图书馆的规则，特别是针对他们在英格兰的修道院。在其他修道士团体中，加尔都西会（Carthusians）和西多会（Cistercians）也建立了图书馆和阅读规章，不过他们对世俗作品的兴趣不如本笃会那么浓厚。奥古斯丁会（Augustinians）通常只收集少量书籍，但对其所拥有的书籍非常珍视，而方济各会（Franciscans）起初甚至一本书都没有。直到13世纪，方济各会才开始为其图书馆收集书籍，位于阿西西（Assisi）的总院在几年内建立了一座规模相对较大的图书馆。对于所有修道士团体来说，修道院通常被视为学习中心，有句俗语说："没有图书馆的修道院就像没有围墙的城堡。"

女修道院在收集和保存宗教和世俗文献方面同样活跃，一些修女在文学领域中也颇有名气。4世纪时，圣保拉（St. Paula）主持巴勒斯坦的一座女修道院，她是一位精通希伯来语、希腊语和拉丁语的学者。大约420年，修女梅拉尼亚（Melania）在迦太基（Carthage）附近创办了一座修道院，早年以抄写手稿为生，她的修道院图书馆以藏书之美而闻名。7世纪，比利时尼维尔的女修道院院长格特鲁德（Gertrude）在建设修道院图书馆方面十分积极，而10世纪德国的圣赫罗斯维塔（St. Hroswitha）不仅在其修道院建立了图书馆，还创作了宗教诗歌和戏剧作品。

在整个中世纪早期，罗马始终是法国、德国和英国修道院收集藏书的重要来源。早期的教皇们致力于在其总部建立图书馆，不过罗马及其周边的教堂和修道院也一直珍藏着丰富的书籍。相传，教皇图书馆是由圣彼得（St. Peter）或圣克莱门特（St. Clement）于93年所创。由于早期基督教会大多收藏经文典籍，这些藏书往往伴随着宗教评注、殉道者传记、教会记录及传教活动的记载而得以扩充，因此在罗马，很可能在教会被正式承认之前，就已经存在一座收藏基督教文献的图书馆了。然而，历史上有据可考的罗马教会的首座图书馆，是由教皇达马苏斯（Damasus）于4世纪末建立的。据传，达马苏斯在战神广场上的庞贝剧院附近，仿照阿波罗神庙修建了一座宏伟的建筑，作为教会藏书的安放之所。在一块现存的铭文石碑上，刻着以下文字：

  我为保存罗马教会的档案建造了这座殿堂，两旁有柱廊环绕，并以我的名字命名，我希望它能流芳百世。

教皇希拉里（Hilary）因建立了两座小型图书馆供普通信徒和朝圣者使用而广为人知，图书馆中藏有经过认可的经文抄本和其他宗教著作。大约535年，教皇阿加佩图斯（Agapetus）希望在卡西奥多罗斯的协助下在罗马建立一所神学与文学学校。阿加佩图斯为这所学校捐赠了一座图书馆供学者使用，然而，鉴于当时局势动荡，学校与图书馆是否真正建成尚存疑问。教皇格里高利一世（590—604年在位）不仅是一位高产的作家和手稿收藏家，还积极扩建教皇图书馆，并使其惠及有需之人。他与从君士坦丁堡到西班牙的宗教官员和团体保持联系，互相借阅和复制作品，以充实教会的藏书。到了7世纪，教皇居住的拉特兰宫（Lateran Palace）中有一座颇具规模的教皇图书馆。640年的教会议会在此召开时，图书馆组织得井井有条，图书馆员因能随时找到任何所需的书籍而受到了教会议会的表扬。此外，人们还注意到这位图书馆员能当场将希腊文译成拉丁文，这在当时被视为一种非常罕见的学术能力。即便到了855年，罗马仍是手稿的主要来源地之一，但随后的几个世纪里，罗马的教堂和图书馆在战乱和政治动荡中饱受摧残。到了10世纪，尽管教皇图书馆仍然存在，但为了安全起见，它已被移至一座专门建造的"卡提拉塔楼"（Turris Cartelaria）中，且几乎无人使用。最后一次提到这座图书馆的是教皇洪诺留三世（Honorius III），他于1227年去世，显然其中的藏品因疏于管理而散失或毁坏。从1309年至1377年，教皇的总部设在法国的阿维尼翁，此地有一座供神职人员使用的图书馆，还有一座由教皇博尼法斯八世（Boniface VIII）于1303年建立的教士大学图书馆。教皇图书馆的现代历史，则始于15世纪教皇尼古拉五世（Nicholas V）在梵蒂冈建立的图书馆。

10世纪和11世纪标志着西欧图书馆和文学发展的又一个低谷期，只有少数几个亮点，如法国的克吕尼和瑞士的圣加仑。人们对古典文学的兴趣逐渐消退，许多修道士甚至不识字，图书馆中的书籍无人管理，也无人过问。抄写的作品主要是神学著作，1100年时欧洲图书馆的藏书量可能比900年时还要少。

意大利南部是个例外，由于与拜占庭的联系，它能够获得希腊手稿，并保持对古典文学甚至医学和法律的兴趣。尤为重要的是，卡西诺山修道院重新燃起了对知识的兴趣，那是第一所本笃会修道院，许多重要的拉丁经典著作在此得以抄写，特别是塔西佗（Tacitus）、塞涅卡（Seneca）和瓦罗（Varro）的作品可能正因此被拯救，免于灭绝。虽然修道院的条件总体上有所改善，但到了12世纪，学术生活以及随之而来的书籍和图书馆开始回归城市，最初是大教堂，随后是大学中心。

大教堂不仅是主教或大主教的总部教堂，还是远超大型教堂的宗教学校，负责培训神职人员，有时也提供水平较低的世俗教育。在一些情况下，大教堂由某个修道会直接负责，例如在英国，有7座大教堂由本笃会管理。其他大教堂则直接由教皇负责，由教皇任命的主教管理。几乎所有的收入都来自教会拥有的土地或富有赞助者的馈赠。大教堂通常位于不断发展的城镇附近，因此比那些偏远的修道院更方便普通学生接触。尽管它们自阿尔昆时代甚至更早就已存在，但在10世纪后，它们在宗教和教育方面的地位变得更加显著。

大教堂及其附属学校自始便拥有图书馆，但与修道院图书馆相比，呈现出许多独特之处。建立大教堂图书馆的目标不是宗教启迪，而是以教育为核心，因此它们往往比修道院图书馆藏有更多的世俗书籍。凭借更为稳定的资金支持，大教堂图书馆得以持续扩展，并更频繁地增添当代著作。随着时间的推移，这些图书馆的规模愈加庞大，藏书更加丰富且井然有序。在欧洲，一些著名的大教堂图书馆脱颖而出：位于英格兰的约克、达勒姆和坎特伯雷的大教堂图书馆，位于法国的巴黎圣母院、奥尔良和鲁昂的大教堂图书馆，位于德国的班贝格和希尔德斯海姆的大教堂图书馆，以及位于西班牙的巴塞罗那和托莱多的大教堂图书馆。这些大教堂有时甚至拥有三类藏书：神学著作、用于宗教仪式和礼拜的书籍，以及囊括了大量的世俗文学和经典作品的学校用书。然而，在 11 世纪，这些藏书的总量仍然有限，通常不过数百卷。到 1200 年时，达勒姆大教堂图书馆仅有 600 卷左右，但其中已包含少量医学著作。1150 年，鲁昂大教堂图书馆的藏书更为稀少，但其中有三分之一为古典文献。坎特伯雷大教堂图书馆是当时最具规模的大教堂图书馆之一，至 1300 年已收藏约 5000 卷书，这在当时实属罕见。13 世纪时，书籍数量激增，所有主要图书馆的规模也迅速扩大。尽管大教堂图书馆的数量不如修道院图书馆多，且在西欧文化史上的地位也不及修道院图书馆，但它们在时间维度和文化维度上充当了修道院与大学之间的桥梁，起到了重要的连接作用，利用其物质财富所能提供的文化资源推动了知识的发展。

直到 13 世纪，修道院或大教堂的图书馆规模都较为有限，通常只有几百卷甚至更少的藏书。这些藏书被存放在修道院回廊的书箱或小壁橱中，而不是存放在特定的图书馆房间或建筑物中。后来，随着在缮写室抄写经典文献成为修士的日常职责之一，图书馆渐渐与其紧密相连，或位于其附近。9 世纪时，在瑞士圣加仑修道院，书籍被存放在缮写室上方的阁楼里。在中世纪早期，armarium 一词常被用来指代图书馆，字面意思是存放书籍的"书柜"。图书馆员或负责管理书籍的人员被称为 armarius，其他称谓还包括 bibliothecarius 或 custos librorum，意为书籍保管员。在德国富尔达修道院，图书管理员还被戏称为 clavipotens frater，意为拥有书籍钥匙权力的兄弟。数以百万计的现代读者和电影观众通过阅读和观看翁贝托·埃科（Umberto Eco）极具说服力的经典之作《玫瑰的名字》(*The Name of the Rose*，后被改编为电影)，了解到修道院图书馆员的形象。早期的修道院通常以每位修士至少拥有一本书为目标，一旦达到这一目标，他们的藏书通常会缓慢增加。841 年，圣加仑修道院拥有 400 卷藏书；12 世纪，克吕尼修道院也只有 570 卷藏书；同一时期，博比奥修道院的藏书达到了 650 卷。然而，即使到了 13 世纪，圣蓬德托米埃修道院的藏书仍只有 300 卷左右。需要指出的是，当时图书馆的藏书体积都比较大，通常每卷包含两部或更多作品。许多书籍是文集，汇集了多个作者的作品摘选，虽然卷数不多，但涵盖广泛的知识和文学内容。中世纪图书馆的藏书来源丰富，主要通过手工抄写、捐赠和偶尔购买获得。新加入修道院的修士通常会携带自己拥有的书籍并赠予修道院，前来拜访的贵族、富有的赞助者和学者也会慷慨赠书。而许多书籍则是修士或学者临终时的遗赠。由于羊皮纸装订的书籍非常坚固耐用，所以书籍的流失更多是战争、火灾和疏于管理导致的，而非过度使用所致。

一般的修道院或大教堂图书馆主要收藏宗教书籍。其核心

第二部分：中世纪的图书馆

藏书是《圣经》，通常以大号字体书写，分成多个卷册。其次是早期教父的著作，以及后人对这些著作的评注、殉道者与圣徒的传记，还有教会的礼仪用书。最后是一些拉丁语教科书、语法书，以及少量拉丁经典作品，或许还会有一些地方文学和历史著作。在西欧大部分地区，希腊作家的作品几乎无迹可寻，只有少数被翻译成拉丁文的希腊文著作，但在意大利南部，希腊文化依然广为人知。奥特朗托附近的圣尼古拉斯修道院从11世纪到14世纪一直教授希腊语和拉丁语，而附近的西西里岛修道院图书馆中也有希腊文作品。到12世纪，修道院图书馆的藏书不仅在数量上有所增加，内容范围也有所扩大。所有早期作品依旧保存完好，同时出现了更多、更优质版本的拉丁经典作品，此外还包括一些民法和教会法相关书籍，以及波爱修斯及其后的中世纪作家的著作，甚至还涉及科学、诗歌和戏剧等领域的一些后期作家的作品。地方作家的作品在各地的图书馆中也开始占据更重要的地位，并且用地方语言创作的书籍逐渐被添加到原本以拉丁文为主的藏书中。就形式而言，12世纪的书籍几乎全都是羊皮纸抄本，莎草纸早已退出历史舞台，而纸张尚未在欧洲的大部分地区广泛使用。

在中世纪，图书馆之间的相互借用并不罕见。书籍可以被借出以便抄写，也可供阅读，相互借用通常发生在邻近的图书馆之间，但有时也发生在相距遥远的法国和希腊或英格兰和奥地利的图书馆之间。例如，英格兰的亨顿修道院图书馆仅在1343年就借出了20卷书。9世纪时，德国缺乏文献，因此位于富尔达、维尔茨堡和霍尔茨基兴的3座修道院定期相互借用文献以进行抄写。此外，书籍还可以出租或典当。通常情况下，书籍仅限于借给修道院社区的居民，并且一次只能借一本。在一些修道院，书籍只能在白天使用，并且只能在图书馆附近阅读。而在其他修道院，书籍则可借用整整一年，读者可以将其带回自己的居所或学习间。有时，书籍也会借给外人，如邻近的教会领袖或统治者，但通常会要求他们提供一些抵押品，如价值相当的书籍或押金。

在中世纪，随着图书馆规模的扩大，书籍通常会根据主题、大小或获取方式进行分类。最初可能分为神学著作与世俗著作，或拉丁文作品与其他语言作品，或教科书与更严肃的书籍。宗教作品可进一步细分为《圣经》、评注、传记和礼拜书。而世俗作品，尤其是在大教堂图书馆中，可能根据三艺（trivium）和四艺（quadrivium）的教学科目进行分类（前者包括文法、修辞学和辩证法；后者包括算术、几何、天文学和音乐）。在一些图书馆中，这些分类会用字母标示出，并刻在书箱的显著位置。这种广泛的分类系统在藏书较少时显然是足够的，但在中世纪晚期，更复杂的分类方法被设计出来，不过可能并未真正投入使用。从最早期开始，图书馆就保存着藏书目录，可能更多是为了库存管理而不是为了读者使用。这些目录实际上只是书籍的列表，有些按作者排列，有些按书名排列，还有一些则根据书名的关键词或首行的关键词排列，或是三者的组合。几乎没有按照字母顺序排列的目录。从8世纪起，这些目录便幸

第二部分：中世纪的图书馆

存下来，到中世纪晚期更是数不胜数。其中一些目录最初是用羊皮纸条固定在书箱旁边，另有一些则以抄本的形式保存。后来几个世纪的目录更长，制作更精细，并且排列的逻辑性更强。15 世纪初，来自伯里的奥古斯丁修道士约翰·波士顿编纂了一份英格兰所有修道院书籍的联合目录。他走访了数百座修道院，列出了其中的主要著作，并将它们汇总成一个带有位置编号的字母顺序目录。

修道院或大教堂图书馆的图书馆员，或称图书馆看守者，通常由院长或主教指定的一名修士担任。这个职位有时会轮换，有时会让年长或身体残疾的修士担任。然而，由于藏书数量较少且使用频率不高，图书馆员的职责相对简单，通常会与其他工作职责合并。在英国的图书馆中，图书馆员的职位通常与唱诗班指挥或副指挥（领唱者或副领唱者）的职位合并，他们还负责指导合唱和教授唱歌。其中一座图书馆的规则是：

> 不得在没有适当且充分的凭证的情况下将书籍交予他人，须将其登记在册。

同样的规则也提醒图书馆员要熟悉自己所管理的书籍：

> 你必须充分了解交给你管理的书籍。图书馆员的首要职责是，在任期内尽可能地增加自己负责的图书馆藏书。要确保藏书量不减少，负责管理的书籍不会以任何方式丢

失或损坏。要修复因年久而损坏的书籍。要知道作者的名字。

在某些情况下，图书馆员需要对其负责的书籍的安全性担责，并且必须更新丢失或损坏的书籍。大多数中世纪图书馆员都不为人所知，但有些却声名显赫。例如，阿尔昆在780年之后的几年里在约克担任图书馆员，他在一首长诗中描述了他的图书馆藏书内容，开头便是：

> 在那里你将找到所有古代教父的卷册；
> 所有伟大的拉丁文书籍也汇聚于此，
> 还有那些已然传入罗马的希腊经典……

在中世纪末，即14世纪和15世纪，修道院和大教堂图书馆迎来诸多显著的物理形态的变革。书籍的数量激增，通常由数百本增加到数千本。昔日的书柜已然被书橱取代，最终演变为独立的小型图书馆房间。到了15世纪，一些宗教机构甚至开始建造独立的图书馆建筑。例如，坎特伯雷的基督教堂图书馆于15世纪早期建成，它是一个长约18.3米、宽约6.7米的房间，位于一座小礼拜堂的上方。而在法国鲁昂，一座大教堂图书馆于1424年完工，采用砖石结构，长约32米，宽约7.6米。在约克，1421年完工的大教堂图书馆则设有两层，上层存放书籍，下层为阅览室。随着书籍数量的激增，人们将其从书柜中

第二部分：中世纪的图书馆

取出，放在桌面与书架相结合的陈列架上，排列在狭长的房间内，以便最大限度地利用自然光。出于防火考虑，图书馆房间内通常禁止使用蜡烛或灯具。

有时，藏书会被分为两部分，一部分供大众使用，另一部分则用于更有限的使用。给书籍加上锁链的习惯并非始于保护最珍贵的书籍，而是始于最常用的书籍。后来，随着书籍印刷的普及，许多手稿卷册也开始被锁链固定，仅仅是出于防盗考虑。为了方便读者查阅，图书馆还引入了多种装置，例如书轮和环形书桌。书轮的设计类似于水车，将数本书排列其上，读者无须移动身体，只需站在原地即可连续查阅十余本不同的书籍。环形、六边形或八边形的书桌则是一种在水平面上有类似构造的装置。书籍放置在桌面上，读者需绕桌而行逐本查阅，但在少数情况下，这些书桌的顶端也安装了轮轴，读者可以轻松转动桌面，将所需的书籍转到自己面前进行阅读。

修道制度在西欧的不同地区和不同时期经历了兴衰起伏，但总体而言，修道院图书馆在长达一千余年的时间里一直是西方学术的核心。然而，随着大教堂图书馆日益壮大，以及大学逐渐发展为成熟的教育中心，修道院的地位不断衰退，其文化影响力也随之减弱。修道院的重要性在各国持续的时间有所不同，但到17世纪，它们大多已经衰落或消失。即使在少数幸存的修道院中，它们的图书馆在围墙之外也无足轻重了。

例如，在英格兰，亨利八世（Henry VIII）于16世纪下令关闭了修道院，导致其图书馆被摧毁。据估计，在修道院财产被没收时，800多座修道院中至少有30万册藏书。其中，已知幸存下来的只有不到2%。甚至私人图书馆也被新教改革者摧毁，因为他们试图抹去罗马天主教会的所有痕迹。部分来自修道院图书馆的精美手稿最终落入书商之手，而许多普通书籍则被用来点燃蜡烛、清洁锅具，甚至擦洗靴子。国王的使者从中挑选了一些精美作品作为其私人图书馆的藏品，但绝大多数书籍则永远消失了。

在德国，1524年至1525年的农民起义导致修道院图书馆遭到重创，而在一个世纪之后，天主教徒与胡格诺派之间的宗教战争也使法国的图书馆损失惨重。到了18世纪，奥地利和斯堪的纳维亚半岛的图书馆也受到了冲击，随后在法国大革命和拿破仑战争期间，欧洲各地的图书馆接连受到影响。除了这些灾难，许多修道院在火灾和洪水中毁于一旦。随着各个教派和个别修道院的衰落，其他修道院也遭到忽视甚至被遗弃。15世纪早期，意大利手稿收藏者波焦·布拉乔利尼（Poggio Bracciolini）曾在圣加仑修道院的阁楼上发现了许多已经腐烂的珍贵手稿。在其他情况下，随着修道院的衰落或消亡，它们的藏书被转移到其他教会、市政机构或大学的图书馆中，通常正是这些藏书得以保存。克吕尼修道院图书馆在10世纪和11世纪声名显赫，但到了18世纪只剩下几件手稿，这些手稿被存放在当地的市政厅，最终又被转交给巴黎的国家图书馆。

幸运的是，修道院的消亡及其图书馆的毁灭发生在印刷术发明之后，因此大多数重要的文献得以印刷，几乎没有独一无二的资料失传。即便当时没有其他因素导致修道院图书馆影响力的下降，印刷术的出现也会产生相同的效果。成百上千的书籍随处可见，这意味着许多类型的图书馆和教育机构将应运而生。然而，修道院图书馆在延续西方文化方面的作用不容否认。在大多数文明力量受到摧毁或面临衰退时，它们仍保留着对知识的热爱，这些小型图书馆往往是西塞罗、瓦罗和塔西佗等伟大古典作家作品的唯一庇护之所。尽管学术的黄金链条变得极为纤细，但它并未断裂。

| 延伸阅读 |

詹姆斯·韦斯特福尔·汤普逊的《中世纪的图书馆》（*The Medieval Library*, Chicago: University of Chicago Press, 1939）仍然是关于这一主题最全面的研究。另一本较新的且非常有用的论文集是马尔科姆·贝克维斯·帕克斯（M. B. Parkes）和安德鲁·G. 沃森（Andrew G. Watson）主编的《中世纪的缮写员、手稿和图书馆：献给尼尔·里普利·克尔的论文集》（*Medieval Scribes, Manuscripts and Libraries: Essays Presented to N. R. Ker*, London: Scolar Press, 1978）。

近年来，关于阅读本质、识字率的范围与特性，以及中世纪书籍角色的重要专著纷纷问世，其中最重要的几部是：A. N. 多恩（A. N. Doane）和卡罗尔·帕斯特纳克（Carol Pasternack）主编的《文本中的声音：中世纪的口头表达与文本性》（*Vox Intexta: Orality and Textuality in the Middle Ages*, Madison: University of

Wisconsin Press, 1991）、赫塞·M.格尔里希（Jesse M. Gellrich）的《中世纪的书籍观念：语言理论、神话与小说》（*The Idea of the Book in the Middle Ages: Language Theory, Mythology, and Fiction*, Ithaca: Cornell University Press, 1985）、罗莎蒙德·麦基特里克（Rosamond McKitterick）的《加洛林王朝与书面语言》（*The Carolingians and The Written Word*, Cambridge: Cambridge University Press, 1989），以及布莱恩·斯托克（Brian Stock）的《识字的影响：11世纪和12世纪的书面语言与解读模型》（*The Implications of Literacy: Written Language and Models of Interpretation in the Eleventh and Twelfth Centuries*, Princeton, N. J.: Princeton University Press, 1983）。

其他重要作品如下：

Connolly, B. "Jesuit Library Beginnings," *Library Quarterly* 30 (1960): 243—62.

Jackson, Sidney. "Cassiodorus' Institutes and Christian Book Selection," *Journal of Library History* 1 (1966): 89—100.

Ker, N. R. "Cathedral Libraries," *Library History* 1 (1967): 38—45.

Wormald, Francis and C. E. Wright. *The English Library Before 1700*, London: University of London, 1958.

第二部分：中世纪的图书馆

第 8 章
大学的崛起、文艺复兴、印刷术的问世，以及 1500 年以前欧洲图书馆的发展

大学图书馆的崛起

在西方文明的长河中，修道院图书馆，甚至是君士坦丁堡和伊斯兰教图书馆，都扮演着保存古典时代文化遗产的重要角色。修道院图书馆主要关注宗教典籍，偶然保存了一些世俗作品，但它们也收集并保存了许多中世纪作家的著作。拜占庭图书馆为评论家、百科全书编纂者、法典整理者和摘要编写者提供了资料，但并不常作为原创作品的来源。而伊斯兰教图书馆的利用情况稍好，尤其是在科学领域，其使用者在数学、医学和天文学方面的研究超越了希腊人，并将这些成果传到了西欧。然而，图书馆要想造就深远的文化影响，就必须物尽其用，其门扉必须向大量学者和学生敞开，才能使馆藏的信息得以广泛传播。尽管大教堂及其附属学校在某种程度上发挥了图书馆的作用，但真正使得图书馆既能保存历史遗产，又能为公众服务的，还是中世纪的大学。

虽然在中世纪早期已有几所学校可以被称为高等教育机构，但直到12世纪末，大学才真正出现。不过，在这种有组织的机构形成之前，学生们早已聚集在教师周围，学习他们所传授的知识。许多学生漂泊于各个城镇和国家之间，寻找最优秀的教师。在那些名师云集的地方，学生们被迫组织起来保护自己，并从镇民和老师那里获得更好的待遇。反过来，教师们也为自身的利益组织起来，这些学生和教师的"行会"便成为早期大学的核心。"大学"一词源自拉丁语universitas，最初指任何有组织的行会或团体，而学生和教师的团体最早被称为"中世纪大学"（studium generale）。早年间，大学并没有规定的教学计划，也没有任何具体的课程或学位。然而，随着时间的推移，规则和制度逐渐被采纳，大学开始从国王或教皇那里获得特许，正式成为被认可的学术机构。

尽管高等教育机构在古代和中世纪的君士坦丁堡就已经存在，但西欧早期大学的灵感很可能直接源于穆斯林统治下的西班牙。在欧洲其他地方建立大学之前，信仰基督教的学生们早已前往这些机构就读。这些学生带回的书籍包括阿拉伯版希腊经典作品的拉丁文译本、亚里士多德的哲学作品、盖伦和希波克拉底的医学典籍，以及穆斯林科学家的著作。到了12世纪初，意大利的萨勒诺和博洛尼亚已设立医学院，教学几乎完全依赖于阿拉伯文本的拉丁文译本。然而，大教堂学校与早期大学之间也存在着联系。在巴黎，1200年之前就发展出了三所强大的神学院，分别位于巴黎圣母院、圣维克多和圣日内维耶，每一所神学院或多或少都是大教堂学校的直接产物。一些历史学家曾试图追溯从查理大帝时代的学校到巴黎大学（University of Paris）的高等教育发展的直接联系，然而，这些联系多是微弱的，而且关于巴黎大学以及其他几所大学的起源，至今仍不确定。

在萨勒诺，早期的医学院并没有发展成大学，但在博洛尼亚，学生和教师的团体于1158年被腓特烈（Frederick）皇帝正式认可为大学。到1150年时，巴黎的神学院逐渐接近大学的地位，而在1167年，一群英格兰学生由此退学，在英国建立了自己的学校，这所学校就是牛津大学（University of Oxford）的前身。1179年，巴黎的学校规定了获得"教师"称号的要求，并建立了由校长、教师和学生组成的常规组织，以及讲座和考试制度。由此，它实际上已具备大学的特征，但直到1200年，腓力·奥古斯特（Philip August）国王授予了它一份特许状，它才获得正式的大学地位。另外两所欧洲大学的历史可以追溯到12世纪，一所是意大利北部的帕多瓦大学（University of Padua），由从博洛尼亚退学的学生建立；另一所是法国的蒙彼利埃大学（University of Montpellier），1160年该校合并了医学院与法学院。到1300年时，西欧又新成立了16所初具规模的大学，包括意大利的那不勒斯大学（University of Naples）和帕多瓦大学、法国的奥尔良大学（University of Orleans）和图卢兹大学（University of Toulouse）、西班牙的萨拉曼卡大学（University of Salamanca）和塞维利亚大学（University of Seville）、英国的剑桥大学（University of Cambridge），以及葡萄牙的科英布拉大学

（University of Coimbra）。

最初的许多年间，各大学并没有真正意义上的图书馆。教师们有自己的小规模藏书，有时借给他们喜爱的学生。学生们则通过抄写讲义来获得教材，或者从书商那里购买或租赁教材。书商在大学周围数量众多，他们的书籍存货实际上是供学生使用的租赁图书馆。书商最终也形成了自己的行会，大学官员和行会都非常努力确保出售或租赁给学生的书籍文本的真实性。在大学中，除了书商的书籍存货，最早的"图书馆"可能是学生团体或"国家"的图书馆。这些团体有时一起生活或就餐，或有自己的总部，在那里书籍是集体拥有和共同使用的。图书馆有时会收取费用来购买或抄写供学生使用书籍文本，也常常会收到来自即将毕业的学生和热心捐赠者的馈赠。在博洛尼亚大学，学生图书馆由拥有"书籍保管员"头衔的学生管理，其他大学很可能也存在类似的做法。在牛津大学和剑桥大学，学生团体最终演变成了"学院"，每个学院都有自己的教师队伍和课程设置，后来也有了自己的图书馆，但在欧洲大陆，它们仍然只是食宿团体或兄弟会。在大多数欧洲大学，中心图书馆是相对较晚才发展起来的产物，但组成大学的各个学院在14世纪就开始逐渐建立图书馆了。无论是书商、学生图书馆还是学院图书馆，无论这些大学周围的图书馆性质如何，在印刷术出现之前，它们的规模通常都很小。

巴黎大学图书馆和牛津大学图书馆的发展或许能为早期大学图书馆的演变提供一个典型的缩影。在巴黎，关于图书馆的确切信息最早可追溯到1250年，当时罗伯特·德·索邦（Robert de Sorbonne）在巴黎捐建了一所大学。随赠的还有索邦的个人图书馆以及维护资金。随着其他书籍的捐赠，该图书馆的藏书逐渐丰富，1289年的目录中列出了超过1000种。该目录附有索邦图书馆（Sorbonne Library）的物理形态描述，中世纪大学图书馆的性质可见一斑。

图书馆的房间狭长，长约12.2米，宽约3.7米，两侧各有19扇小窗户，光线充足。房间内有28张书桌，较为珍贵的书籍被锁链固定在书架上，但锁链足够长，可以到书桌的位置。根据目录，书籍按照主要分类排列，包括三艺与四艺，以及神学、医学和法律。只有四本书的标题是法文，其余均为拉丁文。索邦图书馆的另一份目录编纂于1338年，列出了约1700本书的标题，足见其藏书量的增长之缓慢。

14世纪早期，索邦图书馆的使用规则同样颇具启发性。书籍只能在图书馆所在的建筑内使用，若需带出图书馆，则必须在当天归还。如果借走书籍的人不是学生或教师，那么他必须留下等值的押金。不久之后，图书馆被分为两个部分：一个部分是常用参考书，另一个部分则是副本和价值较低的书籍，允许流通借阅。常用参考书籍中有许多被锁链固定，它们被称为小图书馆，而流通借阅的书籍则被称为大图书馆或公共图书馆。

14世纪之后，巴黎大学的其他学院纷纷建立起各自的图书馆，包括1391年成立的医学院图书馆。其中许多图书馆的成立始于私人藏书的慷慨捐赠，包括一些前教职工的捐赠。多年以后，超过50所与巴黎大学相关的学院建立了自己的图书馆，直到19世纪，巴黎大学才终于实现了中心图书馆的建立。而这座中心图书馆，是以索邦图书馆为核心建成的。

尽管牛津大学在1200年之前已被认为是一所"中世纪大学"，但直到1214年教皇的认可才使其完全具备大学的地位。林肯主教罗伯特·格罗斯泰斯特（Robert Grosseteste，约1168—1259年）于1253年将一座小型图书馆赠予牛津大学的方济各会修士（Greyfriars），而圣玛丽教堂也设有一座小型图书馆供学者们使用，但牛津大学的大部分学院图书馆直到14世纪或更晚才开始建立。例如，默顿学院（Merton College）成立于1274年，但其图书馆直到1377年才正式启用；而大学学院（University College）早在1280年可能就已经拥有供学生使用的书籍，但直到1440年才出现其有组织的图书馆的相关记录；贝利奥尔学院（Balliol College）相应的年份为1282年（学院建立）和1431年（有组织的图书馆出现）。奥里尔学院（Oriel College）成立于1324年，直到1375年时仅拥有100本藏书。但到了1444年，这所学院将书籍从教堂大厅的古老书箱中取出，存放在一座全新的图书馆中。新学院（New College）成立于1380年，是牛津大学首个拥有独立图书馆的学院，此后大多数学院也开始建立自己的图书馆。

关于新学院图书馆的早期信息较为详尽。学院创始人、温彻斯特主教威廉·威克姆（William of Wykeham）向礼拜堂图书馆捐赠了62卷书籍，另有312卷书籍作为公共藏书或流通藏书。

根据早期的一份清单，这批流通藏书内容包括136卷神学书籍、34卷哲学书籍、52卷医学书籍、53卷教会法书籍，剩下的是民法书籍。新学院的每位研究员可以一次借两本书，借阅期限最长可达一年。他们还配有图书馆的钥匙，白天可以在馆内查阅其他书籍。馆内的参考书籍用锁链固定，每年对所有藏书进行一次清点。

1345年，达勒姆主教、著名藏书家理查德·德·伯里（Richard de Bury），计划在牛津大学建立一所学院，并打算去世后将自己的私人图书馆赠予该学院。五位本笃会修士将负责管理图书馆，所有的学生修士都有权把书借回到自己的房间使用。大学社区中的任何人都可以借阅书籍的副本，不过必须在借出时留下一笔押金。理查德的继任者创立了达勒姆学院（Durham College），但遗憾的是，图书馆被出售以偿还理查德的债务，学院几乎没有收到他的任何藏书。

牛津大学的综合图书馆历经波折，早期历史可谓复杂，直到15世纪才真正形成有效的藏书场所。大约1320年，伍斯特主教托马斯·科巴姆（Thomas Cobham）在牛津大学建造了一座建筑，下层用作教堂，上层则作为祷告室和供所有学院使用的综合图书馆。可惜，图书馆尚未组织起来，科巴姆主教便早逝，留下的书籍最终流入了奥里尔学院图书馆。1367年，科巴姆主教的书籍被大学校长强行从奥里尔带走，随后被放置在圣玛丽教堂上方的一个房间内供大家使用。在此期间，为了筹集资金管理剩余书籍，教堂牧师将一些书籍出售。这座小型图书馆随岁月漂泊到了1411年，当时的新任校长理查德·考特尼

（Richard Courtenay）把它接管下来，并保证付薪雇用一位牧师担任图书馆员，且保证图书馆在每个工作日开放五个小时。此次调整卓有成效，藏书量逐渐增长，在格洛斯特公爵（Duke of Gloucester）汉弗莱（Humphrey）等人的慷慨捐赠下，综合图书馆于15世纪80年代迁至新建的神学院大楼，并以其主要捐赠者的名字命名为汉弗莱公爵图书馆。汉弗莱是英格兰国王亨利五世（Henry V）的弟弟，亦是一位博学之士，他的个人图书馆在彼时的英格兰可能是无与伦比的。汉弗莱向牛津大学捐赠的书籍不仅包括装帧精美的希腊和拉丁经典著作，还有当代法国与意大利的作品。令人扼腕的是，在16世纪，这个珍贵的图书馆在爱德华六世（Edward VI）的"改革"中化为乌有。

1500年之前，欧洲其他地区也建立了超过75所大学，从西班牙的塞维利亚大学到瑞典的乌普萨拉大学（Uppsala University），从西西里的卡塔尼亚大学（University of Catania）到苏格兰的阿伯丁大学（University of Aberdeen）。这些大学基本都效仿巴黎大学和牛津大学的组织模式，而且都设有某种形式的图书馆。然而，在欧洲大陆，中心图书馆的形成往往比单独的学院或科研机构的图书馆晚几百年；时至今日，中心图书馆在欧洲一些大学中仍然不是主要实体。到了15世纪，一些大学才拥有独立的图书馆建筑，如1442年的海德堡大学（Heidelberg University）和1475年的维也纳大学（University of Vienna）。中欧的大学在学院藏书体系中还发展出一种独特的图书馆形式，与学院或学生图书馆以及公共或大学图书馆相区别。

第二部分：中世纪的图书馆

与依靠抄写获得藏书的修道院图书馆不同，早期的学院图书馆主要依靠捐赠而发展壮大。国王、贵族、主教和商人收藏家向学院赠送书籍的例子不胜枚举。除了上文提到的，还有一些著名的捐赠案例，例如1336年，主教斯蒂芬·格雷夫森德（Stephen Gravesend）向牛津大学的贝利奥尔学院和默顿学院赠书；1350年，主教威廉·贝特曼（William Bateman）向剑桥大学三一学院（Trinity College）赠送了80卷书；1387年，亨利·怀特菲尔德（Henry Whitefield）向牛津大学的新学院捐赠了250卷书。在欧洲大陆，大学图书馆也获得了类似的捐赠，例如1410年，沃姆斯主教马蒂亚斯（Matthias）向海德堡大学赠送了90卷书；1450年，约翰内斯·辛德尔（Johannes Sindel）将200卷医药和数学书籍遗赠给布拉格大学（Charles University）。此外，也有专门用于购买书籍或维持图书馆运营的捐赠基金，有证据表明有些学校还曾向学生收取图书馆费用。即便如此，图书馆的藏书量一直较少，如海德堡大学1396年只有396卷藏书，1461年增至840卷，剑桥大学王后学院1472年只有199卷藏书。直到书籍印刷普及后，图书馆藏书才达到了上千卷的规模。

早期大学图书馆的物理形态与当时的修道院图书馆十分相似。12世纪至13世纪，手抄本书籍被存放在书柜中。到了13世纪末至14世纪初，书籍从书柜转移到了被称为"讲经台式书架"的书架和书桌组合体上。每个讲经台式书架可以容纳约18—20卷书，书籍通常用链条锁住，但可以放到下方的倾斜书架上使用。在剑桥大学王后学院（Queens' College）的图书馆，10张书桌和4张半桌上共放置了192卷书。在另一座图书馆，有988卷书用链条固定在50张书桌上。到了15世纪，单独的图书馆建筑逐渐兴建，它们的房间通常是狭长的，有许多高大的窗户。其设计目的在于尽可能利用自然光，不过也可能是受到了早期图书馆常常设立于拱廊或开放走廊上方房间的影响。室内的书桌位于窗户之间，光线能够直接照射在阅读架上。独立的阅览隔间或称阅览卡座在15世纪也已经出现，使用4—6层的高大书架分隔开来，为读者提供独立的阅读空间。

中世纪大学图书馆的藏书内容因地点不同而差异很大，但也有些许共性。大部分书籍是用拉丁文撰写的，少数用当地语言，极少数用的是希腊文。宗教类书籍占主导地位，包括《圣经》、教父著作、神学评注、圣徒传记、宗教仪式用书和教会法书籍。其次为古典文学作品，再次是中世纪作家著作，还有一些历史和地方文献。哲学、数学、医学和天文学书籍较多为阿拉伯文与希腊文译本，这类书籍在后期逐渐增加。最后是主要基于《查士丁尼法典》的法学书籍，另有少量逻辑学和语法方面的标准教材，以上所有构成了藏书的整体面貌。到14世纪和15世纪，地方文献和科学书籍逐渐增多，但1200年至1450年间的藏书种类变化不大。如同修道院的图书馆，书架尽头通常附有一份架上书籍的清单。在一些图书馆中，出现了地方性的分类系统，但大多只是标记位置，如书桌、书架及书籍编号。目录或书目通常按字母顺序排列，但有时也会不加区分地按作者、标题、关键词或书籍大小排列。有一座图书馆甚至将目录按第二页的第一个单词进行排列,无论这个单词是什么。

一些大学图书馆的使用规定放到今天来看可能似曾相识,而另一些则显得有些奇特。根据有些规定,学生可以借阅流通书籍一个月,甚至长达一年;根据其他规定,只有教师和高年级学生才允许将书带出图书馆;部分书籍只有在交纳押金后才可外借。在一所大学图书馆中,有些书籍被视若珍宝,需上三把锁,因此三名持有不同钥匙的官员同时在场才能查阅这些书。15世纪,牛津大学规定,"只有研究哲学满八年的毕业生和宗教人士才可进入大学图书馆学习……"该规定还要求宣誓"进入公共图书馆学习时,检阅书籍要小心翼翼,不得撕毁或损坏书页或装订"。巴黎索邦大学(Sorbonne University)规定,学生若将书籍摊开放置,会被罚款;1431年,昂热大学(University of Angers)则对借阅时间超过三十天的借书者罚款。

剑桥大学的图书选择政策可能与其他中世纪大学类似:

> 任何书籍不得带入图书馆或在图书馆内锁存,除非其具备适当的价值和实用性,或者捐赠者的遗嘱另有规定;同时,任何书籍不得取出,除非在相同主题上已有相当数量的书,或者已获得了一本状态更佳、价值更高的书。

重复的书籍有时会被出售,而一些对学生直接用处不大的珍贵卷本也会被出售,以便购入更多实用的书籍。图书馆的书籍有时会被正式或非正式地典当，甚至会被用来偿还学院或其教师所欠的债务。大学之间的馆际借阅似乎不如修道院之间的借阅普遍，而且同一机构的学院图书馆往往会如珍宝般严密守护其独特藏品，以免被他人轻易复制。

在早期大学中，图书馆员并未形成一个独立的职位。相反，书籍的管理者往往是低级教职员工，甚至是学生。在与宗教组织相关的学院中，书籍则由一名或多名修士负责保管。在牛津大学以及其他一些地方，书籍由牧师负责保管。有时，图书馆员是精通所保管的书籍内容的学者，但更多时候，其仅仅是"书籍的看护者"，负责书籍的外在看护，而非掌握其内容。实际上，关于图书馆员及其职责的规定往往比对图书馆用户施加的要求更加严格。有时，图书馆的看护人员对其所保管的书籍负有个人责任，若有书籍遗失或损坏，需承担相应费用。图书馆通常每年盘点一次，往往在学院高级领导的监督下进行。

早期大学图书馆在许多方面都是修道院和大教堂图书馆的直接产物，但与它们不同的一点在于大学图书馆是服务于实践的图书馆。在早期大学图书馆中，书籍被频繁借阅，常常磨损严重，需要经常修补甚至更换。图书馆的重点在于维护可供使用的书籍，而不仅仅是收藏珍稀卷册。从这个意义上讲，中世纪的大学图书馆堪称最早的现代图书馆。这些图书馆，让数千名涌入早期大学的学生接受教育，为中世纪世界孕育出一个全新的知识分子群体。这些"毕业生"大多并未隐居修道院或专注神学，而是接受了民法和教会法、医学和哲学的教育，他们走向社会，将所学知识传播至更广泛的领域。正是这些大学和它们简朴的图书馆，点燃了通向西欧文艺复兴的知识之光。倘若说修道院图书馆在千年间守护了知识的火种，那么大学图书馆则将这些知识付诸实践，由此拉开了现代的序幕，宣告了黑暗时代的终结。

伟大的藏书家与古典名著的救赎

虽然修道院、大教堂和大学图书馆是中世纪最重要的学习中心，但私人图书馆同样值得关注。这些私人馆藏在几个方面具备历久弥新的重要性。首先，它们随时随地增加可用文献的数量，成为公共馆藏的有力补充。其次，通过捐赠和遗赠，这些藏书常常成为公共图书馆的一部分，大大提升了其本身的价值。最后，对于封建贵族的私人图书馆，它们往往成为日后市立、州立乃至国家图书馆的雏形。相较于那些更具公共性的同类馆藏，这些私人藏书通常装帧更精美，书写更精致，磨损更少，保存得也更好。

值得关注的是500年以前存在的许多罗马私人图书馆，因为从理论上说，贵族别墅中的数千件手稿中至少有一部分可能幸存下来。其中一些手稿确实得以保存，它们以馈赠的方式进入修道院和教堂图书馆的馆藏，或者保存在意大利、西班牙和法国南部偏僻的家族图书馆中。毫无疑问，现存的拉丁文学作品中有相当一部分在西欧的图书馆中得以幸存，尽管其中一些作品在几十年甚至几个世纪间几乎失传。早期的手稿常常磨损严重，流传至今的文献大多是传抄多次的副本。因此，想要获取接近原作的版本，文本的审查、比较与勘误尤为关键。虽然一些罗马晚期私人图书馆的藏书得以保存，但大部分还是像罗马神庙中的书籍一样灰飞烟灭。

现存证据表明，私人图书馆在西欧的存在颇为稀少，但即便在中世纪的黑暗时代，这些私人图书馆依然存在。纳博讷主教鲁斯提库斯（Rusticus）曾在430年至461年任职期间写过一封信，其中提及5世纪位于法国南部的一座世俗文学私人图书馆，其收藏了许多拉丁经典。他描绘的显然是一幅罗马乡村别墅的图景，图书馆内有书柜，上面装饰着演说家和诗人的肖像。同一世纪的阿波利纳里斯·西多尼乌斯（Apollinaris Sidonius）在图卢兹写作，这也表明他熟悉一个规模可观的文献库。此外，上文已经提及，塞维利亚主教依西多禄的私人图书馆在7世纪积累了大量藏书，而与他同时代的西班牙人也拥有规模可观的私人图书馆。

包括主教、大主教和枢机主教在内的许多其他教会官员，也为中世纪图书馆的发展史做出贡献，有的是建立私人图书馆，有的是在自己服务的教会机构中建造图书馆。传闻10世纪的帕绍主教仅有56卷藏书，却将它们视如珍宝。12世纪，巴约主教菲利普·德·哈科特（Philip d'Harcourt）将自己的私人馆藏的百余卷书捐赠给诺曼底的贝克大教堂。伦敦主教理查德·格雷夫森德（Richard Gravesend，1280—1303年在位）拥有80卷藏书，其中包括3本《圣经》、教父作品、教会法书籍和一些世俗历史著作。1180年，来自索尔兹伯里的约翰将其藏书遗赠给沙特尔大教堂，而埃克塞特副主教罗杰·德·托里斯（Roger de

Thoris）则于1266年将书籍捐给当地的方济各会修士。即便是基层教区的神父也能拥有几本藏书，如伦敦圣马格努斯大教堂的杰弗里·德·拉瓦特（Geoffrey de Lawath）在13世纪拥有49卷藏书，涵盖医学、神学和语法作品。宗教人士的藏书通常以神学著作为主，但也有证据表明他们对文学和实用学科感兴趣。

从9世纪到12世纪，意大利的图书馆发展呈现出有趣的对比。虽然在这一时期，意大利北部在图书馆的藏书方面落后于法国和德国，但半岛南部及西西里岛却正在经历一场自己的小规模文艺复兴。无论是在修道院还是在统治者的宫廷中，都弥漫着鼓励学习和学术的氛围。尽管意大利人、诺曼人、西班牙人、穆斯林和拜占庭人为了争夺该地区的控制权，几乎持续不断地产生冲突，这种氛围依旧不减。修道院学校教授希腊语；图书馆里收集了希腊文作品、译自阿拉伯文的著作，以及希伯来文和拉丁文作品。9世纪，那不勒斯公爵塞尔吉乌斯（Sergius）组建了一座小型图书馆，并将其赠予当地大教堂。在当时的欧洲其他地区，希腊文几乎鲜为人知，但是塞尔吉乌斯的儿子格雷戈里（Gregory）公爵却能够阅读拉丁文和希腊文。

中世纪贵族中的一些女性受过良好的教育，成为学者和藏书家。中世纪早期，一些修女和女修道院院长因对书籍的兴趣而受人关注，但在12世纪之后，贵族和统治者的妻子和女儿开始着眼于图书馆。来自匈牙利的克莱门斯（Clemence）是法国国王路易十世（Louis X）的妻子，她在14世纪初就拥有了自己的图书馆。来自埃夫勒的让娜（Jeanne）是"美男子"查理四世（Charles the Fair，1322—1328在位）的妻子，她拥有一座以宗教书籍为主的图书馆，但其中也包括一些法文世俗作品。来自勃艮第的让娜（Jeanne）和来自纳瓦尔（Navarre）的布兰卡（Blanche），都是腓力六世（Philippe VI，1328—1350在位）的妻子，她们将自己的藏书增添到腓力的图书馆中。查理六世（Charles VI，1380—1422在位）的妻子伊萨博王后（Queen Isabel）拥有的藏书很多，以至于必须让她的一个侍女担任她的私人图书馆员。来自约克的玛格丽特（Margaret），即勃艮第公爵查尔斯的英国妻子，于1468年带来了一小部分英文书籍，与她的丈夫共同致力于扩建勃艮第公爵府的图书馆。作为一名学者，她还委托将波爱修斯的《哲学的慰藉》（*Consolation of Philosophy*）从拉丁文翻译成法文，并将威廉·卡克斯顿（William Caxton）从英国带到布鲁日学习印刷技术。他后来成为英国第一位印刷商。

西欧为数不多的犹太人中，也出现了许多学者和藏书家。在西班牙和西西里的穆斯林的统治下，犹太人在一种宽松的氛围中蓬勃发展，涌现出许多学者、律师和医生。《希伯来圣经》以及围绕它建立起来的文学核心构成了大量犹太藏书的基础，但其他藏书则远远超出了这个神学中心，发展成容纳大量世俗文学的宏大图书馆。

北欧的犹太人不像地中海地区的犹太人那样富裕，因此他们甚至难以获得犹太教堂所需的书籍。然而，法国犹太人尤大·伊本·提本（Juda Ibn Tibbon）在12世纪留下了一座以内容闻名的小型图书馆。他把图书馆留给了儿子，并附上了简明的藏书管理指南：

> 把书籍排列得井然有序，这样你需要某本书时就不会因查找而感到疲惫……将每一排书架上的书名记在一个单独的笔记本上，并按顺序放置，以便清晰知晓每一本书所在的位置，不至于混乱。书架也要用同样的方式进行处理。时常查阅目录，以牢记馆藏书籍。借书时，务必在书籍离馆前记下书名；归还后划掉记录……

提本（1120—1170 年）是哲学家，也是学者，曾将书籍从阿拉伯文译为拉丁文。他建立图书馆的初衷在于使其足够完备，以免再需借书。

两位著名的中世纪藏书家曾留下了记录其收藏行为的作品，这些作品讨论了他们已经拥有或渴望拥有的书籍。其中一位是法国亚眠的大法官理查德·富尔尼瓦尔（Richard of Fournival），他于 13 世纪撰写了《书录》(*Biblionomia*)。在这部带有几分奇幻色彩的作品中，他描绘了一个"文学花园"，各类主题的手稿整齐地陈列在"花园"中的桌上。其中藏书最多的类别为哲学，此外还有医学、法律和神学作品。关于这部作品描述的是一个真实存在的藏书库，还是纯属虚构，尚存争议。此外，尽管其通常被认为是富尔尼瓦尔的作品，但也有人怀疑是否由他亲自撰写。不过，这部作品仍是当时文学兴趣的绝佳写照，其中所提及的大多数手稿现今已知存世或曾经存在过。

另一位藏书家是理查德·德·伯里（Rich de Bury，1287—1345年），他曾担任教师、公职人员，后来担任达勒姆主教。他早年就是一个狂热的藏书家，后来在为英格兰国王爱德华三世担任外交官期间，他走访了欧洲许多地方的图书馆、缮写室和书商。他买了很多书，其他人也送了他很多书，特别是在他成为主教之后。他对几乎任何形式和主题的书籍都持尊重态度，且乐于接受。他的《书之爱》（*Philobiblion*）大约完成于1344年，但直到1473年才首次印刷，此后又出版了多个版本。该书是一部赞美书籍的著作，同时也详细叙述了作者如何收集自己的藏书，从而生动描绘了他所处那个时代的书籍世界。书中的一些章节标题包括"智慧的宝藏主要藏于书籍中""撰写新书和修订旧书是值得称赞的""我们有无数机会收藏书籍""我们收藏如此多的书籍是为了学者的共同利益，而不仅仅是为了我们自己的利益"。德·伯里指出，书籍是智慧的宝库，他说："在这里，所有询问者，皆有所得；所有寻求者，皆有所获；所有勇敢叩门者，皆有所应。"《书之爱》中另一个值得注意的语句表明了他的基本信念："若非上帝赐予人类书籍的良方，世间的所有荣耀都将埋没于遗忘之中。"理查德·德·伯里的书籍本应在他去世后赠予牛津大学的达勒姆学院，但实际上可能被出售以偿还他的债务。根据估算，理查德·德·伯里可能拥有多达1500卷书籍，这在当时是一个非常庞大的私人图书馆，但无论数量多少，它无疑是14世纪英格兰最著名的私人图书馆。

在1500年之前，欧洲最重要的私人图书馆是意大利学者们

第二部分：中世纪的图书馆

的图书馆，他们在文艺复兴时期的地位举足轻重。文艺复兴的核心理念是人文主义，这一理念渗透到知识分子生活的各个领域，但其本质上是文学，并且牢牢建立在对古典文学的学习和模仿之上。世界各地的学者们越来越致力于古典精神，许多人决心毕生致力于寻找、恢复、编辑、翻译和批判性地分析古人的作品。

文艺复兴本质上是世俗的，它由世俗人士主导，其中大多数人都是狂热的书籍收藏家。正如学者们经常指出的那样，他们对藏书的狂热欲望，使得大量古典作家的作品得以聚集，形成了许多极为重要的私人图书馆，并刺激了书籍贸易的发展，从而推动了教会对学习的垄断的瓦解。随着时间的推移，人文主义甚至在教会内部也产生了一定影响，文艺复兴晚期的一些著名藏书家中也不乏教士的身影。

从 14 世纪到 16 世纪，意大利的商人、王子和宗教领袖在合作与竞争中，成功地使大多数如今为西方世界所知的希腊和拉丁经典重见天日。这些经典作品中有一些是在意大利本土的修道院、教会图书馆或私人藏书中被发现的。而另有一些则是在当时已被忽视的法国、瑞士和中欧的修道院图书馆中发现或者重现的。但更重要的是从君士坦丁堡、希腊和伊斯兰国家带到意大利的书籍。这些经典作品在几个世纪以来一直流落于西欧，若不是当时及时获救，或许将永远消失。

在意大利藏书家中，彼特拉克（Petrarch，1304—1374 年）属于最早的一批。他收集了来自欧洲各地的手稿，尤其致力于研究古典拉丁作家的作品。虽然他的一些前辈的声誉在近期的研究中得到了提升，例如帕多瓦法官、古典诗歌爱好者洛瓦托·洛瓦蒂（Lovato Lovati），但彼特拉克仍然是文艺复兴早期无与伦比的捍卫者。他作为藏书家和学者的珍贵品质帮助他寻求古典拉丁作家的著作，使他建立起当时最精美的私人图书馆。他曾希望死后能够将自己的图书馆向公众开放，但事与愿违，他的书籍最终散落各处。

他的同辈和追随者薄伽丘（Boccaccio，1313—1375年）也在拯救古代经典著作方面发挥了主导作用。虽然薄伽丘作为学者比不上他的导师，但他广泛写作，风格通俗，为激发人们对古典文学的兴趣做出了很大贡献。人们认为，正是藏书家薄伽丘促成了卡西诺山图书馆的解锁，他秘密带着塔西佗、阿普列尤斯（Apuleius）和瓦罗等作者的多部重要著作，回到了他在佛罗伦萨的家中。薄伽丘去世后，这批宏伟的藏书被捐赠给了佛罗伦萨的圣斯皮里托修道院。

文艺复兴时期佛罗伦萨的第三位伟大的藏书家是科卢乔·萨卢塔蒂（Coluccio Salutati，1331—1406年），他在彼特拉克年事已高时曾跟随其学习，且与薄伽丘关系紧密。作为人文主义者，科卢乔成功地将人文主义的火炬从一代传递到另一代，他的几个弟子是15世纪上半叶的"大发现时代"（Great Age of Discovery）的领军人物。到了1400年，古代文本流行，其发现者也得到了前所未有的认可，这激发了人们对古典作家的极大兴趣，许多威尼斯、佛罗伦萨和热那亚的船长认为手稿是他们从地中海东部返航时的珍贵货物。1408年，来自维罗纳的瓜里诺（Guarino）从东方返回时，带回了50件希腊手稿，他发现这些手稿能迅速售出。西西里藏书家乔瓦尼·奥里斯帕（Giovanni Aurispa）仅在1423年就带回了超过200件希腊手稿，这一壮举相当于"将文学移植到新的肥沃土壤中"。弗朗切斯科·菲莱尔福（Francesco Filelfo）于1420年作为威尼斯公使团成员前往君士坦丁堡，带回了约40卷希腊书籍，其中许多在那之前都没有拉丁文译本。对手稿的探索不仅限于希腊文作品，还包括希伯来文作品。基督教希伯来学者乔瓦尼·皮科·德拉·米兰多拉（Giovanni Pico della Mirandola）拥有超过100部希伯来文作品，而他的学生和朋友约翰内斯·罗伊希林（Johann Reuchlin）也获得了36部同一语言的作品。

值得注意的是，这些收集工作大部分是由个人完成的，而不是由大学、教会或政府机构完成的。许多收藏者是商人或宗教人士，但最伟大的收藏家则是意大利王子及其使者。其中几位以寻找和获取手稿的能力而闻名。例如，贾努斯·拉斯卡里斯（Janus Lascaris，约1450—1535年）为法国国王路易十二（Louis XII）和后来的意大利美第奇家族（Medici family）获取了许多来自东方的手稿。这些手稿大多来自希腊阿索斯山和爱琴海群岛的修道院，其中包含大量以前未曾被发现的作品。韦斯帕夏诺·达·比斯蒂奇（Vespasiano da Bisticci）专注于获取和抄写手稿，并协助建立了几座著名的意大利图书馆。波焦·布拉乔利尼（1380—1459年）是一位收藏家，以在欧洲修道院中寻找未知手稿而声名显赫，令他声名大噪的就是卢克莱修斯（Lucretius）和昆提利安（Quintilian）的失传作品的发现。

枢机主教贝萨里翁（Bessarion，约1400—1492年）是一位重要的宗教藏书家，他出生于希腊，但长期居住在意大利。他将许多古典希腊文作品翻译成拉丁文，并试图建立世界上最大的希腊图书馆。他派遣使者在希腊和小亚细亚搜寻手稿，成功拯救了数百件手稿。1468年，他将自己的图书馆赠予威尼斯市，前提条件是必须为其提供合适的地点，并向公众开放。最终，这座图书馆落成，成为马尔恰纳图书馆（Biblioteca Marciana），或称圣马可图书馆。

在意大利最重要的藏书家中，美第奇家族成员堪称典型。科西莫·德·美第奇（Cosimo de Medici，1389—1464年）曾雇用韦斯帕夏诺·达·比斯蒂奇为其搜集书籍。韦斯帕夏诺一度雇用了45名缮写员，在22个月内为美第奇图书馆制作了约200卷书籍，皆书写精美且装订考究。科西莫的图书馆包含多本《圣经》、宗教评论，以及教父和中世纪作家的作品，还有大量哲学、历史、诗歌和戏剧方面的古典著作。除了自己收藏的书籍，科西莫还获得了来自佛罗伦萨的尼科洛·迪·尼科利（Niccolo di Niccoli）收藏的800卷书籍。托马索·帕伦图切利（Tommaso Parentucelli），即后来的教皇尼古拉五世，曾一度担任科西莫的图书馆员。科西莫本人也是一位学者，他精通拉丁文，对希腊文、希伯来文和阿拉伯文也略知一二。他以自己的藏书为基础建立了多座图书馆，包括佛罗伦萨的圣马可女修道院的图书馆和菲耶索莱修道院的图书馆。

科西莫去世时，大部分藏书仍保留在家族图书馆中，随后

第二部分：中世纪的图书馆

由他的孙子洛伦佐·德·美第奇（Lorenzo de Medici，1449—1492年）大幅扩充。"伟大的洛伦佐"（Lorenzo the Magnificent）身兼王子、诗人和艺术赞助人的身份，他聘请雅努斯·拉斯卡里斯（Janus Lascaris）等人为他搜罗书籍，建立起一座高雅的宗教和古典文学图书馆。他允许学者使用他的藏书，甚至同意其他藏书家抄录他的珍本。洛伦佐的藏书中近一半是希腊文和其他非拉丁文书籍，他也是最早将印刷的书籍收入馆藏的人之一。洛伦佐去世后，美第奇家族的图书馆命运多舛，它们先迁至圣马可女修道院，后辗转至罗马，最终于1521年返回佛罗伦萨。最后，它被安置在米开朗琪罗（Michelangelo）为其专门设计的老楞佐图书馆（Biblioteca Laurentiana）中。

乌尔比诺公爵费德里戈（Federigo，1444—1482年）是15世纪另一位热情洋溢的意大利藏书家。他的宫殿设有数间满满当当的藏书室，广邀艺术家、学者和作家前来使用。他钟爱古典文学，但也将教会标准文献和当代作家的作品增添到藏书中。多年来，他一直拥有一支庞大的缮写员队伍，他还曾聘请韦斯帕夏诺·达·比斯蒂奇担任他的图书馆员和书籍采购员。1482年去世时，他已藏有772件手稿，包括73件希伯来文手稿和93件希腊文手稿。宫殿中的藏书室长约13.7米，宽约6.1米，书籍保存在8个书柜中，每个书柜有7层书架。

罗马的梵蒂冈图书馆在中世纪后期的发展在某种程度上可视作私人图书馆的成果，因为它主要得益于几个人的努力。尼古拉五世成为教皇之前，曾以托马索·帕伦图切利的身份担任科西莫·德·美第奇的图书馆员,正是他推动了梵蒂冈图书馆的重生。由教皇们在阿维尼翁建立的图书馆已经不复存在,而教廷迁回罗马后,并未认真采取行动去重建图书馆。尼古拉五世即位时,图书馆仅存约350卷书籍,部分尚需修复,他便将自己私有的藏书加入其中。随后运用一切可支配的资源,并凭借自己对书籍领域的广泛了解,不断扩充馆藏。他派遣教皇特使到欧洲各地寻找手稿,或求赠,或抄写。教皇图书馆员托尔泰利(Tortelli)协助他扩建图书馆,并将一些希腊文作品翻译成拉丁文。尼古拉五世去世时,梵蒂冈图书馆藏书已达1200卷,一跃成为意大利最为出色的图书馆之一。

接下来的几年,教廷主要关注与土耳其人的战争,而非教皇图书馆,但教皇西克斯图斯四世(Sixtus IV,1471—1484年在位)不仅扩大了图书馆,还为其改建了一座建筑。1475年,馆藏已增至2500卷,其中约三分之一是希腊文作品,三分之二是拉丁文作品。1484年,一份新增图书馆清单显示,图书馆分布在四个房间,藏书约3500卷。四个房间分别是希腊文公共图书馆、拉丁文公共图书馆、稀有书籍收藏室"秘密图书馆",以及教皇的私人图书馆。1475年后,人文主义学者巴托洛梅奥·普拉蒂纳(Bartolomeo Platina)担任梵蒂冈图书馆员。他对图书馆的藏书进行分类和编目,严格记录所有的使用情况,并向所有认真的学者开放。虽说图书馆的主要目的是收集和保存关于教会的历史与教义的著作,但从尼古拉五世的时代开始,馆内也收藏了越来越多的世俗书籍。当时的著名学者韦斯帕夏诺·达·比斯蒂奇曾对此有一番略显夸大的赞誉："自托勒密时代以来，任何图书馆都未有如此大量、种类齐全的书籍被汇集在一起，甚至连其一半的规模都难以媲美。"

国家图书馆的兴起

尽管许多中世纪晚期书籍收藏家的图书馆最终被纳入公共图书馆或散落各地，但仍有一些形成了未来国家图书馆的雏形。从查理一世（1220—1285年）起，那不勒斯的历代国王便开始在这座城市建立著名的图书馆。经过约两百年的积累，皇家图书馆愈发壮大而实用。然而，1485年，当法国人攻占那不勒斯时，皇家图书馆的绝大部分珍藏作为战利品被带走，与其他藏书一同组成法国皇家图书馆。更具体地说，法国国家图书馆始于查理五世，他接手了父亲的一小部分藏书，并于1367年将它们与其他藏书一起存放在卢浮宫中。在吉尔斯·马莱（Gilles Malet）担任图书馆员期间，法国皇家图书馆的馆藏迅速增至近1000卷，分布于宫殿的三个房间里。该图书馆的藏书虽然以神学作品为主，但也涵盖了历史、法律、法国文学和科学等诸多领域。图书馆中也有一些作品是从阿拉伯文翻译而来的。实际上，早期的法国国王在查理大帝时代之前就已拥有书籍，然而这些藏书多在收藏者去世时随之遗失。在15世纪初与英格兰的战争中，法国皇家图书馆的部分珍贵藏书被贝德福德公爵掠夺到了英格兰，但路易十一（Louis XI）在1461年重新建立了卢浮宫的图书馆。1472年，贝里公爵的图书馆被并入该图书馆，后来勃艮第公爵的部分藏书也归入其中。大约1500年，路易十二（Louis XII）将皇家图书馆迁至布卢瓦，彼时那里的奥尔良家族已拥有一批可观的藏书，他还将在意大利掠夺的藏书加入其中。直到1595年，这座皇家图书馆才最终永久性地返回巴黎。

在英格兰，自9世纪阿尔弗雷德大帝（Alfred the Great）时代开启，历代国王也成为业余书籍收藏家。阿尔弗雷德大帝不仅收集书籍，还将拉丁文作品翻译成盎格鲁-撒克逊文，例如比德（Bede）和波爱修斯的著作。在他之后，历代英格兰国王都在宫殿中收藏了一些书籍，但大多是未开封的礼物，这些书籍被视为私人财产，并未成为国家图书馆的基础。直到18世纪，才有一批皇家藏书进入大英博物馆（现为大英图书馆）。

在奥地利，国家图书馆的雏形可追溯至15世纪初，当时的皇帝弗里德里希五世（Friedrich V）下令将所有政府书籍和档案集中到一处并加以整理。随着拜占庭帝国的解体，君士坦丁堡的书籍也逐渐被收藏到该图书馆中，即使到了1497年，皇帝马克西米利安一世（Maximilian I）正式建立了帝国图书馆，并任命人文主义诗人康拉德·策尔蒂斯（Conrad Celtes）为首任图书馆员时，该图书馆的规模仍显得不够庞大。在欧洲其他地区，勃艮第公爵的图书馆，以及一些奥地利王子的图书馆，一直保存到19世纪，后来成为比利时国家图书馆的基础。在德意志诸公国，许多图书馆在1500年前便已建立，它们都是以统治者的藏书为基础；而在西班牙，阿拉贡王国和卡斯蒂利亚王国在15世纪末的联合为西班牙国家图书馆的建立铺平了道路。

第二部分：中世纪的图书馆

15世纪欧洲最著名的皇家图书馆之一属于匈牙利国王马加什·科尔温（Matthias Corvinus，1440—1490年）。马加什向欧洲各地派驻使者为他的图书馆购买和借用藏书。馆内还配备了20余名缮写员、插图师和装订师为他制作精美的拉丁文、希腊文、阿拉伯文和希伯来文书籍。1476年，他与阿拉贡王国的比阿特丽斯（Beatrice）结婚，后者也是一位热情的藏书家，二人共同打造了一座在当时规模出众、外观精美的图书馆。该图书馆设于宫殿的侧翼，分为两个藏书室，一个是拉丁文藏书室，另一个是希腊文和东方书籍藏书室。据记载，马加什的藏书量多达5万册，但实际数量可能不足该数字的十分之一。马加什去世后，其藏书逐渐遗失，余下的书籍很可能在1526年土耳其人攻占布达时被掠走。不过，科尔温图书馆的很多藏品幸存下来，如今已居于现代欧洲图书馆中最珍贵的藏品之列。

总而言之，从图书馆发展的角度来看，15世纪可谓非同凡响，而这种进步多来自个人的努力，而非组织的推动。两大事件助力了这一进程。其一是文艺复兴的到来，它带来了对人文主义的重视和对古典哲学与文学复兴的追求。因果关系在此紧密交织，图书馆的建立无疑促成了文艺复兴的到来与传播。其二则是15世纪中叶活字印刷术的发展。

印刷术与图书馆

分析1500年以前欧洲图书馆的发展时，必须简要提及活字印刷术的发明。培根（Bacon）在其著作《新工具》（*Novum*

Organum）中指出，有三项古人未曾知晓的发明改变了"整个世界的面貌与状态"，它们分别是"印刷术、火药和指南针"。

有关印刷史的研究，学者们刚刚开始将印刷术的起源与发展的探讨延伸至印刷术发明的影响、作用和后果等更为复杂的问题。关于印刷术从15世纪中叶开始在德国发源并传播开来的过程，可留给关于印刷史的详述。有一点值得注意，书籍艺术的每一次重要革新都对图书馆的历史产生了切实的影响，而印刷术的影响尤为明显。

最显著的结果是书籍产量大幅增加，同时生产书籍所需的劳动力大幅减少。在这两个变化的共同作用下，欧洲人更容易获得书籍，而且通常能够以更低的价格购得。由此，图书馆可获得的书籍数量迅速增加，促使各类图书馆的规模迅速扩大，复杂程度也随之增长。从某种意义上说，印刷术的发明催生了现代图书馆事业，因为印刷机使图书馆藏书规模持续增长，刺激了一个负责组织和管理这些庞大、复杂且珍贵的国家资源的专业领域的出现。

| 延伸阅读 |

伊丽莎白·刘易逊·艾森斯坦（Elizabeth L. Eisenstein）的《作为变革推动力的印刷机：早期西欧的传播与文化转型》（*The Printing Press as an Agent of Change: Communications and Cultural Transformations in Early Western Europe*, Cambridge: Cambridge University Press, 1979）是一部具有里程碑意义的著作，为理解这一时期提供了必不可少的基础。关于印刷术的发

第二部分：中世纪的图书馆

明及其对图书馆发展的影响，以下著作同样具有参考价值：吕西安·费夫尔（Lucien Febvre）与亨利-让·马丁（Henri-Jean Martin）撰写的《书籍的诞生：印刷术的影响（1450—1800 年）》(*The Coming of the Book: The Impact of Printing, 1450—1800*, London: Verso Editions, 1982)、桑德拉·L. 辛德曼（Sandra L. Hindman）主编的《印刷与文字：书籍的社会史（约 1450—1520 年）》(*Printing and the Written Word: The Social History of Books, circa 1450—1520*, Ithaca: Cornell University Press, 1991)，以及保罗·F. 格林德勒（Paul F. Grindler）的《印刷与审查》("Printing and Censorship," in Charles Schmitt and Quentin Skinner, eds., *The Cambridge History of Renaissance Philosophy*, Cambridge: Cambridge University Press, 1988, pp. 25—54)。最后，读者还应参阅伊凡·伊里奇（Ivan Illich）撰写的《在文本的葡萄园里》(*In the Vineland of the Text*, Chicago: University of Chicago Press, 1993)，其以深刻而富有洞察力的方式探讨了从修道院阅读到大学学习的过渡。

近期有关所涉时期识字率和书籍传播的学术研究颇为广泛。以下是一些特别值得关注的研究成果：哈维·J. 格拉夫（Harvey J. Graff）的《识字的遗产：西方文化与社会的延续与矛盾》(*The Legacies of Literacy: Continuities and Contradictions in Western Culture and Society*, Bloomington: Indiana University Press, 1987)、保罗·F. 格林德勒的《文艺复兴时期意大利的教育：识字能力与学习（1300—1600 年）》(*Schooling in Renaissance Italy: Literacy and Learning, 1300—1600*, Baltimore:

Johns Hopkins University Press, 1989), 以及 R. A. 休斯（R. A. Houston）的《早期现代欧洲的识字率：文化与教育（1500—1800 年）》(*Literacy in Early Modern Europe: Culture & Education, 1500—1800*, London: Longman, 1988)。同样颇受关注的还有：简·P. 汤普金斯（Jane P. Tompkins）撰写的文章《历史中的读者：文学反应的变化形态》("The Reader in History: The Changing Shape of Literary Response," in Jane P. Tompkins, ed., *Reader Response Criticism: From Formalism to Post-Structuralism*, Baltimore: Johns Hopkins University Press, 1980, pp. 201—32)，以及罗杰·夏蒂耶（Roger Chartier）发表的文章《写作的实际影响》("The Practical Impact of Writing," in Roger Chartier, ed., *A History of Private Life: III, Passions of the Renaissance*, Cambridge, Mass.: Harvard University Press, 1989, pp. 111—160)。

其他重要作品如下：

Connell, S. "The Italian Renaissance Library," *Journal of the Warburg and Courtauld Institutes* 35 (1972): 163—86.

Geanakoplos, D. J. *Greek Scholars in Venice: Studies in the Dissemination of Greek Learning from Byzantium to Western Europe*, Cambridge: Cambridge University Press, 1962.

Thompson, James Westfall. *The Medieval Library*, Chicago: University of Chicago Press, 1939.

Wormald, Francis and C. E. Wright, eds. *The English Library Before 1700*, London: University of London, 1958.

第三部分

西方现代图书馆的发展

第9章
欧洲图书馆：1917年以前的扩大与多样化

欧洲国家图书馆

自1500年以来，欧洲图书馆的增长之势堪称惊人，相比之下中世纪的藏书少得可怜。这一飞跃的首要原因，自然在于印刷术的发展，书籍的产量和价格较前一世纪发生了难以想象的变化。书籍的便捷获取也促进了识字率的提高，反过来又刺激了人们对书籍的需求，进而促进了书籍贸易的兴起。1500年以前，珍贵的书籍顶多只有百余件手稿以供数千人阅读；而此后，印刷品可达数千件，可供数十万人阅读。据估计，仅16世纪欧洲便印制了超过10万种不同的书籍，若平均每种印刷1000册，则16世纪流通于欧洲的书籍达上亿册。印刷文字的影响力之于手写文字激增百倍，从此以后，欧洲和整个西方世界再也不会因缺乏知识和思想的图文传播而感到困扰。

在现代欧洲的所有图书馆中，首屈一指的是国家图书馆，这些图书馆迅速扩大其藏书规模，并致力于保存与国家遗产有关的每一本书籍和手稿。有时，这些图书馆的发展甚至以牺牲其他图书馆为代价。它们的影响力可能并不总是能与其他一些图书馆相提并论，尤其是那些著名大学的图书馆，但它们受益于民族主义精神，往往在其他图书馆遭受战争或面临萧条时幸存下来，甚至蓬勃发展。一般来说，国家图书馆具备长期的稳定性和经济保障，尽管资金未必充裕，员工也不一定训练有素。它们共同的成功与延续，对整个西方世界的图书馆发展史意义深远。

设在巴黎的法国国家图书馆位居欧洲顶尖图书馆之列。其发展历程始自16世纪并延续至今，早期主要是由历代皇家图书馆逐步演变而来。皇家图书馆曾在布卢瓦和枫丹白露的城堡中暂居过一段时间，后来在亨利四世（Henry IV，1589—1610年在位）统治期间返回巴黎。1537年，皇家图书馆获得了"存放权"，即在法国印刷的每种书籍都需在该图书馆留存一份副本，从而确保以最少的费用稳定补充新书籍。皇家图书馆曾一度设于巴黎的克莱蒙学院（College of Clermont），但到1622年时，它被安置在哈普街的一座老宅中。同年，皇家图书馆的第一份印刷目录出版，列出了大约6000种书籍。目录由手稿和印刷品两个主要部分组成，并按语言进一步细分。在路易十四（Louis XIV，1643—1715年在位）统治时期，特别是在其首相让-巴普蒂斯特·柯尔贝尔（Jean-Baptiste Colbert）的支持下，皇家图书馆迅速扩大。在尼古拉斯·克莱门特（Nicholas Clèment）担任图书馆员期间，书籍按照字母表被重新分为23大类。到18

第三部分：西方现代图书馆的发展

世纪 20 年代时，皇家图书馆被迫搬迁到黎塞留街，没过多久它就拥有了大约 8 万册印刷书籍和 1.6 万件手稿。此后多年内，这座建筑历经扩建、延展、翻新乃至重建，位置始终未变，直至 20 世纪末才规划新馆的建设。

法国国家图书馆在漫长的发展历程中，不断通过各种方式获得了大量珍贵藏书，其中包括不少完整的私人图书馆。这些藏书有的通过购买获得，有的通过捐赠或更为直接的途径获得。最早增加的一部分藏书为 17 世纪初通过图书馆长雅克·奥古斯特·德·图（J. A. de Thou）获得的凯瑟琳·德·美第奇（Catherine de Medici）收藏的约 800 件手稿。1662 年，图书馆购买了拉斐尔·特里谢·杜·弗雷斯尼（Raphael Trichet du Fresne）收藏的约 1200 册书籍。1670 年，图书馆又收购了雅克·门特尔（Jacques Mentel）的医学图书馆，藏书近 1 万册。1672 年，图书馆的使者从近东归来，带回了约 630 件用希伯来文、古叙利亚文、科普特文、土耳其文、波斯文和希腊文书写的手稿。其中最具异域风情的一部分藏书是中国皇帝经一位归国的法国传教士赠送的 42 册中文书籍。此外，遍布欧洲的书商也不断送来书籍和手稿供选择，驻外外交官们亦从各地寄回礼物和购买的书籍，使得皇家图书馆的馆藏在数量和价值上不断攀升。

18 世纪晚期，皇家图书馆在国内其他图书馆的损失中得到迅速扩充。例如，1763 年，耶稣会士被驱逐出巴黎，其图书馆被查封，部分珍贵藏书转入皇家图书馆。1789 年，法国大革命爆发后，皇家图书馆一度因缺乏关注与资金而陷入困境，但不久后它被更名为"国家图书馆"，并接收了逃亡的贵族收藏的成千上万册书籍。随后，修道院、大教堂及教会学校的图书馆也遭查封，除重复书籍外，所有书籍均被收入国家图书馆，不需要的书则被销毁或分配至法国各地的公共图书馆。因此，尽管革命导致许多私人及宗教图书馆解散，却也为国家图书馆带来了许多珍贵藏书，并促进了市立图书馆的建立。此外，革命军队和拿破仑帝国军队还带来了国家图书馆规划、国家书目及全民图书馆服务的理念和理想。后来，他们还在欧洲其他地区夺取藏书，并将精选书籍带回国家图书馆。

19世纪的法国国家图书馆已跻身世界一流图书馆之列。1818年其藏书量接近100万册，1860年增至150万册，1908年印刷书籍已超300万册。随着藏书量的不断增加，图书馆面临的重组问题也亟待解决。1739年，身兼皇家图书馆馆长及科学院院长的让-保罗·比尼翁（Jean-Paul Bignon）神父将图书馆藏书分为四大主要类目：神学、教会法、民法和文学。1840年，图书馆开始进行全面重组，仅作者目录就已达到89卷。19世纪50年代，在建筑师亨利·拉布鲁斯特（Henri Labrouste）的指导下，图书馆几乎重建。19世纪后期，图书馆由利奥波德·德利尔（Léopold Delisle，1874—1907在任）悉心管理，尽管他在骨子里是一位中世纪学者，对手稿和古文字学研究情有独钟，但他还是为图书馆的现代化发展做出了巨大贡献，为世界各地的学者提供了便利。

第三部分：西方现代图书馆的发展

与法国国家图书馆在国际地位方面不相上下的还有大英图书馆，它曾是大英博物馆的一部分，如今已成为英国的国家图书馆。大英图书馆的历史不及法国国家图书馆悠久，早期的皇家藏书常在主人去世后就遗失了，但它在两个世纪中仍能迅速发展壮大。虽然大英图书馆在一定程度上源于皇家藏书，但其主要得益于许多私人图书馆的不断汇聚。早在 1556 年，学者兼科学家约翰·迪（John Dee）就向玛丽女王（Queen Mary）建议，应从亨利八世（Henry VIII）关闭的修道院中收集散失的手稿并建立皇家图书馆，但未成功落实。过了约一个世纪，约翰·杜里（John Dury）在《改革后的图书馆员》（*The Reformed Librarie Keeper*）中提出了类似的建议，而 1694 年理查德·本特利（Richard Bentley）在《建立皇家图书馆的提案》（*Proposal for Building a Royal Library*）中的阐述更为具体。或许受其启发，大英图书馆的雏形在 1700 年初见端倪：亨利·科顿爵士（Sir Henry Cotton）将珍贵的手稿和馆舍遗赠给国家，由威廉三世（William III）接管。1707 年，安妮女王（Queen Anne）允许皇家图书馆与科顿图书馆合并，但两馆多次搬迁，1737 年还遭遇火灾，始终未能向公众开放。

英国名副其实的国家图书馆建立于 18 世纪 50 年代。1753 年，皇家医生、著名书籍收藏家汉斯·斯隆爵士（Sir Hans Sloane）在遗嘱中表示，将他的图书馆和博物馆低价卖给政府，条件是妥善安置和维护。议会历经多次辩论，决定收购他的藏书，并拨款建馆。斯隆的图书馆藏书超过 5 万册，但被当时另一位私人收藏家罗伯特·哈利（Robert Harley）的光芒所掩盖，后者的藏书规模同样庞大，还有数以千计的册子和手稿。不幸的是，哈利去世时，他的许多藏书被出售，而手稿则被政府收购。1757年，英国国王乔治二世（George II）在这些书籍的基础上又添加了自己的藏书。1759年1月15日，大英博物馆在错落有致的豪宅蒙塔古宫（Montague House）中正式向公众开放。"博物馆"这个名称在当时十分贴切，因为斯隆的藏品包括数千件地质和植物标本，但多年来，图书馆的总体意义已经远超博物馆。

18世纪期间，尽管有几批小规模藏书进入大英图书馆，但馆藏的增长速度整体较为缓慢，直到拿破仑战争结束之后增长速度才有所提升。1817年，大英图书馆收购了查尔斯·伯尼（Charles Burney）的图书馆，其中包含约1.3万册书籍和500件早期希腊文和拉丁文手稿。伯尼馆藏中尤为珍贵的是17世纪至18世纪的英国报纸文件，这些报纸按时间顺序装订成册，并由伯尼本人编制了索引。1823年，乔治三世（George III）的藏书也被纳入其中，这使得大英图书馆的印刷书籍规模增加了一倍。新的图书馆建筑计划随之展开，首栋翼楼于1828年落成，当时馆藏已达20万册。按照原计划，新建筑为四边围合的大型四方建筑，但是在19世纪50年代，博物馆被改造成实心正方形，中心庭院被改造成环绕圆形阅读区的书架。一座全新的建筑开始兴建，预计将于20世纪90年代末开放。

大英博物馆曾有许多卓越的图书馆员和馆长，其中最具影响力的无疑是安东尼奥·帕尼齐爵士（Sir Antonio Panizzi），他于 1831 年加入该图书馆并担任助理馆员。因其精力充沛，兴趣盎然，1837 年被任命为印刷书籍保管人（Keeper of the Printed Books）。在他的管理下，大英图书馆赢得了全球管理最优良图书馆之美誉。他监督了 1838 年图书馆迁入新馆的过程，指导了 19 世纪 50 年代中心阅览室和书库的建设，编制了第一份完整的目录和相应的目录规则，落实了法定送存制度，并成功向议会争取到了扩充馆藏的专项资金，推动了印刷目录的编制。1856 年，他被授予"首席图书馆员"（Principal Librarian）的头衔，并一直担任该职务至 1868 年退休。他在图书馆事务上的领导能力广受认可，可称是当时最具影响力的图书馆员。

苏格兰和威尔士也有国家图书馆。苏格兰国家图书馆（National Library of Scotland）于 1925 年更名，其前身是 1682 年在爱丁堡创立的律师图书馆（Advocate's Library）。该图书馆最初是法律图书馆，但早期便开始专注于苏格兰文学与历史。1709 年，图书馆获得了在英国出版书籍的法定存放权，并在英国哲学家大卫·休谟（David Hume）的主持下，到 18 世纪中叶藏书已达约 3 万册。到 1900 年时，通过捐赠和资助，藏书量增长至近 50 万册。威尔士国家图书馆（National Library of Wales）位于阿伯里斯特威斯（Aberystwyth），成立于 1873 年，来源于两座私人图书馆，即威尔士外科医生约翰·威廉姆斯爵士（Sir John Williams）的图书馆和威尔士语学者爱德华·欧文（Edward Owen）的图书馆，以及威尔士大学学院（University

College of Wales）的图书馆。威尔士国家图书馆专注于威尔士语言与文学，几乎收藏了印刷术发明以来所有用威尔士文撰写或与威尔士相关的出版物。自1916年以来，威尔士国家图书馆自有馆舍，它同时也是威尔士大学图书馆，并且在国家图书馆系统（National Library System）中充当着威尔士地区图书馆的角色。

20世纪后期，世界上最大的国家图书馆可能是苏联的萨尔蒂科夫 - 谢德林国立公共图书馆（State Public Library named after M. E. Saltykov-Shchedrin），位于列宁格勒（今圣彼得堡），前身是圣彼得堡的俄罗斯帝国图书馆（Russian Imperial Library），即皇家公共图书馆。随着苏联解体，该图书馆更名为俄罗斯国家图书馆（Russian National Library）。与大英图书馆类似，该馆的收藏始于18世纪；又如同法国国家图书馆，它的起源也归功于战利品，即叶卡捷琳娜大帝（Empress Catherine）的军队夺取的波兰国家图书馆（Polish National Library）。波兰国家图书馆由安德烈亚斯·扎武斯基伯爵（Andreas Zaluski）和约瑟夫·扎武斯基伯爵（Joseph Zaluski）在1740年以前创立。其主要藏书为西欧语言作品，但亦包括一些俄文书籍和几乎所有用波兰文撰写的书籍。1740年，扎武斯基将图书馆正式移交给波兰政府，几年后作为波兰国家图书馆向公众开放。1794年，华沙被俄军攻陷，波兰被普鲁士、俄国和奥地利瓜分，该图书馆连同其中的25万册图书和1万件手稿作为战利品归属俄国。叶卡捷琳娜大帝去世后，该图书馆一度停滞，直到1800

年亚历山大·斯特罗加诺夫（Alexander Stroganoff）伯爵被任命为馆长。他将俄国政府拥有的多个小型馆藏收归馆内，使其成为一座有效的图书馆。早期收购的一批藏品是杜布罗夫斯基（Dubrovsky）的手稿集，由俄国沙皇政府派出的特使在法国大革命期间从巴黎购得。其中许多手稿最初存放在圣日耳曼德普雷修道院，更早则归属于科尔比修道院。1811年斯特罗加诺夫逝世后，A. N. 奥列宁（A. N. Olenin）接任帝国图书馆馆长一职，图书馆正式向公众开放。波兰国家图书馆原有的俄文书籍极少，这一不足通过1810年的一项法定送存法得以弥补，该法规定在俄国出版的每一本书都要向该图书馆缴送两份副本。奥列宁在预算有限的情况下，通过交换、购置和捐赠，大大扩充了图书馆规模，至1843年逝世时，他已将其建成一座名副其实的国家图书馆。

1849年至1861年期间担任俄罗斯帝国图书馆馆长的M. A. 科尔夫（M. A. Korf）伯爵推动了该图书馆的进一步发展。在他管理期间，他增加了约35万册印刷书籍和1.1万件手稿，以及大量的版画、照片、乐谱和地图。他还改造了图书馆大楼，彻底重组了图书馆，按照大英博物馆的总体规划将其划分为各个部门。更重要的是，科尔夫积极宣传该图书馆，提升其公众知名度，使其不仅规模不断扩大，而且使用率和公众评价也显著提升。到1860年时，它已成为欧洲仅次于法国国家图书馆的第二大图书馆。19世纪，该图书馆稳步发展，终于在1901年落成了一座新馆。

欧洲国家图书馆领域的另一位后来者是柏林的德意志帝国图书馆（German Imperial Library）。1661年，普鲁士大选帝侯腓特烈·威廉（Frederick William）的私人图书馆对外开放，但图书馆位于宫殿一座几乎无法进入的翼楼，规模也不大。在腓特烈·威廉去世前，他的藏书已超过2万册，由其图书馆员克里斯托弗·亨德里希（Christoph Hendreich）进行分类编目。1699年，法定送存制度被采用，这将推动图书馆在收藏普鲁士印刷作品方面的发展。在普鲁士国王腓特烈·威廉一世（Frederick William I）的统治下，图书馆在1740年时藏书量达到了约7.5万册，而在腓特烈大帝（Frederick the Great）的统治下，到1790年时，藏书量则增加到约15万册。1780年，图书馆迁入新馆，此后，通过对数座重要的私人图书馆藏书的购买或接收这些图书馆的捐赠，藏书量迅速增加。

1810年，腓特烈的图书馆被划归普鲁士文化部（Prussian Department of Culture），因而脱离了国王的直接控制。从此，馆藏的增加变得更加系统化，并且直到1831年，这座国家图书馆同时也充当着柏林大学的图书馆。1817年至1840年间，弗雷德里希·威尔肯（Frederich Wilken）担任馆长，这一时期馆藏显著增加，超过30万册。19世纪70年代，德国的政治统一为先前的普鲁士国家图书馆（Prussian National Library）赋予新的意义，该图书馆因此更名为德意志帝国图书馆。由于新成立的德意志帝国中还有其他更大的图书馆，比如巴伐利亚、萨克森和汉诺威这些地区先前的国家图书馆，所以帝国图书馆专注于收藏来自世界各地的外文出版物。到1890年时，帝国图书馆的馆藏已超过80万册，而在1909年迁入新馆时，其馆藏已超过125万册，其中包括世界上最优秀的一批古籍（incunabula），以及3.3万余件手稿。

德国还有一些州立图书馆，它们在许多方面也堪称"国家"图书馆。例如，位于慕尼黑的巴伐利亚州立图书馆（Bavarian State Library）历史更为悠久，其规模一度超过普鲁士国家图书馆（Prussian State Library）。这座图书馆于16世纪由巴伐利亚公爵阿尔布雷希特五世（Duke Albrecht V）的图书馆改建而成，而后又吸纳了纽伦堡的施德尔图书馆（Schedel Library）和奥地利的J. J. 富格尔（J. J. Fugger）的藏书，馆藏数量不断增加。19世纪时，巴伐利亚的许多修道院和教会图书馆也并入州立图书馆，使其成为欧洲手稿和古籍的宝库之一。至20世纪，该图书馆的藏书已超过100万册。

意大利和德国一样，拥有几座国家图书馆，其中包括两座国立中央图书馆（National Central Library），分别位于罗马和佛罗伦萨。佛罗伦萨国立中央图书馆始建于1747年，其主要藏书是安东尼奥·马格利亚贝基（Antonio Magliabecchi）于1714年捐赠给佛罗伦萨的3万册图书。马格利亚贝基是一位著名的藏书家，曾为托斯卡纳公爵（Duke of Tuscany）担任图书馆员，他留下的书籍用于造福"佛罗伦萨的穷人"。18世纪下半叶，被封锁的几座修道院的书籍被添加到该图书馆；19世纪，伴随着大量的捐赠和遗赠，藏书量不断增加。到1859年时，藏书量已接近10万册，手稿超过3000件，但该图书馆更像是一座珍本博物馆，而非公共图书馆。1861年意大利王国（Kingdom of Italy）成立后，佛罗伦萨图书馆（Florence Library）与托斯卡纳大公组建的帕拉蒂纳图书馆（Palatina Library）合并，成为国家图书馆。此后，藏书迅速增加，到1930年时，该图书馆已收藏了超过200万册印刷书籍、2.2万件手稿，以及成千上万份信件、乐谱、地图和短效藏品。

罗马的维托里奥·埃马努埃莱图书馆（Victor Emmanuel Library）同样被指定为国立中央图书馆，此外，意大利还有位于巴里、米兰、那不勒斯、巴勒莫、都灵和威尼斯的6座国家图书馆。该图书馆于1876年开放，其最初的大部分藏书是从1873年关闭的修道院和宗教场所中查获的。与维托里奥·埃马努埃莱图书馆密切相关的是卡萨纳特图书馆（Biblioteca Casanatense），后者是一座捐赠而成的图书馆，馆藏约有30万册，重点收藏中世纪历史和神学方面的作品。

米兰的国家图书馆可追溯至1763年，当时意大利伯爵卡洛·佩图萨提（Carlo Pertusati）的私人图书馆被政府收购并向公众开放。该图书馆得到了奥地利女皇玛丽亚·特蕾莎（Maria Theresa）的赞助，并通过她的支持获得了多笔大额捐赠。进入19世纪后，该图书馆稳步发展，重点收藏了意大利戏剧和伦巴第历史方面的书籍。威尼斯的国家图书馆是著名的圣马可图书馆，最初由枢机主教贝萨里翁于1468年捐赠藏书而建立。虽然该图书馆只藏有大约80万册印刷书籍，但其收藏的约1.3万件手稿是无价之宝，其中包括一些最稀有的中世纪早期的抄本。都灵的国家图书馆是最新获得此称号的图书馆之一，它曾经是1720年成立的大学图书馆。该图书馆位于一座18世纪的宫殿中，其经过改造以适应图书馆的功能。那不勒斯的国家图书馆成立于1804年，基于枢机主教塞里潘多（Seripando）的私人图书馆。该图书馆现位于一座先前的皇家宫殿内，藏书量达到150万册，还有1万件珍贵手稿。整体而言，意大利的国家图书馆既是文化遗产，也是一笔财富，可与西方任何国家的国家图书馆媲美。

北欧较小的国家都设有国家图书馆，东欧和巴尔干半岛的国家也是如此。从很多方面来看，它们的历史与20世纪席卷欧洲的大战有着千丝万缕的联系，因此本书第11章将对它们进行更为详细的介绍。

欧洲的国家图书馆以图文并茂的形式共同构成了辉煌的文化遗产。从定义上看，这些图书馆的角色具有民族主义特征，它们致力于收集、组织和保存反映自己国家历史的图文记录和文物。它们往往是各国最令人印象深刻的图书馆，而像法国的比尼翁神父和英国的安东尼奥·帕尼齐爵士这样的国家图书馆馆长，必将跻身历史上最有影响力的图书馆员。

国家图书馆的核心职能确保了它们即使在最困难的时期也能生存下来。它们享有法定送存特权，规定在本国出版或有版权登记的每一本书都应在国家图书馆存入一份副本。此外，它们通常还能获得政府的大力支持，也能够要求大规模的慈善捐助，而这是大多数大学图书馆和公共图书馆无法实现的。

国家图书馆的管理通常体现了一个主要目标——收集和保护国家的文化遗产。因此，国家图书馆特别重视材料的获取和保存。这也解释了为什么国家图书馆被称为伟大的研究图书馆和文献中心，以及在使用政策上较为保守，与其他图书馆事务保持一定的距离。

尽管如此，需要强调的是，第一次世界大战是两场对欧洲图书馆界产生巨大影响的战争中的第一场，当这场战争爆发时，许多伟大的国家图书馆已经建立起来，它们拥有欧洲最为丰富的藏书。

1500年以来的欧洲大学图书馆

到1500年时，欧洲的大学已经建立得相当完善。尽管各国甚至各院校之间在组织形式上差异甚大，但总体而言，大学在那个时代形成一股强大的文化影响力，是连接中世纪与现代的桥梁。图书馆的状况在不同大学之间也大相径庭。在一些大学中，设有大型的中心或大学图书馆；而在另一些大学中，各个学院的图书馆同等重要，中心图书馆极少或根本不存在；还有一些则侧重于教职工或院系图书馆。无论如何，早期的大学社区都极度依赖那些"文具商"，即聚集在校园周围的书商和书籍出租者。

1500年以后，图书馆的规模显著扩大。其原因之一当然是印刷术的发明，它使得大量廉价书籍得以流通。另一个原因则是可以获取被封锁的修道院的书籍和手稿资源。在16世纪至19世纪的欧洲各地，不同时期都有修道院被关闭，在许多情况下，修道院的文学宝藏最终被摆上了大学图书馆的书架。这些资料大多为神学类作品，十分稀有且学术性强，但重要的是，它们被保存于可以实际使用的图书馆中，并得到了充分的利用。

在巴黎大学中，最重要、规模最大的学院图书馆是索邦图书馆。到15世纪末时，其藏书约有2500册，多为手稿。与大学同命运，索邦图书馆也经历了接连的繁荣和衰落，其藏书量逐渐增加。到1789年法国大革命爆发时，其藏书约有2.5万册印刷书籍和2000件手稿。1792年巴黎大学关闭，1795年索邦图书馆的藏书被没收并重新分配，印刷书籍归入公共图书馆，手稿则转入国家图书馆。拿破仑时期结束后，巴黎大学重新开放，建立了新的索邦图书馆（Bibliothèque de la Sorbonne），1861年更名为巴黎大学图书馆（Bibliothèque de l'Université）。此后，图书馆规模稳步扩大，到1990年时，图书馆所有部门的藏书量已接近100万册。1897年，索邦图书馆迁入新址，配有一间可容纳300人的阅览室和两间5层楼高的书库。

除了现在作为文理学院图书馆的索邦图书馆，还有法学院、医学院和药学院的图书馆，以及圣日内维耶图书馆（Bibliothèque Ste. Geneviève）和新设立的科学图书馆——奥赛图书馆（Bibliothèque d'Orsay）。医学院图书馆可追溯至14世纪末，1500年时藏书仅有1110册左右。当时，馆内将最常用的书籍用锁链固定在阅览桌上，这套系统沿用了近三百年。法国大革命期间，医学院图书馆在一定程度上有所受益，因为它与皇家医学会（Royal Society of Medicine）的图书馆合并，整体迁入新馆供医学院使用。至1900年，馆藏约18万册，该图书馆成为欧洲最优秀的医学院图书馆之一。法学院图书馆创立于1772年，至1990年藏书约8万册；药学院图书馆始建于1882年，1900年时已拥有约5万册藏书。

目前隶属于巴黎大学的最古老的图书馆是圣日内维耶图书馆，该图书馆可追溯到12世纪，原为圣日内维耶修道院图书馆，其规模一直较小，直到16世纪才有所扩大。到1710年时，该图书馆藏书约4万册，作为一座半公共图书馆，它以对"所有诚实的求访者"开放而闻名。据说，当时的那位图书馆员和现代的图书馆员一样面临人手不足的问题，因为他报告称，十七年前收到的一批赠书至今仍未编目。尽管在法国大革命期间，圣日内维耶图书馆的一些稀有手稿丢失了，但该图书馆作为一个整体幸存了下来，到1860年时，藏书已超过16万册书籍，还有5000件手稿。该图书馆多年来都是独立管理的政府图书馆，之后被划归巴黎大学管理，其丰富的历史和社会科学馆藏成为大学图书馆系统中最具价值的组成部分。

巴黎还有大约30座其他重要的学院和大学图书馆，另有几百座分布在法国其他地方。早期的法国大学大多与教会有关，它们在法国大革命时期便不复存在，因此多数现代高校创办于19世纪，尤其是在19世纪70年代法兰西第三共和国（French Third Republic）时期。

第三部分：西方现代图书馆的发展

直到19世纪，英国实际上只有两所大学——剑桥大学和牛津大学。这两所古老学府的图书馆早在1500年时便已有数百年历史，但随后一个世纪的宗教冲突给它们带来了沉重打击。1537年，亨利八世下令解散修道院和宗教团体，开启了图书馆史上最悲惨的篇章之一。因对罗马教会心怀不满，并嫉妒英格兰教会的财富和影响力，亨利八世下令关闭修道院，将其财产分配给自己的亲信。历史上常见的戏码再次上演，修道院的宝贵图书馆遭到破坏，仅仅因为它们被安置在遭受攻击的修道院中。结果，成千上万的珍贵且无可替代的书籍和手稿被肆意毁坏。最初，大学图书馆从一些关闭的修道院图书馆中获益，但随后它们的内容也被"审查"。不少书籍被国王的特使没收后当成废纸卖掉，不过也有一些落入欧洲大陆的收藏家之手，少数书籍则被英格兰的书商保存下来。16世纪50年代，爱德华六世（Edward VI）的皇家委员会成员几乎彻底摧毁了剑桥大学和牛津大学剩余的藏书，甚至将牛津大学图书馆的书架都拆除并出售。此次清洗后，英格兰仅有少数古老的大教堂图书馆幸存。当时的作家约翰·贝尔（John Bale）虽赞同解散修道团体，却对图书馆的毁灭深表痛心：

> 若每个郡至少保留一座图书馆来保存那些珍贵的著作，那倒也罢了。但如此毫无顾忌地尽数毁掉，将永远是英格兰最可怕的耻辱。

牛津大学的中心图书馆在1598年至1602年间重获新生，当时不知疲倦的托马斯·博德利（Thomas Bodley）为其重新添置了图书馆的两个必需品：书架和书籍。博德利曾多次以普通公民和政府特使的身份前往欧洲大陆，他知道最好的书籍和手稿来源。托马斯·詹姆斯（Thomas James）被选为新图书馆的第一任图书馆员，该图书馆后来被称为博德利图书馆。詹姆斯于1605年发布了第一份印刷书目，列出约2000种书籍。博德利于1613年去世时，进一步资助了图书馆，自那时起，其发展便不断推进。牛津大学的一些学院图书馆在16世纪中期的清洗中幸存下来，其他的则被重建，随着新学院的成立，每个学院也开始拥有自己的图书馆。沃德姆学院（Wadham College）成立于1612年，次年建立了图书馆。彭布罗克学院（Pembroke College）成立于1624年，开办之初便拥有图书馆。博德利图书馆于1612年迁入一栋新的、独立的图书馆大楼，几座学院图书馆也获得了新的场所，要么在独立的建筑中，要么在教学楼的侧翼或大厅中。到1620年时，博德利图书馆的馆藏已达1.6万册，到1700年时，其馆藏几乎达到3万册。

17世纪，牛津大学图书馆获得了两项重要的捐赠：一项是大主教劳德（Laud）赠送的1300件手稿，另一项是律师约翰·塞尔登（John Selden）捐赠的8000册藏书。1714年，内科医生约翰·拉德克利夫（John Radcliffe）出资建立了一座科学和医学图书馆，并为其建造了专属建筑。19世纪中叶，该图书馆和建筑被转交给博德利图书馆的受托人，并成为主图书馆的一部分。到 1900 年时,牛津大学图书馆的藏书已超过 80 万册,手稿达 4.1 万件。

尽管剑桥大学图书馆在 16 世纪的境况比牛津大学图书馆略好,但到 1582 年时,剑桥大学的中心图书馆仍只有 300 册印刷书籍和 150 件手稿。此外,剑桥大学并没有像托马斯·博德利爵士这样的捐助人。1660 年查理二世复辟后,剑桥大学受到了皇室的关注,图书馆也获得了几位国王友人的珍贵礼物和遗赠。1666 年,亨利·卢卡斯(Henry Lucas)向剑桥大学捐赠了 4000 册藏书,主教托比亚斯·鲁斯塔特(Tobias Rustat)捐赠了 1000 英镑用于购书。1755 年,剑桥大学图书馆迁入新馆,尽管 19 世纪下半叶以前的增长并不显著,但到 1900 年时,其藏书量已接近 100 万册。剑桥大学的学院图书馆也稳步发展,其中几所学院在 17 世纪获得了独立的图书馆建筑。19 世纪后期,在克里斯托弗·雷恩爵士(Sir Christopher Wren)设计的建筑中,三一学院拥有一座藏书超过 9 万册的图书馆,而其他学院的图书馆规模较小。这些学院图书馆也在多年间获得了不少重要的藏品,其中最著名的是塞缪尔·佩皮斯(Samuel Pepys)赠予麦格达伦学院(Magdalen College)的图书馆。

尽管几个世纪以来牛津大学和剑桥大学一直是英格兰仅有的两所大学,但苏格兰和爱尔兰也建立了其他大学。格拉斯哥大学成立于 1453 年,几乎从一开始便拥有一座颇具声望的图书馆,而大约同时期创立的圣安德鲁斯大学(University of St Andrews)则在 1610 年才建立起中心图书馆。1583 年,爱丁堡大学（University of Edinburgh）的图书馆成立，其主要得益于富商兼律师克莱门特·利特尔（Clement Little）捐赠的资金和书籍。苏格兰的第四所大学位于阿伯丁，成立于1500年之前，但其最早的图书馆记录要追溯到17世纪30年代，其藏书规模和重要性一直难以企及其他大学的图书馆。在爱尔兰，都柏林圣三一学院的图书馆始建于1601年，当时英国军队在金塞尔战役（Battle of Kinsale）中战胜爱尔兰人后赠送了一批书籍。到1604年时，该图书馆藏书已达4000册，此后不断扩充，最终成为爱尔兰最重要的图书馆之一。后来的爱尔兰总主教詹姆斯·厄谢尔（James Ussher）引领了该图书馆早期的扩展，1655年去世时他将自己的7000册藏书和600件手稿留给了图书馆。此后多年间，该图书馆还收到了其他重要捐赠，到1900年，它已拥有超过30万册书籍和2000件手稿。与大英图书馆、苏格兰和威尔士国家图书馆，以及牛津大学和剑桥大学的图书馆一样，都柏林圣三一学院（Trinity College Dublin）图书馆也享有获得英国出版物法定送存的权利。

在德国，有几座大学图书馆在1500年之前就已成立，包括科隆、爱尔福特、弗赖堡、格赖夫斯瓦尔德、海德堡、莱比锡、慕尼黑、罗斯托克和蒂宾根的大学图书馆。16世纪又新建了马尔堡、维尔茨堡、柯尼斯堡、维滕贝格和耶拿的大学图书馆。这些图书馆起初规模较小，但随着学院和研究所图书馆的增设逐渐扩大，常通过接收被封禁的多明我会修道院的藏书而建立或扩充。16世纪的宗教战争对一些图书馆造成了灾难性的打击，但也对另一些图书馆有所裨益。在17世纪的三十年战争（Thirty Years' War）中，许多德国图书馆被入侵的军队洗劫，到1700年时，大学和图书馆都陷入低谷。然而，18世纪的情况有所好转，例如哥廷根大学（University of Göttingen）的图书馆从1737年的1.2万册藏书扩充到1800年的15万册藏书。尤为重要的是耶稣会机构的关闭，这导致了许多藏书在18世纪70年代被转移到各个大学图书馆中。

虽然法国大革命和拿破仑战争给德国大学带来了更多的动荡，但它们很快就克服了这些障碍。19世纪，不仅中心图书馆的馆藏规模不断扩大，各个独立的学院、科系和研究所的图书馆也同样如此。到1875年时，哥廷根、海德堡、莱比锡、布雷斯劳和斯特拉斯堡的大学图书馆各有藏书30万至40万册，成为世界上最优秀的一批研究图书馆。这些图书馆不仅馆藏丰富，而且图书馆员被公认为新兴图书馆行业的领导者，成为其他地区和后世的图书馆员学习的典范。许多图书馆学的新理念要么源于德国图书馆，要么迅速适应了德国的需求。19世纪中叶，哥廷根具有突出影响力，许多杰出的美国学者在那里学习后返回美国，他们坚信美国的大学及其图书馆应按照德国的模式发展。随着19世纪70年代德国的统一，大学图书馆继续蓬勃发展，很快就需要修建新的建筑来容纳迅速增加的图书馆藏书。

在意大利，虽然中世纪的大学开始设立并繁荣发展，但自1500年以来的进展却远不及最初的美好愿景。尽管1500年意大利有15所实力雄厚的大学，并且在16世纪又增加了几所，但随即便进入了一段衰退期，1900年以前几乎再没有新的大学出现。在大多数意大利大学中，中心图书馆的建立往往晚于大学的建立，甚至有些大学根本没有建立中心图书馆。相反，学院和科系图书馆被迫承担起意大利大学的大部分图书馆服务，其中许多图书馆规模庞大且价值不菲。帕多瓦大学直到1629年才建立中心图书馆，而博洛尼亚大学（University of Bologna）则直到1712年才建立中心图书馆，但后来的大学，如墨西拿大学（University of Messina）和萨萨里大学（University of Sassari）等，则从一开始就设有中心图书馆。中心图书馆的馆藏主要是通过捐赠而非计划购买而扩充，这在一定程度上解释了其不受欢迎的原因。

意大利的大学图书馆在16世纪和17世纪受到的战争影响可能比北欧的大学图书馆要小，但其发展速度却很慢。即使到19世纪时，馆藏通常也不足10万册，而且在很多情况下，这些藏书虽是宝贵的研究材料，对普通学生来说却用处不大。缺乏工作人员、馆内空间拥挤以及组织管理不善等情况也加剧了意大利图书馆面临的问题。19世纪60年代国家统一后，教育更加受到重视，大多数大学被纳为国家机构。进入20世纪初，意大利图书馆稳步增长，而且在第一次世界大战中几乎没有损失。

在俄国，大学图书馆的情况截然不同。俄国的大学起步较晚，发展缓慢，直到20世纪才有显著增长。然而，自俄国革命（Russian Revolution）以来，大学图书馆无论在规模上还是数量上都取得了长足的进步，彼时已成为苏联整个图书馆体系中的

第三部分：西方现代图书馆的发展

重要组成部分。俄国本土最古老的大学是由米哈伊尔·瓦西里耶维奇·罗蒙诺索夫（M. V. Lomonosov）于 1755 年创立的莫斯科大学（University of Moscow）。19 世纪，俄国在圣彼得堡、喀山、哈尔科夫、基辅、多尔帕特以及敖德萨等地也建立了大学。19 世纪早期，大学图书馆普遍规模较小，中心图书馆通常由学生和院系的独立图书馆补充。莫斯科大学图书馆发展最为迅速，获得了上百座私人图书馆的大量捐赠。喀山大学图书馆（University of Kazan Library）有幸在 1825 年至 1835 年间由数学家尼古拉·罗巴切夫斯基（Nikolai Lobachevski）担任图书馆员，一举成为俄国当时组织最完善的图书馆，具备完整的目录以及尼古拉本人设计的分类系统。1834 年，图书馆迁入新馆，不久后便建立了卡片目录系统——欧洲最早的目录之一。

俄国大学图书馆在 19 世纪末的迅速发展，可从其藏书量在 1876 年至 1910 年间的飞速增加中一窥端倪。在此期间，莫斯科大学图书馆的藏书从 1.5 万册左右增至 30 万册以上，其他图书馆的藏书量也相应增加：圣彼得堡国立大学图书馆的藏书从 5 万册增至 12.5 万册；多尔帕特大学（今塔尔图大学）图书馆的藏书从 12.5 万册增至 40 万册，敖德萨国立大学图书馆的藏书从 4 万册增至 25 万册，喀山大学图书馆的藏书从 10 万册增至 24.2 万册。到第一次世界大战前夕，俄国已有 13 所主要大学，共拥有约 300 万册藏书，可供 4.3 万名学生使用。这还未包括除中心图书馆藏以外的其他图书馆。

在此处讨论的这段时期内，欧洲的大学图书馆稳步发展。

最初，图书馆的藏书规模很小，仅支持有限的学术项目。而到1900年时，它们已成为"大学的核心"，彼时大学的新目标是通过原创研究追求真理，而大学图书馆旨在为此目标提供重要支撑。印刷术的发明和广泛且有序的书籍贸易的发展，极大地促进了书籍和其他材料的收集。随着藏书的增加，图书馆的管理人员逐渐发现，他们越来越多的时间被花在了藏书的获取、整理与利用等相关事务上。

如今，书籍随处可见，不再被"藏书狂"收藏，人们开始将书籍视为可用的工具，而不仅仅是需要保存或谨慎查阅的文物。随着时间流逝，17世纪初那些将书籍用锁链固定的"锁链图书馆"逐渐被取代，图书馆不仅允许教职员工和学生在馆内查阅馆藏资源，有些甚至允许将书籍借出馆外。

随着馆藏规模的迅速扩大和更为宽松的借阅政策所带来的藏书使用频率的增加，图书馆员不得不花更多时间思考如何妥善安置和组织藏书。图书馆的组织通常依赖于书架清单或藏书清单作为库存记录，同时还会为读者出版印刷的主题目录。到1900年时，图书馆的规模不断扩大，读者对改进馆藏访问方式的需求愈加迫切，这就促进了卡片目录的出现，这种目录通常分为按字母顺序排列的作者目录和分类或主题目录。

人们研究了书籍分类方案，并在19世纪下半叶迎来了诸多重大进展，其中不少源自美国。到1900年时，许多大学图书馆都拥有自己的建筑，并引以为傲，然而，欧洲大学的一个显著特点是每所学校里仍保留着一些相对独立的院系图书馆；相较之下，欧洲大学图书馆很少表现出美国大学图书馆普遍存在的集中化特征。更为重要的是，大学逐渐演变为学术研究和学者教育的主要中心，这一转变赋予了大学图书馆更为艰巨的使命，以满足日益复杂和苛刻的用户的研究需求。

公共图书馆的兴起

尽管学术图书馆在欧洲各地经历了从"珍宝库"到实用研究中心的相对稳定的发展，但在同一时期，公共图书馆的发展却难以找到这种一致性。

这里存在一个问题，在此处讨论的这个时期内，"公共"一词在欧洲以及在美国的定义多种多样。在一些国家，"公共"仅仅意味着"非私人"，而在另一些国家，它的含义更接近现代美国和英国的用法：在平等的基础上对所有人开放，由公共税收资金支持，并作为公共信托财产进行管理。

此外，图书馆史研究者必须牢记，政府往往对公共图书馆表现出浓厚的兴趣，而这种兴趣鲜少出于利他之心。换言之，通常政府参与公共图书馆事务是因为他们认为图书馆在政府的运作下可能发挥积极作用。这种参与在欧洲的不同国家有不同的考虑。在许多国家，尤其是极权主义国家，其目的在于选择性地传播被认为有助于国家持续性发展的信息。而在其他国家，特别是倾向于民主政治风格的国家，则强调信息的自由流动。因此，欧洲公共图书馆的发展在历史画卷中呈现出复杂而多样的图景。

在讨论公共图书馆的发展历程之前，有必要首先界定我们所说的"公共图书馆"。首先确定的是，国家图书馆在后来的几个世纪里是公立的，尽管它们最初可能是国王或贵族的私人图书馆。此外，许多大学都归政府所有，后来几乎所有的大学都是如此，因此至少它们在所有权上是公共的，而且许多大学也对公众开放。另一方面，许多私人图书馆也向公众开放，或者至少向学者开放。我们今天所说的公共图书馆是指一般性图书馆，不仅由政府所有、由税收支持，而且对任何希望使用其资源的公民开放。更具体地说，我们所说的公共图书馆是指市立或地区的流通图书馆。从狭义上讲，公共图书馆直到19世纪后期才出现在欧洲的舞台上，在许多方面，它们具有一种20世纪的发展特征。然而，在这一时期，欧洲的大多数大城市都有公共参考图书馆，因此在讨论欧洲公共图书馆史时，必须承认此类图书馆的存在，否则我们的研究就是不完整的。

这些公共参考图书馆的起源多种多样——有些是私人图书馆的赠送，有些是将修道院或大教堂的图书馆转为公用，有些则是作为专门图书馆而建立的。无论其起源如何，1500年至1900年间此类图书馆的发展通常是缓慢的。在和平与繁荣时期，图书馆会有所进展，而在战争或宗教冲突时期，藏书经常被毁坏或遗失。此类图书馆虽然有一些位于建筑优雅的环境中，但通常条件简陋，负责人往往是缺乏经验或兴趣的"图书管理员"，而非专业的图书馆员。图书馆开放时间有限，馆藏多为学术性内容，所以没有多少人使用。能够将公共图书馆视作超越古董藏品的图书馆员实属凤毛麟角。

法国公共图书馆的历史颇具代表性。在16世纪，一些大城市建立了许多城镇图书馆，但它们的藏书也只是市政厅的参考书。里昂在1530年建立了"市立图书馆"（Bibliothèque de la Ville），而亚琛则在1556年设立了类似的图书馆。馆中大多是神学藏书，通常来自当地的修道院或教堂，馆舍条件简陋，藏书的使用频率也不高。巴黎则拥有多座半公共的图书馆，比如马扎然图书馆，以及其他与教堂和学院相关的图书馆。但在法国大革命之前，法国其他地方几乎没有公共图书馆服务。

1789年至1815年间，法国大革命和拿破仑时代相继而来，随之到来的是社会经济革命，它们对图书馆和教育机构产生了巨大的影响。1789年，法国大革命刚开始，所有宗教图书馆被宣布为国家财产，书籍和手稿统统被没收。1792年，大革命开始后不久，逃离法国的贵族和其他公民的书籍被全面没收。据估计，约有800万册书籍被没收，集中在法国的几个书籍储存点。虽然在这一过程中许多书籍遗失或损坏，但数十万册更有价值的书籍最终进入了国家图书馆，其余的则被留作在法国各地建立新的地区图书馆之用。这些图书馆中的大多数实际上已经建立，至少名义上是这样的，但分配给它们的书籍往往在仓库里搁置多年，即使在图书馆开放时，也管理不善，使用率极低。有的时候，这些书籍还会被卖掉，所得款项被挪作他用。到19世纪20年代时，法国较大的城市已经建立了规模相当可观的市立图书馆，但通常馆舍条件较差。例如，亚眠在法院楼上存放了4.6万册书籍，而鲁昂则在市政厅的二楼存放了4万册书籍。

在19世纪30年代，法国尝试将成人公共图书馆设立在公立学校里，但这一向法并未流行起来，大多数成年人继续阅读从借阅图书馆购买或获取的书籍。18世纪起源于英国的订阅图书馆在法国也有类似的模式，但在巴黎和大城市之外并不成功。1850年后，巴黎开设了一些由公共资金支持的"大众"图书馆。到1908年时，这类图书馆约有80座。虽然没有中心公共图书馆，但藏书是集中管理的。大多数图书馆的馆藏仅有几千册，存放在租用的房间或市政建筑的闲置区域。这些图书馆每周仅开放几个小时，只覆盖一小部分公众。

1904年，试图将美国和英国的公共图书馆理念引入法国的尤金·莫拉尔（Eugene Moral），发表作品并有所行动，刺激法国的公共图书馆服务迈向新台阶。这使大众图书馆的数量和读者有所增加，例如1914年之前在巴黎郊外的塞纳省（Department of the Seine）建立了约50座社区和乡村图书馆。然而，这些图书馆几乎完全以娱乐性阅读为主，仅覆盖少数成年人。第一次世界大战前夕的一项法国公共图书馆调查显示，那里的图书馆状况堪忧。不幸的是，尚未进行任何改善，战争就爆发了。

在英吉利海峡对岸的大不列颠，公共图书馆的发展与法国的情况截然不同。16世纪初，由于修道院的关闭及其藏书的散失，图书馆遭受了巨大的损失。17世纪见证了大学图书馆的复兴以及一些著名的教堂图书馆和私人图书馆的壮大，但在公共图书馆服务方面进展甚微。虽然在17世纪成立了几所市立图书馆，但它们难以被称为现代意义上的公共图书馆。大多数图书馆都是名人的遗产。以诺里奇为例，其在1608年获得了一批藏书，其中一些原始卷册至今仍存放在诺里奇公共自由图书馆（Norwich Free Public Library）。1615年，在托比·马修博士（Dr. Toby Matthew）和罗伯特·雷德伍德（Robert Redwood）的捐赠和努力下，布里斯托尔开设了一座城市图书馆。莱斯特的公共图书馆可以追溯到1632年，曼彻斯特的切塔姆图书馆（Chetham Library）则是由汉弗莱·切塔姆爵士（Sir Humphrey Chetham）于1653年赠送的。这些早期图书馆的藏书以神学或古典作品为主，通常不允许借阅，因此使用率极低。在某些情况下，图书甚至被存放多年。到了17世纪后期，一些教区的教堂开始提供小批捐赠而来的藏书供公众使用，而私立的文法学校也开始初步尝试建立图书馆。

在18世纪，公立图书馆有所增加，但图书馆服务的三大主要补充力量是教区图书馆、订阅或社团图书馆，以及流通图书馆。教区图书馆的建立主要归功于托马斯·布雷博士（Dr. Thomas Bray），17世纪末，布雷博士参与了"海外福音传播协会"（Society for the Propagation of the Gospel in Foreign Parts）的创建。该组织主要致力于为美洲的英国殖民地提供牧师，但布雷博士更进一步，试图为这些牧师及其教区提供宗教培训和启发类书籍。他发现许多英国本土的教区需要同样的支持，于是他和同伴们在英国各地的教区创建了类似的图书馆。这些教区图书馆里几乎全部是神学书籍，规模小，经常被忽视，完全没有过度使用的担忧，但它们为当地牧师提供了专业读物，或许也为少数教区居民提供了相对晦涩的阅读材料。

商业性的流通图书馆则截然不同。这类图书馆由书商及其他商人创办，完全以营利为目的。据说爱丁堡早在1725年便已有流通图书馆，而伦敦及其他大城市在1750年以前也已有类似机构。这些"图书馆"今天被称为租赁图书馆，但是它们向大众或至少那些能支付少许费用的人提供了广受欢迎的读物。至1800年，不列颠群岛的大部分大型城镇均设有流通租赁图书馆，其中一些甚至在20世纪仍在盈利。这些图书馆的租金通常很少，每月不超过1先令①。伦敦的威廉·莱恩（William Lane）是流通图书馆创始人中最具进取心的一个。他建立了遍布各地的连锁书店，并设有流通图书馆，通过出版书籍、虚构类和流行的非虚构类读物来填补这些书店的空缺。查尔斯·爱德华·穆迪（Charles Edward Mudie）在19世纪创立了穆迪流通图书馆（Mudie's Circulating Libraries），仅在伦敦就一度拥有超过2.5万名订阅者。这些图书馆公然迎合中下层阶级对浪漫和情欲的追求，被剧作家谢里丹（Sheridan）称为"邪恶知识的常青树"，引发了保守派越来越多的抨击，他们担心这些图书馆会助长大众道德的不正之风。平装书和公共图书馆在20世纪几乎取代了

---

① 先令（Shilling）是英国的旧辅币单位，在1971年英国货币改革时被废除。——编者注

商业性的流通图书馆，但是"两便士图书馆"在20世纪初依然很流行。

18世纪下半叶，订阅图书馆逐渐发展，这是早期更为松散的"读书俱乐部"的自然延伸。社区中较富裕的读者群体会组成"讲习会"（lyceum）或"读书会"（reading society），并拥有一座仅供会员使用的图书馆。共享阅读需要收费，会员按月或年付费。这类图书馆的读物通常比流通图书馆质量更优。苏格兰邓弗里斯的社团图书馆约在1745年创办，利物浦讲习会则约始于1758年。至1900年，订阅图书馆已比比皆是。

这些图书馆通常设在租用的大厅或房间内，由管理员在特定时间值班，但到19世纪中叶时，不少图书馆已经拥有了自己的馆舍。其中一些图书馆颇具规模，并在1850年之前提供了大部分的"公共图书馆"服务。最著名也是最成功的订阅图书馆之一是伦敦图书馆，该图书馆成立于1841年，卡莱尔（Carlyle）是其创始人之一。到世纪之交时，该图书馆已收藏超过50万册图书，至今仍焕发活力。另一座幸存下来的重要图书馆是利兹图书馆，它创立于1768年，在其漫长的存续期间，订阅人数始终控制在500人以内。

为了帮助那些负担不起图书馆订阅费用的工人和小商贩，善良人士和慈善团体成立了"机械工人协会"，其服务包括以小额租金提供职业和励志书籍的图书馆。之后，虚构类和更受欢迎的非虚构类书籍也被添加进来。这类图书馆中最早的一座可能是1795年成立的伯明翰工匠图书馆（Birmingham Artisans'

Library）。成立于1823年的格拉斯哥机械工人协会（Glasgow Mechanics' Institute）不仅设有图书馆，还开设课程，后来成为一个公认的教育机构。其他的机械工人协会图书馆分别为1821年成立于爱丁堡的图书馆、1823年成立于珀斯和利物浦的图书馆，以及1824年成立于阿伯丁和伦敦的图书馆。这一理念传播到了较小的城镇，到1850年时，报道称不列颠群岛已有近700座此类图书馆。虽然其中一些只存在了几十年，但大多数最终成为公共图书馆，或者在《公共图书馆法案》（*Public Libraries Act*）通过后将其所藏书籍捐赠给当地的公共图书馆。订阅图书馆和机械工人协会图书馆作为免费公共图书馆的前身，其作用不容忽视。它们体现了规模相对较大且易于访问的图书馆对于大量民众的必要性。同时，图书馆倡导者们逐渐意识到，依赖自愿支持的图书馆服务存在的不足愈加明显。虽然机械工人协会图书馆的读者有限，但其受众主要是有兴趣使用免费公共图书馆的人群，这有助于推动图书馆服务理念的发展，而且当免费图书馆建立时，他们也是现成的读者。

英国的现代公共图书馆始于1847年，当时议会通过一项法案，设立了公共图书馆委员会（Committee on Public Libraries），负责审议在全国范围内建立图书馆的必要性。这个著名的委员会得到了威廉·尤尔特（William Ewart）的精心主持，以及公共图书馆先驱兼图书馆史学家爱德华·爱德华兹（Edward Edwards）的大力支持。1849年，委员会提交的报告指出，考虑到当时图书馆服务的糟糕状况，建议在全国各地建立免费公

第三部分：西方现代图书馆的发展

共图书馆。1850年，《公共图书馆法案》得以通过，允许人口超过1万的城市征税以支持公共图书馆，后续的法律将该法案推广到苏格兰、爱尔兰以及较小的城镇。1870年，《公立学校法》（*Public School Law*）规定社区负责免费公立学校的建立和维护，这进一步增加了读者的数量，从而增强了对免费公共图书馆的需求。到1877年时，已有超过75座城市利用图书馆法案建立了免费借阅图书馆，到1900年时，这一数字已超过300。安德鲁·卡内基（Andrew Carnegie）的慈善事业为许多市立图书馆提供了馆舍，有时这些建筑甚至比其中的藏书更完善。

直到第一次世界大战后，英国的公共图书馆都缺乏支持，人员也不足，但它们满足了明确的需求。习惯于公共图书馆服务的几代学童长大成人，公共图书馆的使用和支持也都随之增加。幸运的是，公共图书馆的发展正值许多大型私人图书馆被拆分的时期，私人图书馆的许多藏书被分散出售或捐赠给公共机构。这样一来，一些大城市的公共图书馆，尽管19世纪末才成立，其藏书量却可与欧洲大陆许多老牌图书馆媲美，与大学图书馆和研究图书馆相比也毫不逊色。

自1500年以来，德国一直是世界上一些最伟大的图书馆的所在地。其中许多图书馆归政府所有，并对公众有限开放，可是尽管如此，它们仍不是现代意义上的公共图书馆。这种现象的一个可能的原因在于，德国在1870年以前分裂成多个小的王国和公国，每个政府单位倾向于建立一座大型的"国家"图书馆，而非多座小型公共图书馆。此外，德国的图书馆传统一直以学术研究为导向，大学图书馆、公共图书馆皆是如此，英美流行的流通图书馆的理念在德国始终难以被接受。

不过，德国的市立图书馆起步较早。其中有几个是在1500年以前建立的，此后又陆续在乌尔姆（1516年）、马格德堡（1525年）、林道（1528年）、汉堡（1529年）、奥格斯堡（1537年）、艾斯莱本（1542年）、吕讷堡（1558年）、格里马（1569年）和但泽（1580年）设立了城镇图书馆。这些"图书馆"通常收藏少量神学著作，规模小、管理不善、使用频率极低。1524年，马丁·路德（Martin Luther）呼吁建立公共图书馆以促进新教（Protestantism）的传播，许多小型图书馆因此设立于教堂和市政厅中。在17世纪，德国的公共图书馆几乎原地踏步，已有的图书馆也时常被忽视。三十年战争期间，造成大量人员伤亡和财产损失，许多图书馆易主，但这些小型的公共图书馆往往价值不高，其藏书不足以当作战利品。在同一时期内，德国建立了更多的皇家图书馆，虽然最初为私人图书馆，但最终往往成为公共参考图书馆。

18世纪的德国见证了当时欧洲最伟大的皇家或宫廷图书馆和大学图书馆的发展。这些图书馆专注于学术资料，收藏并保护了大量涉及各类学科的书籍、小册子和手稿。当修道院关闭或衰落时，原有的书籍和手稿逐渐被这些学术图书馆获取，从而得以保存并流传于世。许多可观的私人藏书也被捐赠或遗赠给宫廷图书馆和大学图书馆。在18世纪，德国的学术参考图书馆逐渐成为标准，而面向普通读者的大众图书馆却从未真正受

第三部分：西方现代图书馆的发展

到重视。

19世纪，大众流通图书馆开始兴起。例如，1828年，格罗森海恩镇设立了向公众开放的图书馆；几乎在同一时期，萨克森和符腾堡地区也相继建立了乡村图书馆系统。19世纪40年代，普鲁士尝试开办大众图书馆，到1850年时，柏林已建立了4座这样的图书馆。1870年以后，大众教育推广协会（Society for Extension of Popular Education）积极推动大众图书馆的设立，部分图书馆得到了协会和地方政府的支持。一些企业也为员工设立了工厂图书馆。19世纪90年代，基尔开设了一座公共流通图书馆。到1900年时，柏林及周边地区已有28座大众图书馆，馆藏数量在3000—10000册之间，主要面向工人阶层。1907年，柏林市图书馆（Berlin Municipal Library）成立，成为多座大众图书馆的中心馆，并在一战爆发前稳步发展。当时德国的公共图书馆服务中很少有面向儿童的内容，不过柏林设立了一座公共儿童图书馆。在1914年之前，德国各地的教育和慈善组织也建立了一些小型大众图书馆，但很难获得市政支持。市立图书馆藏书超过60万册，是一座重要的参考图书馆，然而独立的大众图书馆却直到1899年才成立。

到20世纪中叶，如果俄国的图书馆统计数据可信的话，俄国人可谓全球最热衷于图书馆事业的民族，可往往事与愿违。1500年左右，俄国已经摆脱了蒙古统治，但仍深陷于中世纪的封建制度，在文化进步方面甚至落后于东欧部分地区，更不必说西欧。截至1800年，俄国既没有经历过文艺复兴，也没有经历过宗教改革，总体发展水平落后于西欧足足两百年。直到19世纪末期，现代意义上的公共图书馆才姗姗来迟，教堂和修道院图书馆也寥寥无几。敖德萨在1837年建立了市立图书馆，喀山和哈尔科夫则分别在1866年、1886年设立了图书馆。这些图书馆并非流通性质的，而是服务于学术研究的。大城市中还陆续出现了一些半公共性质的社团图书馆，而在农村地区，至19世纪90年代，公立学校也开始为成人读者提供小型图书馆。例如，喀山图书馆是由一个私人组织资助的，但它一直作为公共参考图书馆对外开放，直到20世纪20年代，才以它为基础扩建成鞑靼共和国（Tatar Republic）的国家图书馆。1880年，俄国政府的统计报告称全国已有145座公共图书馆，总藏书近100万册。至1905年，统计数据显示免费公共图书馆的数量已增加到5000座，但许多图书馆的藏书甚少，有的甚至仅有50册。到1915年时，据称俄国已有800座公共图书馆，规模大到需要一名全职"图书管理员"，另有2万多座小型图书馆分布于各个社区。彼时，敖德萨市立图书馆的藏书量达20万册，基辅市立图书馆则超过60万册。显然，俄国的公共图书馆服务并非完全源于共产主义时期，审查制度和政府管控也是如此，后两者是自由图书馆的两大敌人，在沙皇统治时期就十分严格。1917年以前的言论和出版自由也仅比之后时期稍有宽松。

意大利的图书馆则是另一番景象。文艺复兴时期宏伟的私人和公共图书馆，引领了整个欧洲的图书馆迈向现代化，可惜的是，意大利的图书馆在16世纪之后发展显著放缓，未能与北

第三部分：西方现代图书馆的发展

欧国家同步。许多大型私人图书馆最终并入了向公众开放的图书馆，但它们往往更像是书籍博物馆而非公共图书馆。这样的公共参考图书馆在17世纪就成立了一些，在18世纪和19世纪成立的更多。尽管这些馆藏有时包含珍贵的手稿和稀有的书籍，但资金短缺和人员不足使得它们几乎无法提供公共服务。在19世纪后期，一些图书馆更加关注为公众服务，并开设了阅览室。到1900年时，博洛尼亚的公共图书馆藏书约20万册，而布雷西亚、费拉拉、帕多瓦和巴勒莫等地的公共图书馆藏书仅略少一些。19世纪60年代修道院被取缔，导致许多公共图书馆的库存书籍增加。

意大利的大众阅览室和流通图书馆更多的是20世纪的产物。到1908年时，全国已有约300座小型的"公共图书馆"（biblioteche communali）和"大众图书馆"（biblioteche popolari），同年还成立了大众图书馆联合会（Federation of Popular Libraries），以推动公共图书馆的发展。纵使取得了一些进展，一战的爆发也将其扼杀，甚至在20世纪20年代，这些大众图书馆通常仍设在公共建筑的附属翼楼或店铺、办公室楼上的房间里。

总而言之，1500年至1917年间，欧洲公共图书馆的发展颇为不稳定，前三个半世纪是冷淡期，而后不足百年的时间是积极投入期。欧洲各地公共图书馆发展的形式和程度差异甚大，而两次世界大战带来了政治局势的迅速变化，使这一进程更加混乱。即便如此，到1914年时，大多数欧洲国家已经达成共识，认为某种形式的公共支持图书馆服务是值得提倡的。

各国政府为达成这一共识提出了五花八门的理由：需要为大众提供一种无害的娱乐方式；需要控制民众可接触到的信息来源；需要与流通图书馆及其大量的"不健康"小说进行有效地竞争；为确保民主共和国正常运转而提供自由获取信息的入口。然而，尽管对公共图书馆需求的共识已经达成，不同欧洲国家的图书馆发展程度仍受诸多因素影响，其中尤为关键的是经济资源、识字能力、国家政治稳定性以及政府对图书馆事业的重视程度。上述因素以及两次世界大战的毁灭性破坏如何共同影响1917年以后的欧洲公共图书馆发展，我们将在后续章节中讨论。

私人藏书家和欧洲图书馆的崛起

本书的关注点必然会越来越多地放在"公共图书馆"日益复杂和广泛的发展上，即那些公共所有的图书馆，或至少向公众开放的图书馆，无论是否对其使用有所限制。然而，严格意义上的私人图书馆也是图书馆史的一部分，仍须简要探讨，原因在于私人藏书家及其劳动成果对本章所讨论的许多著名图书馆的奠基发挥了重要作用。

有几点值得一提。富有的私人藏书家往往比公共图书馆更有机会打造出一座结构完善或在特定主题上独具特色的图书馆。由于不必为"公众"服务，私人图书馆得以臻于完美，并在这种状态下得到妥善维护，而不必担心书籍丢失或磨损。这样有利也有弊,藏书家去世后,其图书馆通常会被卖掉或遗失,仅有极少数家族能将祖辈的藏书代代相传。而当私人图书馆被拆分时,其藏书可能会被赠予或卖给公共图书馆,也可能落入其他收藏家之手。不过,许多最珍贵的私人图书馆最终完好无损地被公共机构接收和保存。

在中世纪,藏书家大多是当时的贵族或神职人员,而1500年后,许多著名藏书家则是富商或专业人士。藏书并非某一个群体的特权,各行各业的爱书之人都热衷于此。印刷术的发展无疑拓宽了藏书的边界;随着印刷书籍成本的下降,几乎每一个受过教育的人都有条件拥有一座小型书库,当时的许多作家和思想家确实也是如此。随着文艺复兴从意大利向北传播,它也成为书籍收藏的部分推动力。虽然现代学术主要依赖的是公共图书馆中的书籍,但是私人图书馆的广泛普及必然也起到了促进作用。

正如我们在书中所看到的,伟大的藏书家在欧洲众多重要图书馆的发展中发挥了不可或缺的作用。试想一下,若没有科顿、斯隆和哈利的图书馆作为补充,大英博物馆的藏书将何以成形?若缺乏这些私人藏书的购买、征用和慷慨捐赠,伟大的国家图书馆又怎能取得如此重要的成就呢?社会对私人藏书家的贡献,尤其是在书籍和手稿方面,评价多高都不为过。私人藏书家在书籍和手稿方面对社会的贡献是难以估量的。尽管他们的兴趣范围往往较为狭窄,藏书多年一直远离公众视线,但事实证明他们的收藏成果能使全人类受益。无论是作为一个整体捐赠或出售给公共研究图书馆，还是被拆分后转售给其他藏书家，这些书籍都得以幸存。此外，在私人图书馆，这些珍贵的书籍往往被妥善保存，状态甚至优于在公共图书馆。若非藏书家们的不懈努力和极高的收藏成本，甚至是个人虚荣心，许多文学瑰宝无疑会永久遗失。

| 延伸阅读 |

在图书馆史上的这一阶段，我们不仅见证了图书馆数量的激增，也目睹了图书馆发展相关文献的显著增加。虽然下文提到的阅读清单是经过严格筛选的，但还是可以通过查阅詹姆斯·戈登·赫伯特·奥利（James G. Olle）的《图书馆史：考试指南》（第二版）（*Library History: An Examination Guidebook*, 2nd ed., London: Clive Bingley, 1971）获得更多信息，该书是一部对欧洲图书馆史进行批判性研究的指南，重点关注英国图书馆的历史。更新的英文文献可以在《图书馆史》（*Library History*）期刊中找到，该期刊每年在英国出版两期。此外，欧洲出版的《印刷书籍与图书馆历史年鉴》（*ABHB: The Annual Bibliography of the History of the Printed Book and Libraries*）也非常适用。有关本书中涵盖的各国图书馆史的简要总结，读者还可以查阅《美国图书馆协会世界图书馆和信息服务百科全书》（第三版）（*ALA World Encyclopedia of Library and Information Services*, 3rd ed., Chicago: American Library Association, 1993）。

"新"的书籍史引发了大量研究，它们试图将书籍与图

第三部分：西方现代图书馆的发展

书馆的历史与欧洲的政治、经济和文化的历史相结合。这一更为复杂的书籍与阅读的历史的奠基人可能是普林斯顿大学（Princeton University）教授罗伯特·达恩顿（Robert Darnton），他的著作《拉莫莱特之吻：文化史上的反思》（*The Kiss of Lamourette: Reflections in Cultural History*, New York: W. W. Norton, 1990）中包含了他关于这一主题的一些重要理论文章。其他相关的新的学术成果还包括：詹姆斯·史密斯·艾伦（James Smith Allen）的《在公众视野中：现代法国阅读史（1800—1940年）》（*In the Public Eye: A History of Reading in Modern France, 1800—1940*, Princeton, N. J.: Princeton University Press, 1991）、杰弗里·布鲁克斯（Jeffrey Brooks）的《当俄国人学会阅读：识字能力与通俗文学（1861—1917年）》（*When Russia Learned to Read: Literacy and Popular Literature, 1861—1917*, Princeton, N. J.: Princeton University Press, 1985）、罗杰·沙蒂耶（Roger Chartier）的《早期现代法国印刷的文化用途》（*The Cultural Uses of Print in Early Modern France*, Princeton, N. J.: Princeton University Press, 1987）、罗伯特·达恩顿与丹尼尔·罗什（Daniel Roche）主编的《印刷革命：法国出版业（1775—1800年）》（*Revolution in Print: The Press in France, 1775—1800*, Berkeley: University of California Press, 1989）、卡拉·赫斯（Carla Hesse）的《大革命巴黎的出版与文化政治（1789—1810年）》（*Publishing and Cultural Politics in Revolutionary Paris, 1789—1810*, Berkeley: University of California Press, 1991），以及阿尔文·科南（Alvin

Kernan)的《印刷、技术、信件与塞缪尔·约翰逊》(*Printing, Technology, Letters and Samuel Johnson*, Princeton, N. J.: Princeton University Press, 1987)。

以下为本章所涉内容的精选参考书目:

Altick, Richard D. *The English Common Reader: A Social History of the Mass Reading Public, 1800—1900*, Chicago: University of Chicago Press, 1957.

Casteleyn, Mary. *A History of Literacy and Libraries in lreland*, London: Gower, 1984.

Clarke, Jack A. *Gabriel Naudé, 1600—1653*, Hamden, Conn.: Archon, 1970.

Danton, J. Periam. *Book Selection and Collections: A Comparison of German and American University Libraries*, New York: Columbia University Press, 1963.

Harris, Michael, "David Hume: Scholar as Librarian," *Library Quarterly* 36 (1966): 88—98.

Hopkins, Judith. "The 1791 French Cataloging Code and the Origins of the Card Catalog," *Libraries and Culture* 27 (1992): 378—404.

Kaegbein, Paul and Magnus Torstensson, eds. "The History of Reading and Libraries in the Nordic Countries," *Libraries and Culture* 28 (1993): whole issue.

Kaufman, Paul. *Libraries and Their Users*, London: The

Library Association, 1969.

Kelly, Thomas. *Early Public Libraries: A History of Public Libraries in Great Britain Before 1850*, London: The Library Association, 1966.

Kelly, Thomas. *History of Public Libraries in Great Britain, 1845—75*, London: The Library Association, 1977.

Miller, Edward. *That Noble Cabinet: A History of the British Museum*, London: Andre Deutsch, 1974.

Myers, Robin and Michael Harris, eds. *Property of a Gentleman: The Formation, Organisation and Dispersal of the Private Library, 1620—1920*, Winchester, England: St. Paul's Bibliographies, 1991.

第 10 章
1850 年以前美国图书馆的发展

拉丁美洲图书馆的起源

早在弗吉尼亚的詹姆斯敦殖民地（Jamestown Colony）建成，或最早的移民踏足圣劳伦斯河岸之前，拉丁美洲部分地区就已经存在高度发展的西班牙文化了。众所周知，一些最早探索这片新大陆的冒险家，在险象环生的旅程中不忘携带几本珍贵的书籍。然而，在这群早期定居者中，与书籍缘分最深的莫过于教会人士，尤其是 16 世纪中叶生活并工作在拉丁美洲部分地区的耶稣会士与方济各会士。

学者们对殖民时期拉丁美洲图书馆的相当广泛的发展进行了详细研究，他们的研究清楚地表明正如在欧洲一样，私人图书馆最终形成了第一批大学和公共图书馆的基础。例如，1767 年耶稣会士被逐出拉丁美洲时，他们的许多精美藏书最终进入了大学和国家图书馆。

然而，18 世纪对拉丁美洲大部分地区而言是一个风雨飘摇的时代。我们几乎找不到这段时期"公共"图书馆发展的证据。据推测，在秘鲁、阿根廷、危地马拉和古巴的大学里，图书馆似乎曾有书籍可供借阅，也有书籍出售，但翔实的资料很难找到。由此可见，拉丁美洲图书馆的历史大部分始于19世纪殖民主义的终结。

大多数拉丁美洲国家在独立后不久便建立了国家图书馆，部分原因在于民族自豪感。这些图书馆的藏书主要来源于没收的私人或宗教图书馆，但这些珍贵藏书一旦集中存放于某些公共建筑中，就常被置之不理。在19世纪的大部分时间里，它们更像是博物馆而非图书馆。巴西的国家图书馆创建于1810年，但直到1900年，其藏书也仅有约20万册。智利的国家图书馆可追溯到1813年，阿根廷的国家图书馆则始于1810年，而乌拉圭的国家图书馆起源于1816年，委内瑞拉1833年，秘鲁1821年，墨西哥1833年。一些大学图书馆声称始于18世纪，例如哈瓦那大学（University of Havana）图书馆（1728年）和基多中央大学（Central University of Quito）图书馆（1787年）。19世纪初，随着更多大学成立，公共图书馆的趋势也逐渐显现，尤其是在较大的殖民地中。巴西在19世纪50年代和60年代设立了多个州立图书馆，其中包括1851年在阿拉卡茹为塞尔希培州建立的州立图书馆和1857年在库里蒂巴为巴拉那州建立的州立图书馆。这些图书馆通常规模较小，常兼具档案馆与图书馆的双重功能。彼时，图书馆的重点多放在保存而非利用上，加之缺乏热忱的图书馆员，因此19世纪的拉丁美洲图书馆普遍组织混乱，吸引力不足。尽管如此，未来的一些重要图书馆，特别是国家图书馆，其基础已悄然奠定。

美国的私人图书馆

19世纪，美国牧师约翰·米尔本（John Milburn）曾反思道：

> 人们需要面包胜过书籍；需要先建谷仓，再建学院；需要先学会使用步枪、斧子与犁，然后才能学习希腊与罗马哲学。

然而，米尔本牧师忽略了一个重要事实：面包固然是维系身体的必需品，而书籍往往被视为滋养灵魂的生命线。对于许多早期的拓荒家庭而言，没有携带《圣经》、赞美诗和祈祷书就前往一个陌生而遥远的国家是极为愚蠢的行为。此外，步枪、斧子和犁是农夫与猎人的必备工具，而对于许多早期定居美国的律师、医生、牧师和教育家而言，书籍同样是不可或缺的工具。

当然，尽管许多拓荒家庭将书籍视为必需品，但当他们移居至新大陆，或是追随18、19世纪向西部地区迁移的运动时，他们仍不得不实施某些经济上的取舍。因此，我们不应感到惊讶，在美洲的英国殖民地中，私人图书馆通常规模较小且具有"特定用途"。

第三部分：西方现代图书馆的发展

从一开始，马萨诸塞州的朝圣者和清教徒的殖民地就存在小型私人图书馆。在朝圣者中，牧师威廉·布鲁斯特（William Brewster）于1643年去世时留下了超过400册藏书，其中许多是在抵达新大陆后购得的。威廉·布拉德福德（William Bradford）总督拥有约80册藏书，普利茅斯的牧师拉尔夫·帕特里奇（Ralph Partridge）拥有数量相当的藏书，甚至连迈尔斯·斯坦迪什（Miles Standish）上尉也拥有约50册书籍。朝圣者的藏书大多是宗教书籍，但也包含历史、旅行与政治学作品，少量文学经典，以及一些实用书籍，例如斯坦迪什收藏的农业和军事科学著作。布拉德福德总督的藏书中有一些法文书籍，而布鲁斯特的藏书则包含拉丁文作品和一本希伯来语语法书。在1620年至1690年间留存下来的70份普利茅斯居民遗嘱中，仅有12份未提及书籍。

在马萨诸塞湾的清教徒中，牧师和医生通常都有小型私人图书馆，藏书量从十几册到数百册不等。约翰·温思罗普（John Winthrop）总督带来了一批法律与宗教书籍，但其数量和具体内容并不像他的一些追随者的藏书那样为人所知。1669年，牧师本杰明·邦克（Benjamin Bunker）留下了约80册本宗教书籍，而与他同时代的乔纳森·米切尔（Jonathan Mitchell）则留下了108册宗教书籍、74册古典书籍以及11册以医学为主的科学书籍。17世纪新英格兰的其他专业人士通常也拥有少量藏书，但许多商人、农民、熟练工匠，甚至渔民也是如此。总体而言，藏书越少，其内容的宗教性质越强；若某人只拥有一本书，那么这本书通常是《圣经》。殖民时期的遗嘱和财产清单是了解书籍拥有情况的最直接的信息来源，但早期定居者留存的信件、讲话稿和文件也可以显示出他们对书籍的广泛了解。

17世纪中期，新英格兰地区最大的图书馆可能属于康涅狄格州总督小约翰·温斯罗普（John Winthrop, Jr.）。早在1640年，他的藏书就已超过1000册。1676年他去世后，这些藏书由其子孙继承并继续扩充。19世纪捐赠给纽约社会图书馆（New York Society Library）的藏书残篇表明，这些藏书内容广博，包括拉丁文、法文、荷兰文、意大利文、希腊文、西班牙文和英文书籍，涉及宗教、历史、旅游、哲学、法律和文学等各种主题。

17世纪后期，新英格兰地区最大的私人图书馆属于作家兼牧师科顿·马瑟（Cotton Mather）。他的父亲因克瑞斯·马瑟（Increase Mather）在1664年时拥有约675册藏书，但1676年的一场火灾毁坏了其中许多书籍。到了1700年，科顿·马瑟的图书馆已有藏书约2500册；1728年他去世前，藏书增至约4000册。尽管父子俩的藏书都以神学作品为主，但科顿·马瑟的藏书中还有不少关于历史、地理和哲学的书籍，甚至包括一些科学领域的书籍。考虑到他本人撰写了400多部书籍和小册子，可以看出他不但热衷于收藏，而且善加利用。

尽管上述图书馆在规模上堪称罕见，但小型图书馆在新英格兰家庭中并不少见。为了方便购书，波士顿的书商早在17世纪70年代就已出现，而在此前后，许多新英格兰人从英国订购书籍。此外,还有流动书商走访村镇,随身携带少量书籍进行出售,并接受订购。

17世纪的弗吉尼亚也不乏私人图书馆,尤其是政府官员、律师、牧师和种植园主的家庭中。现存的遗嘱表明,铁匠、木匠和船长等也拥有书籍。1607年,随首批殖民者抵达的牛津大学毕业生兼牧师罗伯特·亨特(Robert Hunt)随身携带了一批书籍,但这些藏书在1608年的一场火灾中化为灰烬。最早到达詹姆斯敦的人之一,约翰·温菲尔德(John Wingfield)也携书而来;十年后担任殖民地秘书的约翰·波里(John Pory)曾赞美自己的藏书,称其为"孤独中最优秀且最珍贵的伙伴"。牧师托马斯·巴格雷夫(Thomas Bargrave)于1621年去世时,将自己的藏书捐赠给一所计划建立的印第安人学校;前船医詹姆斯·洛布(James Lobe)则在遗嘱中提到了一个"满载书籍的雪松木箱"。一些女性也留下了藏书遗产,不过这些藏书可能由其丈夫所收集。例如,1673年,萨拉·威洛比夫人(Mrs. Sara Willoughby)遗留了一批以宗教书籍为主的藏书,不过其中也包括《伊索寓言》(*Aesop's Fables*)和一本实用书籍《桑树种植指南》(*Directions for Planting Mulberry Trees*)。

17世纪末期,弗吉尼亚逐渐出现了更大的私人图书馆。1690年,威廉·菲茨休(William Fitzhugh)将他的藏书放置在一个他称为"书籍研究室"的房间里,里面收藏着历史、医学和法律方面的书籍。殖民地秘书拉尔夫·沃姆利(Ralph Wormeley)于1701年去世时留下了375册内容广泛的书籍,而长老会牧师弗朗西斯·马克米（Francis Makemie）的藏书达992种，其中一些装帧精美。1650年之后，提到书籍的遗嘱频繁出现，有时甚至列出书名目录，有时仅笼统地称为"一批旧书"。一位作家估计，17世纪的弗吉尼亚大约有1000个足以称为私人图书馆的书籍收藏。书籍主题从神学到农耕，从古典文学到历书，不一而足。

17世纪至18世纪，殖民地的识字率稳步上升。例如，肯尼思·洛克里奇（Kenneth Lockridge）的研究表明，1650年至1670年，61%的新英格兰男性能够书写（作为识字的标准）；1705年至1715年为60%；1758年至1762年提升至84%；1787年至1795年接近90%。女性的识字率较低，到1795年时仍略低于50%。类似研究表明南方的识字率略低，但差距不大：到1797年时，约70%的男性能够书写。

18世纪，私人图书馆逐渐兴盛，尤其是在专业人士、政府官员和南方大种植园主之间。在新英格兰，涌现出许多广为人知的私人图书馆。例如波士顿牧师托马斯·普林斯（Thomas Prince），他的业余爱好就是研究新英格兰历史，他建立了一座重要的新英格兰书籍和手稿图书馆，并在1758年去世前将藏书存放在波士顿的老南教堂（Old South Church）。这些书后来成为波士顿公共图书馆（Boston Public Library）的财产。在罗得岛州的纽波特，牧师兼律师亚伯拉罕·雷德伍德（Abraham Redwood）建立了一座私人图书馆，这座图书馆成为1745年建立的雷德伍德图书馆（Redwood Library）的核心。1725年左右，詹姆斯·富兰克林（James Franklin）在波士顿的报社里有一座小型图书馆。它比一般的图书馆更注重同一时代的英国戏剧、诗歌及散文。在中部殖民地，纽约的约翰·夏普（John Sharp）组建了一座大型藏书馆，并于1713年将其捐赠给该市供公众使用。它的藏书主要是神学方面的，在1754年成为纽约社会图书馆的一部分之前，几乎没有关于它的使用记录。牧师亚历山大·英尼斯（Alexander Innes）在1713年去世时亦留下了一批可观的藏书，最终被捐赠给新泽西和纽约的圣公会教堂。此外，纽约国王学院（King's College）早期校长塞缪尔·约翰逊（Samuel Johnson）围绕英国文学、古典著作及历史建成了一座私人图书馆。新泽西最卓越的私人图书馆之一是理查德·斯托克顿（Richard Stockton）的图书馆，他也是《独立宣言》（*Declaration of Independence*）的签署人之一。由于他的爱国活动，他被英国人视为眼中钉，他的住所和图书馆于1777年被毁。

中部殖民地最重要的私人图书馆可能要数费城的詹姆斯·洛根（James Logan）的图书馆。这位贵格会（Quaker）绅士曾担任宾夕法尼亚州副总督和首席法官，在1751年去世前，他已收集了超过3000册藏书。他的图书馆以数学、天文学和自然科学领域的书籍见长，同时也囊括了大量经典著作和历史文献。洛根希望他的藏书能够惠及公众，他在生前便为此建造了一座专门的建筑，并允许"在特定条件下"供认真的读者借阅。洛根是殖民地最杰出的学者之一，能读希腊语、希伯来语和法语，对拉丁语的运用几乎同英语般熟练。洛根图书馆在革命期间关闭，但于1792年与费城图书馆公司（Philadelphia Library Company）合并。

本杰明·富兰克林（Benjamin Franklin）除了参与其他图书馆合作的活动，也拥有颇具规模的私人图书馆。他在多次欧洲之行中频繁购书，选择的多为自己想阅读或研究的书籍。1790年去世时，富兰克林的私人藏书已超过4000册，涵盖多个领域。其中许多书籍于1801年由费城的一名书商出售，流入市场。所幸，富兰克林的藏书多半可辨识出处，目前约有1000册散落于各地图书馆，得到妥善保存。

托马斯·乔克利（Thomas Chalkley）建立了一座关于贵格会历史与教义的小型图书馆，并于1742年捐赠藏书以协助创建贵格会图书馆。这一专门的图书馆后来成为美国境内最为重要的贵格会图书馆。

在南方，殖民后期最大的私人图书馆是弗吉尼亚州韦斯托弗的威廉·伯德二世（William Byrd II）的图书馆。伯德的父亲建立了一个大庄园，开始收藏书籍，但正是他的儿子在1740年去世前将图书馆扩充到近4000册藏书。伯德既是种植园主、律师、公职人员，也是作家，他的图书馆体现了当时富裕的种植园主的文化水平与兴趣。伯德的书籍中约有四分之一为历史作品，另四分之一是古典文学作品，英国文学、法律和科学各占约十分之一。伯德的书籍中还有许多法文和拉丁文书籍，神学方面则包含了一些教父著作、英格兰教会作品以及通用的布道书籍。至少有几年时间，伯德曾雇用了一名图书馆员威廉·普罗克特（William Proctor），既管理伯德的书籍，又担任孩子的家庭教师。伯德的图书馆不仅服务于他的家庭，也为许多朋友所利用。除伯德外，其他弗吉尼亚种植园主也拥有藏书数百卷的图书馆。不过，并不只有大种植园主收藏书籍，大多数牧师、律师和医生都至少拥有少量专业藏书，即便是普通的农民和商人，他们的藏书也不止《圣经》和历书。通过遗嘱、清单和书籍交易记录可以看出，规模较小的藏书通常包括一些实用性强的书籍，大多涉及农业、测量和法律主题，还有布道和励志作品等。

随着殖民地人口稠密地区局势逐渐稳定，书籍的获得变得愈加容易。在新英格兰和中大西洋殖民地，书店纷纷开设，南方地区也开设了一些书店，由于长期以来的交通问题以及缺乏规模较大的城镇，书店较为稀少，南方地区的大部分书籍依然直接从英国商人处购买。随着革命时期书商面临的种种困境逐渐过去，各殖民地开始陆续建立规模可观的图书馆。

或许此刻是时候稍做停顿，简要地思考一下殖民时期的阅读性质和范围，以及识字的作用。学者们常常提到，在整个西方世界的历史中，或许没有哪个时期像17世纪那样，普通男女的宗教信仰如此强烈且具有决定性力量。而正如大卫·霍尔（David Hall）所指出的，殖民时期的宗教生活是极富书卷气的。更准确地说，它是一本书的宗教，即《圣经》。回想《圣经》及其阅读在殖民时期美国人日常生活中的重要性，尤为有益。17

世纪的清教徒牧师约翰·诺顿（John Norton）曾这样说："福音的终点就是要被人知晓，信徒的责任与天职则是去理解。"因此，人们非常重视培养识字能力，视其为研读《圣经》的前提条件。从今日的视角来看，殖民时期相当一部分美国人将过多的时间投入《圣经》及相关宗教书籍的深入阅读和反复钻研。

18世纪下半叶，随着殖民地居民进入美国历史上至关重要的革命时期与建国阶段，这种因宗教而生的识字与阅读动力得到了进一步加强。在这一时期，为了更深入地理解和理性参与这一关键的历史进程，美国人如饥似渴地阅读书籍、小册子和报纸。

然而，每一代拓荒者在向西开拓边疆的过程中，在获取书籍和建立图书馆时都面临着相似的问题。无论是初登阿勒格尼山脉（Alleghenies）东坡，还是迁徙至俄亥俄河谷（Ohio Valley）、密西西比河谷（Mississippi Valley），直至远西（Far West）地区，移民们都需要付出艰苦的劳动来扎根新家园。这种辛劳使阅读的闲暇少之又少，而经济拮据的局面也使得购书的资金不足。然而，通过研究这些拓荒者的遗嘱及遗产的法院记录，可以看到与美国首个边疆地区类似的情形。许多早期拓荒者拥有藏书；他们的藏书多以宗教书籍为主，且数量普遍较少；专业人士几乎总会拥有与其职业相关的书籍；在少数情况下，即使面对最艰难的条件，也有人成功建立了规模宏大且令人叹服的图书馆。

在讨论私人图书馆时，不容忽视的是那些因规模、价值和整理方式而真正堪称图书馆的私人收藏。这些私人收藏本身不一定是图书馆，和藏书量也无关，但只要是经过精心挑选，按一定逻辑排列，无论是否编目，能够为所有者或其他人所用，它就构成了一座名副其实的图书馆，就值得被认可。纵观历史，美国一直很幸运，有相当多的公民收集和保存书籍，更幸运的是，这些藏书最终都进入了可供大众使用的公共图书馆。然而，这些收藏究竟何时能被称为图书馆，这仍是一个见仁见智的问题。

1870年美国人口普查报告显示，全国共有107673座私人图书馆，但这一数据并不完整。由于这些"图书馆"的平均藏书量仅为235册，而且无法明确区分其中有多少书籍实际上是教材、小册子、儿童书籍或目录，因此这一数据提供的信息极为有限。要确定一座图书馆是否值得注意，必须考虑时间、地点、藏书量以及性质。例如，1805年圣路易斯（St. Louis）边疆地区的300本书便已值得关注；但同样数量的书籍在同一时期的波士顿则不足为奇，除非这些藏书是极为珍贵的作品。

许多殖民时期建立的私人图书馆，在美国革命（American Revolution）期间毁于一旦。许多爱国者的图书馆遭遇英国人和托利党的摧毁或破坏，例如马萨诸塞州的约瑟夫·胡珀（Joseph Hooper），他的500卷书籍随家园一同被焚毁。在费城，当英国士兵占领废弃的房屋时，私人藏书被四散一空，同样的事情也发生在被敌人占领的南部沿海种植园中。另一方面，许多富有的效忠派（Loyalists）的图书馆被复仇心切的爱国者没收并出售，尤其是在战争接近尾声时。但革命后和平的到来，加上对新国家的自豪感，进一步鼓励了私人藏书的收集，尤其是美国史料（Americana）。到了19世纪初，许多重要的私人收藏开始涌现。

早期的美国总统几乎都有一定规模的私人图书馆，这一传统显然也被许多其他州和国家领导人所效仿。托马斯·杰斐逊（Thomas Jefferson）总统后来被誉为白宫历史上最伟大的藏书家，他从父亲那里继承了一座小型图书馆，但1770年家中发生的一场火灾将这批书籍烧毁。尽管他为此深感惋惜，但杰斐逊指出，这些书籍很容易替代，因为它们大多是法律著作和教材。随即，他开始建立另一座图书馆，到1783年时，馆藏已有2640册，1815年他将这座图书馆出售给国会图书馆时，藏书量增至6487册。从1815年到1826年去世，他又收藏了第三批近千册书籍。

19世纪上半叶，几位重要的图书收藏家活跃在美国，他们专注于收藏与美国史料相关的书籍，涉及历史、旅行、传记和文学等领域。最早的一批收藏家中有一位是纽约的约翰·艾伦（John Allan，1777—1863年），他收集了大量美国史料书籍，还收集了早期的插图作品和美国印刷品样本。艾伦的图书馆于1864年以近3.8万美元的价格售出。印刷史学家伊赛亚·托马斯（Isaiah Thomas，1749—1831年）也收集了大量早期美国史料相关的书籍，包括许多早期报纸。这些藏书最终被捐赠给美国古文物学会（American Antiquarian Society）的图书馆，该学会是他在1812年协助创办的。约翰·卡特·布朗（John Carter Brown，1797—1874年）是美国最著名的书籍收藏家之一，他的图书馆一直保留完整，并于1900年捐赠给布朗大学（Brown University）。作为一位相对富裕的收藏家，布朗能够收购许多珍贵的书籍，并偶尔购买整批藏品。他的图书馆以早期美国史料、旅行和探索类书籍为主；1865年首次编目时，他的图书馆藏书约有5600种，其中许多是多卷本。布朗大学图书馆后来由他的遗孀和儿子们继续扩充，在成为布朗大学的财产后，馆藏大幅增加。如今，它已成为现存最精美的美国史料书籍图书馆之一。

彼得·福斯（Peter Force），编辑兼历史学家，他从19世纪20年代开始投身于收藏书籍，他如此狂热甚至不惜多次抵押自己的财产，只为扩充他的图书馆。他的兴趣集中于美国历史，收藏了书籍、小册子、传单、报纸、期刊和手稿等，总计超过6万件藏品。1867年，他的继承人将这批藏品出售给美国国会图书馆，使该图书馆在这一领域的藏书量翻了一番。詹姆斯·莱诺克斯（James Lenox，1800—1880年）在40岁时便从商界退休，后半生专注于建设庞大而珍贵的图书馆。1870年，他意识到自己的藏书规模太大了，它不应属于个人，于是将藏书及大量画作一并赠予纽约市民，并提供了一座建筑用于存放这些藏品。此后，他还陆续捐赠了更多图书和购书资金。但最重要的是，他最初的捐赠就包含了约1.5万册藏书，其中大部分是美国史料书籍，以1850年前的书籍为主，此外还有大量莎士比亚作品、英国文学作品和《圣经》。然而，并不是所有的19世纪早期的藏书家都在美国东北部，几乎每个地区都涌现出了热衷于收藏的人士。幸运的是，这些私人图书馆中的许多藏书留存至今。

学院图书馆

美国学院图书馆的历史可以追溯到17世纪，几乎与第一批私人藏书的历史一样悠久。实际上，美国最早的学院可以说是伴随着一批书籍而诞生的。1636年，哈佛学院（Harvard College）成立，其初衷是培养清教徒牧师，使年轻人无须返回英国接受神学教育。1638年，牧师约翰·哈佛（John Harvard）为学院捐赠了约280册书籍和一笔小额基金，学院因此得名。随后，学院又陆续收到其他书籍捐赠，其中包括1642年由约翰·温斯罗普总督捐赠的40册书籍。但即便如此，学院图书馆的规模仍发展缓慢。其藏书主要是神学书籍，即便到1723年首次印制目录时，馆藏数量也仅有3500册。藏书中大约2000册为宗教相关书籍，其余的则涉及历史、地理、古典文学、科学和语言，并按此顺序排列。

到1764年时，哈佛学院已有一百二十五年以上的历史，其图书馆藏书却不足5000册，然而就在这一年，一场大火几乎将所有藏书都化为灰烬。这场悲剧发生后，学院的友人纷纷伸出援手，马萨诸塞州议会拨款重建被焚毁的建筑。同时，一场公众募捐活动筹集了购书资金，加上其他捐赠，到1775年时，图书馆的藏书数量已经恢复到原有规模。从1765年哈佛图书馆的规章中可以一窥殖民时期学院图书馆的特点。根据规则，图书馆每周仅在周三开放，且须由图书馆员负责开馆和供暖。只有大三和大四的学生才有资格借阅图书。这些规则虽然看似严格，但比起早期只有大四学生才享有图书馆使用权的规则来说，已有所改善。自1765年起，哈佛设立了一座"本科生图书馆"（undergraduate library），专门收藏副本和较受欢迎的书籍，供学生使用。这一举措的真正意图或许在于将学生的使用限制在一个较小且易于补充的藏书范围内，从而保证图书馆的大部分藏书供教职人员使用。

早在1620年，弗吉尼亚新殖民地便计划建立一所学院及其图书馆。当时殖民地内已搜集了一批书籍，同时还有图书从英格兰运来，为即将在里士满现址附近建立的"亨利科印第安学院"（Henrico Indian College）提供了一座图书馆。1622年的印第安人起义终结了这一慈善构想，直到1693年威廉与玛丽学院（College of William & Mary）成立，弗吉尼亚才迎来了第一所学院。该学院的创建主要得益于牧师詹姆斯·布莱尔（James Blair）为培养圣公会牧师的坚定决心，他也因此成为学院的第一任院长。在1700年之前，学院为师生收集了几百本书籍，但大部分藏书在1705年的一场大火中被烧毁。学院的图书馆在收到少量捐赠后重新建立，但在最初的数十年间，布莱尔牧师的私人藏书成为学院阅读资料的主要来源。1742年，亚历山大·斯波茨伍德（Alexander Spotswood）总督在遗嘱中将约200册藏书赠予学院。次年，布莱尔去世，其藏书或大部分藏书正式归入学院图书馆。即便如此,这所学院在革命前是否拥有超过 2000 册书籍仍值得怀疑。图书馆每周仅开放几个小时,由年轻的教职员工兼任管理人员,有几年甚至只有办事员负责值守。图书并不外借,学院图书馆的主要使用者似乎是教职员工,而学生大多依赖教材和课堂笔记来学习。

新英格兰的第二所学院同样以一批藏书为开端。1700 年,11 位牧师组织了一个协会,在康涅狄格州纽黑文成立了耶鲁学院(Yale College),每人捐赠了一些书籍,在接下来的十年间,其他捐赠使藏书数量增加到近 1000 册。1714 年,以自己的名字命名学院的牧师伊莱胡·耶鲁(Elihu Yale)向学院图书馆捐赠了 300 册图书;1733 年,伦敦的牧师乔治·伯克利(George Berkeley)赠送了约 1000 册图书,其中包括许多珍贵的对开本书籍。到 1742 年时,耶鲁图书馆的藏书达到了约 2500 册,学院院长托马斯·克拉普博士(Dr. Thomas Clap)开始与一位导师合作对藏书进行重新整理和编目。他将图书馆分为若干部分,按照书籍大小粗略地排列,并给每本书分配了固定的位置和编号。接下来,他起草了三份目录或书单:一份按作者姓氏排列的目录,一份按书架上的实际摆放顺序排列的目录,以及一份按大约 25 个主题分类的目录。到 1765 年时,耶鲁图书馆的藏书已超过 4000 册,其中神学书籍占很大比重,但历史、古典文学、哲学和数学书籍也有不少。相比之下,文学和科学书籍却显得寥寥无几,几乎没有在美国出版的书籍,甚至 1725 年以后的出版物也很少。

第三部分：西方现代图书馆的发展

与其他殖民地学院类似，新泽西学院（College of New Jersey）大约成立于1750年，后来成为普林斯顿大学，但其图书馆在1764年时仅有约1200册藏书。1757年，新泽西州总督乔纳森·贝尔彻（Jonathan Belcher）捐赠了自己的私人藏书，大约475册，其他赠书则来自美国和英国的友人。1768年，约翰·威瑟斯庞博士（Dr. John Witherspoon）担任学院院长时，为图书馆新增了300册藏书，但在革命期间被英军几乎完全摧毁时，藏书仍不足2000册。宾夕法尼亚大学（University of Pennsylvania，当时为学院）也在1750年左右开始建设自己的图书馆。虽然本杰明·富兰克林的鼎力支持以及向学生收取的图书馆费用带来了一定帮助，但在革命前，其藏书始终未达到较大规模。

纽约国王学院成立于1757年，该学院后来成为哥伦比亚大学（Columbia University），其图书馆的主要资助者是伦敦的牧师布里斯托（Bristowe），他捐赠了约1500册藏书。学院创始人之一、来自纽约的约瑟夫·默里（Joseph Murray）也为学院留下了自己的藏书和一笔捐款，到1764年时，学院的藏书已经足够多，因此任命了第一位图书馆员，他同时兼任数学教授。革命期间，哥伦比亚大学的图书馆也遭到了英军的掠夺，但部分被偷走的藏书后来得以归还。

罗得岛学院（Rhode Island College），后更名为布朗大学，位于普罗维登斯，大约成立于1765年，最初由牧师摩根·爱德华兹（Morgan Edwards）收集了一些图书，但截至1772年藏书仅有约250册。此后，罗得岛学院陆续收到其他捐赠，藏书缓慢增加。值得庆幸的是，罗得岛的学生还可以从1753年创立的普罗维登斯图书公司（Providence Library Company）借阅书籍。1766年，皇后学院（Queens College）在新泽西州新不伦瑞克成立，后更名为罗格斯大学（Rutgers University），但在革命之前，其图书馆似乎主要由学院教职员工的私人藏书组成。

最后一所殖民地学院是达特茅斯学院（Dartmouth College），该学院于1770年左右开始开展教学，而其图书馆则早在数年前便已开始筹建。学院是为印第安人创立的，其创始人以利亚撒·惠洛克（Eleazar Wheelock）于1764年起就开始收集书籍。幸运的是，位于新罕布什尔州的达特茅斯学院在革命期间受到的干扰甚少，加之持续收到外界捐赠，学院于1779年任命了一名图书馆员，负责整理和管理大约1200册藏书。总体而言，殖民地学院的图书馆规模较小，几乎完全依赖捐赠，通常由教师兼任管理人员，每周仅开放几个小时，使用率较低，尤其是学生。

在殖民时期建立的少数学院图书馆在革命期间遭受了严重损失；事实上，在这场通往独立的战争中，高等教育整体水平大幅降低。即使在1783年《巴黎和约》（Peace of Paris）签订后，仍有十年的动荡期，不过到18世纪90年代时，学院及其图书馆的状况显著改善，一些新学院也开始成立。在1850年之前，大多数学院图书馆的发展依然缓慢，而且殖民时期图书馆每周仅开放几个小时，严格限制书籍使用的传统根深蒂固，难以改变。直到内战之后，甚至是19世纪后期，现代图书馆才真正开始在美国的大学和学院中发展起来。

哈佛学院在革命初期被迫从剑桥迁至康科德，但其图书馆得以保留，甚至还利用新州议会拨出的资金和从逃亡的效忠派手中没收的书籍扩建了图书馆。18世纪80年代，哈佛图书馆恢复生机，一名来自委内瑞拉的访客弗朗西斯科·德·米兰达（Francisco de Miranda）曾这样评价它："布局合理，整洁有序……藏有大约1.2万册图书，以英文书籍为主，但选材颇具水准。"到1790年时，哈佛图书馆已成为美国首屈一指的学术图书馆。当年的印刷目录显示，哈佛学院非常重视神学，同时对英国文学的重视程度有所提升。历史、旅行和哲学书籍占据重要地位，但科学书籍却很少，唯一的期刊是《绅士杂志》（*Gentleman's Magazine*）。1827年，哈佛图书馆藏书已超过2.5万册，到1840年迁入一栋专用图书馆大楼时，藏书已达4万册，不包括小册子。这座建筑是前马萨诸塞州州长克里斯托弗·戈尔（Christopher Gore，1758—1829年）的遗赠，建造时预期可满足学院一个世纪的需求，但不到二十五年，图书馆就已不堪重负。到1856年时，其馆藏已增加到7万册图书和3万份小册子。

这种增加在很大程度上依赖捐赠，其中一些重要捐赠值得一提。1818年，图书馆收购了德国历史学家克里斯托夫·丹尼尔·艾伯林（C. D. Ebeling）的美国历史藏书，包括约3000册与美国有关的书籍，以及约1万张地图和图表，构成了当时美国最完整的制图集。此外，两位校长，约翰·亚当斯（John Adams）和约翰·昆西·亚当斯（John Quincy Adams）的部分藏书也被捐赠给哈佛图书馆。多年间，参议员查尔斯·萨姆纳（Charles Sumner）陆续捐赠了约1300册图书、1.5万份小册子（许多极为珍稀），以及约250张珍贵的地图。总的来说，在1780年到1840年间，哈佛图书馆共收到了超过1000次重要书籍捐赠，这还不包括用于建立图书馆基金的大量的捐赠和遗赠。

除了主要的学院图书馆，哈佛学院在1860年前还拥有几座重要的院系图书馆和专门图书馆。法学院图书馆创立于1817年，当时的州长戈尔（Gore）将其个人藏书捐赠给法学院。此后，图书馆不断收到其他捐赠，到1863年时，仅法学院图书馆就已有藏书1.3万册。神学院图书馆始建于1825年，到1863年时，哥廷根的戈特弗里德·卢克（Gottfried Lucke）教授的宗教图书馆增加了大约4000册书籍，总藏书量超过1.3万册。菲利普斯天文台（Phillips Astronomical Observatory）的图书馆始建于1847年。在南北战争（Civil War）之前，比较动物学博物馆（Museum of Comparative Zoology）和劳伦斯科学学院（Lawrence Scientific School）也各自建立了图书馆。此外，还有一些学生社团图书馆，例如普罗赛利安俱乐部（Procellian Club）、速食布丁俱乐部（Hasty Pudding Club）、基督徒兄弟会（Christian Brethren）和圣保罗协会（St. Paul's Society）的图书馆。

关于1784年耶鲁学院的图书馆，米兰达先生并没有给予

第三部分：西方现代图书馆的发展

太多的赞美。他指出其"毫无特别之处：藏书两三千册"。然而，得益于大量的资金和书籍的捐赠，该图书馆的藏书数量从1808年的4700册逐步增加到1850年的2.1万册，1875年达到7.8万册，不含小册子。此外，耶鲁学院还设有多座专门图书馆，包括1845年建立的法学院图书馆和神学院图书馆。还有两座学生社团图书馆，事实上在革命之前就已成立，即林诺尼亚（Linonian）图书馆和团结兄弟会（Brothers in Unity）图书馆。1860年，前者藏书达到1.2万册，而后者的规模略小一些。1846年，耶鲁学院的图书馆迁入了一座新建筑，此前它则一直坐落在多座学院建筑的房间或侧翼中。

在革命后的半个世纪里，新英格兰地区又成立了几所学院，图书馆也遵循着大致相同的发展模式。最初以少量捐赠的书籍为起点，随后的资金和书籍的捐赠推动了馆藏的缓慢增加。直到19世纪中叶，学院才开始大力支持图书馆的发展，任命一名固定的图书馆员，并拨付一定的预算。马萨诸塞州的威廉姆斯学院（Williams College）成立于1793年，次年图书馆藏书尚不足400册；到1876年时，其馆藏只有1.75万册，另外两座社团图书馆还有1万册书籍。康涅狄格州米德尔顿的卫斯理大学（Wesleyan University）则于1833年建立了图书馆，最初依托新泽西州卡姆登的托马斯·查普曼（Thomas Chapman）捐赠的图书。而后在1868年，波士顿的艾萨克·里奇（Isaac Rich）捐赠资金为其建造了图书馆大楼，数年后，其馆藏已增至2.6万册，成为19世纪70年代一流的藏书之地。缅因州布伦瑞克

（Brunswick）的鲍登学院图书馆（Bowdoin College Library），与学院同时成立，但真正起步于 1811 年，当时詹姆斯·鲍登（James Bowdoin）捐赠了约 4000 册图书，他是 18 世纪 80 年代马萨诸塞州州长，学院也是以他的名字命名的。鲍登学院在前半个世纪尤其幸运，至 1875 年，其馆藏已达到约 1.8 万册。阿默斯特学院图书馆（Amherst College Library）则起步于 1821 年的一箱书籍，但随着朋友的捐赠和校友的订阅活动，到 19 世纪 70 年代时藏书已经增至约 3 万册。在那十年里，阿默斯特学院图书馆也有幸聘请到了梅尔维尔·杜威（Melvil Dewey）担任助理图书馆员，他用自己开创的十进制分类法对图书馆的藏书进行了重新分类。

1800 年，达特茅斯学院图书馆仅有 3000 册藏书，一度缩减规模，不得不通过出售稀有书籍以购买更新、更实用的书籍。将学生社团图书馆的藏书纳入后，到 1875 年时，其馆藏总量达到了约 5 万册。布朗大学在革命后，图书馆藏书只有约 500 册，但历经战争的老旧书籍都已发霉、被虫蛀。在纽波特（Newport）布朗家族以及其他校友和朋友多次捐赠书籍和资金后，馆藏数量到 1860 年时增加至约 4.5 万册，位于多立克式建筑风格的曼宁大厅（Manning Hall）中。

在中大西洋地区，宾夕法尼亚大学的图书馆是南北战争前最重要的图书馆之一。在革命后的起步之初，该图书馆曾收到法国国王赠送的一批书籍，随后通过一系列较大规模的捐赠，馆藏持续增加，到 1860 年时已拥有约 2 万册藏书。校园内还设有医学和法律图书馆，以及两座学生社团图书馆。宾夕法尼亚州的其他学院图书馆在1850年之前规模较小，包括1783年成立的位于卡莱尔的迪肯森学院（Dickinson College）的图书馆、1802年成立的位于华盛顿的华盛顿杰斐逊学院（Washington and Jefferson College）的图书馆，以及1820年成立的位于米德维尔的阿勒格尼学院（Allegheny College）的图书馆。到1875年时，这些学院的藏书仅有7000—8000册，但幸有一两座学生社团图书馆作为补充。在新泽西州，罗格斯学院图书馆（Rutgers College Library）的规模仍然很小，到1870年时仅有7000册藏书。而普林斯顿大学（当时仍为新泽西学院）则幸运得多，到1875年时其藏书已达3万册。普林斯顿大学的图书馆曾在1802年的一场大火中几乎完全焚毁，但多年来有无数的捐赠，包括校友詹姆斯·麦迪逊（James Madison）总统捐赠的用于购书的1000美元，帮助了图书馆的发展。1873年，普林斯顿大学的图书馆迁入由纽约市的约翰·克利夫·格林（John C. Green）捐建的一座新的八角形石头建筑，其可容纳10万册藏书。

在纽约，哥伦比亚学院（Columbia College）的图书馆以较小的中心图书馆和若干院系图书馆为基础逐步发展而成。通过几位院长捐赠的私人藏书，以及美国最高法院法官约翰·杰伊（John Jay）等纽约名人的馈赠，其中心图书馆的藏书量到1860年时已达到约1.6万册。这一时期学院图书馆发展缓慢的原因可以从哥伦比亚图书馆的书籍预算中窥见：1825年仅有约175美元，直到1862年也不过500美元。即便到1870年时，哥伦比亚一年新增的馆藏仅有325册,其中还包括50种装订成册的期刊。

在南大西洋地区的各州,威廉与玛丽学院这所殖民时期的学院在革命后与北卡罗来纳、南卡罗来纳和佐治亚等州的州立学院共同发展。在威廉斯堡,这所曾为殖民地弗吉尼亚提供政治和学术领导的学院在革命后逐渐衰落,发展缓慢。1825年后,新成立的弗吉尼亚大学(University of Virginia)在许多方面取代了威廉与玛丽学院,其图书馆也成为全美最优秀的图书馆之一,这一切均得益于托马斯·杰斐逊的规划。杰斐逊亲自挑选了弗吉尼亚大学图书馆的首批藏书,并在他生命中的最后一年(1825—1826年)亲自整理了这些书籍。杰斐逊在大学正式开放后不久辞世,但他对学校的影响深远而持久。美国总统詹姆斯·麦迪逊也向弗吉尼亚大学图书馆捐赠了一份厚礼,包括约2500册藏书和1500美元现金。1838年,里士满的克里斯蒂安·博恩(Christian Bohn)又为图书馆捐赠了约4000册图书和1500幅版画。该图书馆几乎从一开始就被安置在由杰斐逊设计的圆形大厅建筑(Rotunda Building)内,这座建筑被誉为南方最漂亮的大学建筑之一。

北卡罗来纳大学教堂山分校图书馆(North Carolina's University Library at Chapel Hill)始建于1795年,最初藏书寥寥,包括由州长威廉·理查森·戴维(William R. Davie)捐赠的14册书籍。随后,该图书馆陆续收到其他捐赠。19世纪20年代,大学校长派人前往英国,同时为化学实验室购置仪器设备。1850年，图书馆迁入一座新建的希腊神庙式独立建筑，当时馆藏约为7000册。南卡罗来纳大学哥伦比亚分校（University of South Carolina at Columbia）的图书馆在1805年大学成立后不久开始建立。尽管大部分捐赠规模相对较小，该图书馆还是从州政府获得了相较于同期其他公立大学图书馆更多的支持，因此藏书稳步增加。1841年以后，图书馆有了自己的独立建筑，并得到了拥有1250册藏书的学生社团图书馆的补充。

在阿巴拉契亚山脉以西，第一所"学院"是1798年在肯塔基州列克星敦建立的特兰西瓦尼亚大学（Transylvania University）。起初它发展缓慢，但在1820年之后，它成为一所设有法学院和医学院的成熟的大学。那一年，大学为图书馆和其他设施筹集了1.4万美元，最终迅速积累了大约4000册书籍。俄亥俄州和密西西比河流域的大部分大学图书馆，都是在19世纪上半叶的后半段建立的。圣路易斯大学图书馆（St. Louis University Library）成立于1829年，到1875年时馆藏达到了1.7万册，另有8000册存放在学生社团图书馆中。印第安纳大学图书馆（Indiana University Library）也建立于1829年，起初由第一任校长购买了一系列图书。该图书馆捐赠不多，但偶尔会有小额拨款，州政府和联邦政府的文献也帮助填满了书架。第一份目录在1842年完成印刷。1854年，一场火灾烧毁了该图书馆5000册书籍中的大部分。俄亥俄州的玛丽埃塔学院（Marietta College）成立于1835年，1850年通过朋友和校友筹集了约8000美元用于扩充图书馆藏书，到1870年时，图书馆藏书达到 1.5 万册，另有 1 万册存放在社团图书馆中。

到 19 世纪中叶时，美国已建立了数百所学院，这些学院的图书馆在藏书规模、服务性质和范围上差异巨大。然而，仍可以得出一些概括性的结论。查尔斯·科芬·朱厄特（Charles Coffin Jewett）于 1851 年出版的《美国公共图书馆概况》（*Notices of Public Libraries in the United States*）现已广为人知，书中这样描述美国的学院图书馆：

> 我们的学院大多是公益性质的机构。它们的图书馆通常是慈善捐赠的偶然聚集，许多藏书几乎没有价值，早已从捐赠者的书架上淘汰下来。

他指出，并非所有图书馆都是如此，但不幸的是，这恰好是大多数图书馆的特点。

无论地处何方，南北战争前的典型学院图书馆规模都很小，藏书通常不足 2.5 万册，几乎完全依赖捐赠，学院管理层对其提供的直接资金支持则微乎其微。图书馆对学生每天甚至每周仅开放几个小时，其藏书几乎全部由旧书、参考书和经典版本组成。图书馆鲜少努力提升对学生的吸引力，事实上，也并未期待学生会频繁使用。如果图书馆设有独立的建筑，其设计通常是经典的风格，但实用性却与图书馆的需求相去甚远。

通常来说，由一名教职人员负责管理图书馆，这是一项附加任务，不会因此减轻其他职责，也没有额外薪酬。在这种情况下，不难发现许多新任"图书馆员"往往心不甘情不愿，他们对自己的职责态度冷淡且缺乏耐心。因此，图书馆的开放时间非常有限，规章制度既严格又僵化；而管理员在学生眼中往往成了既令人畏惧又让人厌恶的存在。不过，少数图书管理员，如布朗大学的查尔斯·科芬·朱厄特，是敬业且专业的典范，但在南北战争前的美国，这样的人实属凤毛麟角。

虽然像朱厄特这样的专业人士开始关注图书馆资料收集和组织的问题，但大多数图书馆员发现，对付他们手中那点儿小规模馆藏，只需投入最少的精力和想象力。如果对藏品进行分类，通常使用的是由当地自行设计的系统，而唯一的目录则是印刷或手写清单，按照作者、馆藏编号或主题大类进行编排。

学院图书馆藏书规模小，开放时间有限，借阅政策也十分苛刻，对学生几乎没有实际帮助。幸而，19世纪上半叶，大多数学院开始兴起学生文学社团图书馆，它们成为学生的重要资源。这些社团主要是辩论社团，关注的主题涵盖学术与公共事务的各个领域。由于辩论不仅要求学术水平，还讲究修辞水准，学生很快意识到建立大型馆藏的重要性，以便为辩论提供充足的参考材料。

由于南北战争前的学院图书馆难以满足文学社团成员对同一时代和流行读物的需求，这些社团迅速建立了自己的图书馆，其规模与实用性在许多情况下都可媲美甚至远超所在学院的图书馆。例如，在布朗大学，1794年成立的米斯科斯米安社团（Miskosmiam Society）在1798年重组并更名为费勒门尼安社团

（Philermenian Society），成为学校的主导社团。该社团每两周聚集一次，听辩论，听成员的演讲和诗作朗读，并评判演讲技巧。1798年，该社团开始收集图书，到1821年时其馆藏已达1594册，其选书颇具品位。1833年，该社团图书馆与其竞争对手联合兄弟会（The United Brothers）的图书馆共有藏书约5600册，这些图书的实用性和价值远远超过当时学院图书馆的6000册藏书。

公共图书馆的前身

殖民时期首次尝试建立公共图书馆可能是在1656年，当时波士顿的商人罗伯特·凯恩（Robert Keayne）上尉将自己的藏书遗赠给城镇，要求城镇为其建造合适的建筑来存放这些书籍。波士顿至少在一定程度上满足了这一条件，建造了一栋市政大楼，并为这些书籍安排了一个房间，但这些书籍是否被广泛使用还不得而知。1702年曾制作过一份目录，后来又补充了一些书籍，但这些藏书最终在1747年的一场火灾中被焚毁。

1656年，康涅狄格州州长西奥菲勒斯·伊顿（Theophilus Eaton）将大约95册书籍遗赠给纽黑文镇，供一所拟建的学院使用。但这所学院最终并未建成，镇议会在为这些书籍担忧了数年后，最终于1689年将它们卖给了一位牧师。在这段时间里，这些书籍一直存放在镇上的校舍里，因此无论是否投入使用，它们都可以被视为公共藏书。1672年，马萨诸塞州康科德也曾关注过"一些属于城镇的书籍"，但记录中并未提到具体数量或使用情况。尽管拥有公共藏书的证据很少，但关于1700年左右公众使用教会图书馆的证据则是确凿的。例如，波士顿的国王教堂图书馆（King's Chapel Library）成立于1698年，书籍由伦敦主教捐赠，许多新英格兰殖民地的遗嘱中也提到了牧师的藏书被遗赠给教会供公众使用。

圣公会牧师托马斯·布雷赞助过英国的教区图书馆，他对在殖民地建立图书馆特别感兴趣，在1695年至1704年间负责在美国建立了约70座图书馆。布雷将这些图书馆分为三类：（1）5座省级图书馆，分别在各省的主要城市设立，规模较大；（2）39座教区图书馆，规模较小，分配给圣公会的各个教区；（3）约35座平信徒图书馆，分配给牧师，并供当地居民借阅或直接赠送给他们。省级图书馆是规模最大的，其中最重要的馆藏位于马里兰州安纳波利斯和南卡罗来纳州查尔斯顿。

马里兰州和南卡罗来纳州早期的图书馆法由省级立法机构通过，旨在确保和维护布雷图书馆。至少有一座布雷图书馆（位于安纳波利斯）被设立为公共图书馆，藏有约1100册书籍。该图书馆由省政府维护，位于州议会大厦内，从1697年开始运转，直至1704年因火灾焚毁。部分书籍被抢救出来，与当地一所学校的藏书合并，作为圣约翰学院图书馆（St. John's College Library）的珍贵藏品一直保存到20世纪。

布雷及其同仁的活动催生了其他教区图书馆的建立，这些图书馆分布在纽约州、宾夕法尼亚州、北卡罗来纳州和南卡罗来纳州等地。1700年，北卡罗来纳州巴斯收到了一批图书，其中包括供牧师使用的 166 册精装书，以及供公众使用的 800 册书籍和小册子。奇怪的是，供牧师使用的书籍内容更为广泛，而供公众使用的书籍则几乎完全是神学或励志作品。布雷图书馆建立在查尔斯顿后，促使当地在 1700 年通过一项立法法案，将一名牧师任命为图书馆员，并就图书馆作出详细的使用说明。有如此良好的开端，教区图书馆似乎有望发展壮大，并最终成为活跃的公共服务机构，但由于未能为新增藏书做出规划，在布雷牧师去世后，教区图书馆逐渐失去人们的关注，大部分最终都消失了。一些原本属于教区图书馆的书籍保存在公共图书馆或教会图书馆中，它们是图书馆事业的见证，比现代公共图书馆的兴起早了两个世纪。

随着殖民地的局势日益稳定，人们的休闲和学习时间逐渐增加，许多爱书之人开始想方设法满足日益增长的阅读需求。社会图书馆便应运而生，似乎是美国最伟大的思想家之一本杰明·富兰克林的卓越智慧孕育而成的创举。

富兰克林对知识的渴求和对提高自我和他人的渴望促使他于 1728 年在费城组织了著名的君托俱乐部（Junto）。这个团体的目的是培养诚实而有风度的辩论和思考，并尽可能为人类的进步做出贡献。该俱乐部由 12 名费城的年轻人组成，他们大多出身贫寒，致力于寻求真理的理想。富兰克林表达了对思想自由的基本信念，他写道："当真理与错误展开公平较量时，前者总能战胜后者。"

在寻求知识和理解知识的过程中，君托俱乐部的成员们常因书籍的匮乏而感到沮丧。为了破解这一难题，富兰克林于1730年提出一个建议，让俱乐部的每名成员将自己的书籍带到他们聚集的小房间中，"将我们的书籍汇集成共同的图书馆，我们应该……每名成员都能使用其他成员的书籍，这几乎同拥有整座图书馆的所有资源一样带来巨大的益处"。然而，这一尝试终究短暂，因为有些成员认为自己的书籍未能得到妥善照料，而且这种安排亦显得颇为不便。值得一提的是，这些意气风发的年轻人深信通过系统和积极的书籍学习能够大大改善他们的生活机遇。

但富兰克林很清楚通过"俱乐部"来增加读者获取书籍的机会是显而易见的，因此他在1731年"启动了自己的第一个公共项目，即订阅图书馆（Subscription Library）"。这座图书馆创立于1731年，并于1742年获得了正式的特许，成为费城图书馆公司（Library Company of Philadelphia），这是美国历史上第一座此类图书馆。用富兰克林的话来说，它是"如今众多的北美订阅图书馆之母"。他对这些图书馆尤为自豪，并坚信自己的图书馆会被其他社区模仿。他说"这些图书馆提高了美国人的一般谈话水平"，并且使得"普通商人和农民像其他国家的大多数绅士一样聪明"。虽然学者们对富兰克林所说的图书公司孕育了当时所有的社会图书馆持怀疑态度，但近来的研究却有力地证明，富兰克林的创举确实在殖民地各个图书馆的建立中产生了重要的影响。

社会图书馆形式一旦建立，就成为当地社区满足阅读需求的一种流行方式。此类图书馆无疑是公共图书馆的重要前身。在1731年之后的几年里，此类图书馆发展出了多种形式，为了方便起见，它们都归类为"社会图书馆"。然而，为了便于理解，我们不妨稍做停顿，思考一下这个术语的不同变体。富兰克林的费城图书馆公司在法律上被称为股份公司，也就是说，图书公司的每名成员都拥有该公司的一股或多股股份，其股份可以像任何公司的股票一样买卖。

这种"股份制"形式成为社会图书馆创立的基本模式，但随着时间的推移，其他社会图书馆需要的资金支持开始超出公司销售股份所得的初始资金规模。于是，除了要求购买股份，他们开始收取年费，同时也允许那些不是股东的个人按年或更短期限订阅图书馆的服务，这就是"订阅"图书馆这一名称的由来。

第三种主要发展形式是"雅典学会"（athenaeum），这是基于社会图书馆形式建立的一种组织，但其主要特点在于提供学术类报刊和杂志，同时经常举办文化和娱乐活动。雅典学会通常费用更高，因而成为社会图书馆形式中最具贵族特性的一种。其股份价格高达每股300美元，而普通社会图书馆的股份价格平均仅为1—4美元。1807年在波士顿成立的第一个雅典学会最为著名，不仅成为后续众多学会的典范，还在塞勒姆和费城等地延续至今。

最后，社会图书馆形式在19世纪初迎来了进一步的发展，有志之士创立了所谓的"机械工人"（mechanics）图书馆和"商业"（mercantile）图书馆。雷·赫尔德（Ray Held）在其关于加州图书馆史的著作中试图根据使用者对社会图书馆进行分类，认为图书馆可分为两大类：（1）为个人使用而创立的图书馆；（2）为他人使用而创立的图书馆。机械工人图书馆和商业图书馆属于后一类，反映了由慈善领袖为"公众"创办图书馆的兴起。在这种情况下，富有的商人和实业家支持在美国工业化城市建立这类图书馆，旨在"培养有序和高尚的习惯，传播知识和求知欲，提高科学技能"，并将工厂机械工人和商业职员培养成称职的公民和高效的劳动者，为美国工业和商业的发展服务。

社会图书馆的组织形式通常非常简单。在规模较小的图书馆中，书籍的排列大多仅限于一般分类，很少或根本不尝试整理书籍，而规模较大的馆藏则更为认真地进行编目，从简单的手稿接收记录到按字母顺序或分类排列的印刷目录不等。藏书的存放地点可能是公共建筑、会员的住所或商铺，而规模较大的图书馆则会位于租用或购买的独立建筑物内。开放时间从每周一两天开放几个小时到每天开放八个小时到十个小时不等。小型图书馆由志愿者或受薪工作人员负责借还书事务，而规模较大的图书馆则雇用专职的"图书管理员"。早在1793年，就有人编写了一本小册子，为社会图书馆的选书人员提供最佳的图书获取方法和图书选择建议。这本小册子名为《适合组建社会图书馆的最受推崇的英文出版物精选目录》（*Selected Catalogue of Some of the Most Esteemed Publications in the English Language Proper to Form a Social Library*），由塔迪厄斯·梅森·哈里斯（Thaddeus Mason Harris）撰写，他曾在哈佛大学短期担任图书管理员。他的小册子是美国最早的图书选择著作之一，颇具研究价值。他把所有的书分为三类：纪实类、学理类和想象类。第一类包括历史、传记和旅行，第二类涵盖科学、哲学和宗教，第三类则囊括诗歌、戏剧、小说和艺术。他总共推荐了 81 种书，这些书在当时无论是从时代背景考量，还是从图书馆的自身需求出发，都堪称精选佳作。通常，小型社会图书馆每年只购买少量新书，但整体而言，这些图书馆构成了一个重要的图书市场，因此书商和出版商很快就开始为其提供特别折扣以争取业务。

事实证明，社会图书馆是满足美国迅速增长的人口日益高涨的阅读需求的一种有效手段。然而，它存在致命的缺陷，即依赖自愿支持的原则。正如杰西·豪克·谢拉（Jesse H. Shera）所指出的，这种"如同流沙般不稳定"的自愿支持显然不足以满足图书馆倡导者对全国范围内广泛而高效的图书馆服务的期待。令人担忧的是，社会图书馆在经济困难时期常常难以为继。1819 年、1837 年和 1857 年的大萧条给国家带来了严重的经济困境，迫使人们不得不撤回对包括社会图书馆在内的各种文化和娱乐活动的支持。结果，每逢经济困难时期，许多美国社区便会失去图书馆服务。这种不稳定性对于那些认为图书馆无论出于何种原因都对共和国的成功至关重要的人来说是无法接受的。他们开始努力寻求一种能够为图书馆服务带来稳定和活力的支持方式，最终将目光转向通过公共税收资金支持图书馆的理念。

因此，富兰克林和他费城的青年朋友们首次提出的社会图书馆形式的众多变体构成了公共图书馆崛起故事中的重要篇章。事实上，公共图书馆在19世纪下半叶建立时，往往吸纳了本地的社会图书馆，或者更常见的是，通过接收社会图书馆藏书的捐赠起步。无论如何，一旦公共图书馆在各个社区建立，社会图书馆的未来就会趋于有限。只有那些独具特色或拥有深厚传统底蕴的图书馆得以延续至今，如费城图书馆公司。

美国的社会图书馆通常被宣传为严肃的知识来源，旨在满足那些渴望自我提升人士的需求。这些图书馆并不迎合大众对浪漫小说和流行小说的兴趣，至少在公开场合如此，而是选择购买最优质的非虚构类作品和少量经典文学作品。公众对浪漫小说的旺盛需求，则由以商业为目的的图书馆满足。这类图书馆专注于收藏最新、最受欢迎、最令人兴奋的小说。它们被称为"流通"（circulating）图书馆。它们首次出现于美国革命之前。

这些流通图书馆通常由印刷厂或书店经营，以租赁的形式提供图书，读者可支付少量费用租借图书，既可以一次租一本书，也可以在一段特定时间内租若干本书。据推测，最早的租赁图书馆由威廉·林德（William Rind）于1762年在马里兰州安纳波利斯成立。他提出，每年支付27先令（1.35英镑）的会员可每次借阅两本书。但这一尝试并未取得成功，林德的图书馆于1764年关闭。尽管如此，这一理念逐渐流行，到1765

年或稍晚些时候，波士顿、费城、纽约和查尔斯顿等城市均出现了租赁图书馆。其中，波士顿的约翰·梅因（John Mein）创办了一座规模颇大的流通图书馆，他还雄心勃勃地出版了一份包含约1200种图书的目录。会员支付28先令（1.4英镑）的年费即可随意借阅，每次限一本。遗憾的是，由于梅因是效忠派，在美国革命临近时，他被迫离开了波士顿。塞缪尔·劳登（Samuel Loudon）经营的流通图书馆在18世纪70年代初为讲究品味的读者提供了约2000种图书，其中最受欢迎的一些是诗集。

流通图书馆在美国革命后的半个世纪内最为成功，值得一提的是，大多数提供书籍租赁服务的机构同时也经营书籍销售业务。在1775年前，大城镇中书商随处可见，例如费城就有至少25家书商刊登广告。书商的基本库存通常包括启蒙读物和其他教科书、祈祷书以及词典，当地法律条文和年鉴类书籍也是常备商品。此外，普通买家还能找到布道文集、时事政治小册子以及部分文学作品，而许多私人图书馆中较为厚重的著作很可能是从英国订购的。

尽管纯粹以商业为目的的流通图书馆在美国革命后数量有所增加，但与社会图书馆相比，其文化重要性可能微不足道。一方面，流通图书馆与其通常隶属的书店一样，活动范围仅限于大城镇；另一方面，流通图书馆在读者群体方面与社会图书馆有所不同，其更偏向随意的普通读者而非求知若渴的认真的读者。流通图书馆规模一般较小，但个别历史悠久的老牌书店藏书量却可达数千册。纽约市的卡里塔特流通图书馆（Caritat's Circulating Library）开办于1797年，1804年的目录中已收集超过5000册藏书，其中包括1000多种小说。与社会图书馆相比，流通图书馆更能反映当时大众的阅读喜好。但不幸的是，有关这些商业机构的藏书记录寥寥无几，更不必说关于其实际使用情况的统计。一个有趣的例子是1830年后在伊利运河上活跃了一代的"图书船"（Book Boat）。这艘船往返于奥尔巴尼和布法罗之间，每到一地会停靠码头几个小时或几天，以每个小时2美分或每天10美分的价格出租各类读物，从布道文集到笑话书一应俱全。尽管流通图书馆在公共图书馆的总体发展中不如社会图书馆重要，但其研究者已经注意到此类图书馆引起了当时"最优秀的人"的强烈反对。正是这些人谴责流通图书馆迎合读者最低级品位的倾向，并担心这种"垃圾读物"会对读者的思想和行为产生影响，尤其是女性读者。这些社团领袖率先倡导建立公共图书馆，藏书需精心挑选、庄重得体。如果说流通图书馆是"那棵承载邪恶知识的常青树"，那么他们认为公共图书馆就是那棵树的"解毒剂"。

社会图书馆和流通图书馆必然被视为美国公共图书馆的重要前身，不过，公共图书馆还有另一个重要前身——学区图书馆。1839年，时任马萨诸塞州教育委员会秘书的霍勒斯·曼（Horace Mann）在其《第三次年度报告》（*Third Annual Report*）中阐述了学区图书馆的理念，这一理念后来经过些许调整，成为美国首批公共图书馆创立者的重要指导思想：

> 当年轻一代在学校中养成了良好的阅读习惯后,他们应该读些什么?若无书可读,阅读能力将毫无用处;若尽读劣书,其危害甚至超过无知,正如智慧优于愚昧那般明显。那么,究竟有哪些书籍能够为全州广大儿童所接触,既能满足其道德与智识方面的需求,又能以正直与智慧之养分滋养其心灵呢?

正是这一问题促使教育家、思想家乃至立法者开始寻求一种既能满足儿童又能惠及成人的阅读途径,而解决方案之一就是建立与沿海各州常见的学区相关的图书馆。

这种类型的图书馆似乎起源于纽约州,但大范围传播至新英格兰和中西部地区。纽约州立法机构于1835年通过一项法案,允许学区征税以建立学区图书馆。这项法案没有引起多大反响,1838年通过的另一项法案则更具成效,该法案规定州政府将根据地方征税情况,向地方提供相匹配的资金用于购书。短短三年内,超过40万册图书被送至全州的学校。这一理念逐渐发展,到1850年时,纽约州的学区图书馆已收藏近150万册书籍。但是由于缺乏专业的管理人员和适当的设施,许多书籍遗失或受损。起初,学区图书馆曾受到高度关注,但这种热情消退得也很快,州法律后来允许将图书馆经费用于其他用途。马萨诸塞州于1837年建立了学区图书馆系统,到1850年时,据称该州已有2084座这样的图书馆,总藏书约10万册,平均每座图书馆仅有约50册,这一举措同样未取得显著成功。康涅

第三部分：西方现代图书馆的发展

狄格州于1839年效仿马萨诸塞州，罗得岛州则在1840年施行类似法律，在少数情况下，这些图书馆最终发展为实际运转的学区图书馆。中西部的几个州，包括密歇根州、印第安纳州和俄亥俄州，在1850年前也通过了学区图书馆法，但总体而言，这些尝试未能取得较大成功。

学区图书馆的失败既与其藏书内容有关，也与其不当的管理方式密切相关。此类图书馆的藏书通常由教科书、一般性著作和少量励志读物组成，对书籍的选择缺乏重视。多数书籍内容艰深，远超大部分学生的阅读水平，也未能激发他们的兴趣。虽然理论上这些图书馆对社区成年人开放，但实际使用率极低。此外，一些出版商利用学区图书馆法的漏洞，通过地方代理以支付佣金的方式销售成套书籍。这些书籍用纸粗糙，印刷与装订质量低劣。它们不仅耗尽全部预算，而且内容枯燥、外观单调，难以吸引读者。由于学校建筑内缺乏足够的存放空间，图书常被暂存于教师或学校董事会成员的家中。19世纪50年代关于纽约州的学区图书馆的调查显示，许多书籍被丢弃在壁橱、地下室和阁楼中，已经发霉。从某种意义上说，学区图书馆试图同时承担公共图书馆与学校图书馆的功能，但两方面都未取得成功。这种图书馆形式不仅操之过急，而且支持不足，最终只得失败，但它开创了公共支持图书馆服务的先例，为更完善的学校与公共图书馆的建立铺平了道路。

另一种值得注意的面向儿童的图书馆服务形式是主日学校（Sunday School）图书馆，这是19世纪美国数量最多但最鲜为人知的一种图书馆形式。几乎每个教会,尤其是在北部和西部地区,都拥有一小部分藏书被指定为"主日学校图书馆"。有时,这些藏书会包括相当丰富的通识类书籍,但在更多情况下仅限于宗教和励志作品。在缺乏其他阅读材料来源的地方,尤其是在边远地区,主日学校图书馆常常成为儿童和成人阅读的选择。但由于藏书的专业性以及人们普遍的忽视,这些图书馆很快便走向衰落。

除了学区图书馆和主日学校图书馆,孩子们还可以通过其他几种类型的图书馆接触到书籍。其中一个来源是南北战争前附属于全国众多私立学校和学院的图书馆。

一些学院创建于殖民时期,但关于它们的图书馆的记载鲜少。从少数留存下来的图书馆遗迹或印刷目录来看,这些图书馆通常是由捐赠书籍组成的,选书质量较差,利用率也不高。这些学院图书馆一般由教职人员负责管理,组织和编目通常较为随意。它们的开放时间有限,对教科书以外的书籍关注较少。学院的许多老师往往有自己的藏书,这些藏书比学院图书馆更符合学生的需求或兴趣,他们也愿意供学生使用。此外,在一些实力较强的学院中,常设有文学社图书馆,这些图书馆规模虽小,使用率却相对较高。

除了学院,19世纪初也有少数公共图书馆专门为儿童提供书籍。1803年,卡莱布·宾厄姆(Caleb Bingham)在康涅狄格州索尔兹伯里(Salisbury)创办了一座图书馆,专门面向9—16岁儿童,但似乎也被成年人广泛使用。1804年,杰西·托雷博士（Dr. Jessey Torrey）与纽约州新黎巴嫩图书馆协会（Library Society）合作，开设了一座青少年图书馆。一些订阅图书馆也收藏了儿童书籍，有证据表明，1810年在肯塔基州路易斯维尔和1823年在弗吉尼亚州里士满曾有儿童图书馆协会（Children's Library Society）的记录。1835年，马萨诸塞州西剑桥创办了一座少年图书馆（Juvenile Library），但仅有每周六开放几个小时。每个家庭可借阅3本书，期限为30天。学徒图书馆、基督教青年会图书馆，以及主日学校图书馆也为儿童和青少年提供了一定的服务。学徒图书馆通常面向11岁或12岁以上的男孩，基督教青年会图书馆亦如此，而主日学校图书馆则以讲述无比乖巧的小朋友的感伤故事来吸引青少年读者。流通出租图书馆也有一些大孩子感兴趣的书目，但总体而言，在南北战争前的公共图书馆中，儿童可用的书籍依然稀缺。

专门图书馆的兴起

从某种意义上说，之前提到的许多图书馆都可以被定义为"专门性"的。然而，在现代用法中，我们通常将专门图书馆视为规模相对较小、服务对象明确且使命清晰集中的图书馆。基于这些特征，可以回顾美国图书馆史的前两个世纪，找到一些可被合理归类为"专业"图书馆的实例。

例如，费城的宾夕法尼亚医院图书馆（Pennsylvania Hospital Library）可能是美国第一座医学图书馆，成立于1763年。同样，1743年在费城创立的美国哲学会图书馆（Library of the American Philosophical Society）可能是美国最古老的专门图书馆，除非将托马斯·布雷博士于1700年左右为供圣公会牧师使用而捐赠的教区图书馆（parochial libraries）算在内。由于几乎没有任何一种图书馆比这些图书馆更早，可以说专门图书馆在美国历史上和其他图书馆一样悠久。

早期的神学图书馆几乎总是与学院和神学院相关。显然，美国最早严格意义上的神学图书馆，是1791年在巴尔的摩成立的圣玛丽神学院（St. Mary's Theological Seminary）图书馆。此外，1794年在宾夕法尼亚州比弗县还设立了一所长老会神学院（Presbyterian Theological Seminary），其图书馆始于牧师约翰·安德森（John Anderson）收集的约800册藏书。截至1825年，又有21座神学图书馆建立，大多数位于神学院内，到1875年时，神学图书馆超过了120所。安多弗神学院（Andover Theological Seminary）的图书馆位于马萨诸塞州安多弗，尽管规模高于平均水平，但其发展情况具有典型意义。该神学院成立于1807年，1808年开放时仅有一座小型图书馆，其规模依靠捐赠和采购逐渐扩大，到1875年时藏书超过3.4万册，另有小册子约1.2万份。除了几笔大额捐赠，1858年安多弗神学院还购入了来自柏林的C.W.尼德博士（Dr. C. W. Nieder）的藏书，其中包含约4000册珍稀著作。该图书馆在1819年首次出版了印刷目录，1838年又出版了一份目录，1849年又发布了一份增补书目。从1818年至1866年，图书馆位于学院教堂的一个房间内，1866年迁入由三位安多弗市民捐赠的独立建筑。大多数

第三部分：西方现代图书馆的发展

神学图书馆比安多弗神学院的图书馆规模小，19世纪时的藏书量一般在2000册至1.5万册之间。除了严格意义上的神学图书馆，许多早期学院图书馆也拥有丰富的神学藏书。例如，哈佛神学院（Harvard Divinity School）于1825年建立了自己的图书馆，到1875年时藏书达1.7万册。此外，许多教堂也设有小型图书馆，不过它们往往更像是牧师的学习资料收藏，而非真正的图书馆。

法律界是专门图书馆的早期发展领域。由于法律书籍是法律工作者的工具，殖民时期的法律专业学生通常会在教科书的基础上添加地方法律文本和法律手册内容，从而因实际需要逐步形成小型的私人法律图书馆。其中一些私人图书馆无疑可以供其他律师使用，地方官员办公室的藏书也是如此。然而，这些藏书尚不足以被视为专门图书馆。直到19世纪初，第一批法律图书馆才开始出现。费城法律协会图书馆（Philadelphia's Law Association Library）于1802年成立，波士顿社会法律图书馆（Boston's Social Law Library）紧随其后，于1804年成立。顾名思义，这些图书馆是社会图书馆概念的延伸，通过律师群体的集体购书，解决了个人难以负担大量法律书籍费用的问题。19世纪40年代，纽约州和东北部其他各州建立了半公共性质的县立法律图书馆。有些由公共立法推动设立，例如在马萨诸塞州，而另一些则由地方法律协会创办。19世纪还出现了另一类法律图书馆，即法学院或大学法律系的图书馆。哈佛大学法学院图书馆（Harvard University's Law School Library）成立于

1817年，到1875年时藏书已超过1.5万册。同年，美国还有其他21所法学院报告设有图书馆，但大多数藏书不足1万册。

历史图书馆在19世纪也颇为流行，其规模差异显著。马萨诸塞州历史学会（Massachusetts Historical Society）于1791年获得特许，可能是最早成立的学会，随后在下个世纪初，邻近各州也相继成立了其他几个学会。到1850年时，大多数州都有历史图书馆，其中少数获得政府资助，其余则依赖支持性学会的运营。无论何种方式，其藏书多为赠送之书、免费的政府出版物，以及与其他历史团体交换而来的图书。一些城镇和县支持了本地的历史学会，但多数此类图书馆规模较小且疏于管理。至1875年，从缅因州到加利福尼亚州、从阿拉巴马州到威斯康星州，美国共有约80座历史学会图书馆，馆藏规模从仅仅几百册到纽约历史学会（New York Historical Society）的6万册不等。

位于普罗维登斯的罗得岛州历史学会图书馆（Rhode Island Historical Society Library）是1875年以前历史图书馆的典型代表。罗得岛州历史学会成立于1822年，拥有约150名会员，入会费为5美元，年费为3美元。其图书馆始于几本赠书，到1870年时已有约6000册图书和3万份小册子，主要涉及罗得岛州历史，其次是新英格兰和美国其他地区历史。许多藏书通过与其他州类似学会交换出版物而得。学会拥有自己的建筑，但没有受薪员工，其图书馆由一名志愿"图书馆员"管理，每周只向会员及其客人开放几个小时。

一些历史学会由宗教组织资助或与宗教组织相关，如费城公谊会历史学会（Friends' Historical Society of Philadelphia）和费城长老会历史学会（Presbyterian Historical Society of Philadelphia）。到19世纪60年代时，这些学会的图书馆均有数千册藏书。大多数历史图书馆资金匮乏，但是其藏书中往往包含许多珍贵的文献，其出版物也为美国出版的历史文献做了重要的补充。

与历史图书馆有些相似的是19世纪早期在大城市中发展起来的科学学会图书馆。费城的美国哲学学会图书馆（American Philosophical Society Library）起源于殖民时期，虽然增长缓慢，但其科学和哲学领域的藏书几乎都具有重要价值。到1875年时，该图书馆拥有约2万册图书和同样数量的小册子。成立于1812年的自然科学院（Academy of Natural Sciences）也位于费城，到20世纪中叶被誉为该领域最好的机构之一，其图书馆拥有3万册藏书和3.5万份小册子。费城的富兰克林学会（Franklin Institute）成立于1824年，专注于物理科学，其图书馆规模略小于哲学学会图书馆和自然科学院图书馆。位于波士顿的美国艺术与科学院（American Academy of Arts and Sciences，成立于1780年）和波士顿自然历史学会（Boston Society of Natural History，成立于1831年）到1875年时分别拥有1万册以上的图书，而马萨诸塞州园艺学会（Massachusetts Horticultural Society，成立于1829年）的图书馆约有2500册藏书。纽约也有这样的科学图书馆，例如美国地理学会（American Geographical Society，成立于1852年），其图书馆到1875年时拥有1万册藏书，以及纽约科学院（New York

Academy of Sciences，成立于1818年），其图书馆后来只有3500册藏书。到1885年时，纽约市至少有33座重要的专门图书馆，包括9座医学和医院图书馆、6座法律图书馆、8座科学图书馆、4座神学图书馆、2座历史图书馆和1座保险图书馆。

19世纪，医学和医院专门图书馆较其他学科领域的图书馆藏书更少、规模更小，可能是因为医学领域的文献相对有限。在宾夕法尼亚医院图书馆建成之后，至1800年，又成立了5座医学图书馆，到1860年时，美国医学图书馆数量已达23座，藏书量从1000册到1万册不等，大部分位于东北部地区。纽约的医院医学图书馆（Hospital Medical Library）成立于1796年，至1875年藏书超过1万册，而纽约的医学学会图书馆（Academy of Medicine Library）自1846年成立以来仅积累了3000册藏书。费城的医师学院图书馆（College of Physicians Library）始建于1789年，到1875年时藏书量达18750册，仅次于华盛顿的卫生局局长办公室图书馆（Library of the Surgeon General's Office），后者为当时美国最大的医学图书馆。到1850年时，几乎每个州都有医院、医学院和学会设立的医学图书馆，不过大多数规模较小。

为政府服务的图书馆

欧洲的国家图书馆是世界上主要的图书馆类型之一，美国的情况也类似，其最大的图书馆是属于政府机构性质的，即国会图书馆。最初，国会图书馆被设立为国家立法机构的参考图

第三部分：西方现代图书馆的发展

书馆，经历了漫长且多样的历史发展过程，到20世纪已成为美国名副其实的国家图书馆。美国国会图书馆并不是美国政府运营的唯一重要图书馆，除了联邦图书馆，还有许多隶属于各州的重要图书馆。总而言之，美国的政府图书馆占美国人民可利用的图书馆资源的很大一部分。这些图书馆主要为政府官员和雇员服务，但也有许多向公众开放，其宝贵的资源以直接或间接的方式为社会所用。

美国国会图书馆的历史始于美国建国初期。从1776年美国独立起，新成立的政府曾利用纽约和费城的几个图书馆，尤其是纽约社会图书馆和费城图书馆公司的资源。大陆会议（Continental Congress）及其继任机构拥有的书籍数量较少，但直到1800年美国政府迁至新首都华盛顿特区后，才开始着手建立真正意义上的图书馆。同年，美国国会拨款购买书籍，并在伦敦订购了第一批书籍，共740册。1802年，新国会大厦中划出一个房间作为国会图书馆，并由时任总统托马斯·杰斐逊任命众议院书记员为第一任图书馆员。杰斐逊还参与了这座图书馆首批藏书的选购工作，但到1814年时，国会图书馆仅拥有约3000册书籍。同年，在美国第二次独立战争期间，入侵的英国军队焚毁了国会大厦，这座刚刚起步的国会图书馆也随之化为灰烬。战争结束后，关于如何重建图书馆的争论相当激烈，前总统杰斐逊主动提出将他优质的私人藏书出售给政府，从而解决了这一问题。

杰斐逊的图书馆确实被政府买下了，但在此之前，美国国会不得不经历其短暂历史上最激烈的辩论之一。大多数人反对收购杰斐逊的图书馆是因为在杰斐逊和麦迪逊执政期间，政治对手之间积累的旧怨。新英格兰联邦党人赛勒斯·金（Cyrus King）对这个提议特别愤怒，他批评道：

> 通过收藏"这座图书馆"的人的品格以及位于法国的收藏地点可以推断，这座图书馆收藏了非宗教和不道德的书籍，这些书籍是法国哲学家的作品，正是这些法国哲学家引起并影响了法国大革命的爆发……现在居然要花2.39万美元买下杰斐逊先生的约6000本书，其中既有好书，也有坏书，还有无关紧要的书；既有新书，也有旧书，还有毫无价值的书，用许多人看不懂也不应该看懂的语言写出来的书。

他总结道，这就是"杰斐逊和麦迪逊真正的哲学——让国库亏空，让人民贫困，让国家蒙羞"。但正如亚瑟·贝斯特（Arthur Bestor）指出的，这个国家确实很好地经受住了这种"耻辱"，因为杰斐逊的图书馆是美国最好的图书馆之一，这次收购让美国国会图书馆一举成为全美图书馆中的佼佼者。

乔治·沃特森（George Watterson）被任命为首位全职国会图书馆馆长。图书馆最初设立在临时场所，直到1824年才迁至新国会大厦内的永久性馆舍。截至这一年，美国国会每年为图书馆拨款约5000美元，通过购买书籍、接受捐赠以及收集政府出版物，馆藏书籍稳步增加。1832年，图书馆的部分法律藏书被分离出来，组建了一座专门供美国最高法院使用的图书馆，但在这段时间内，该图书馆仍由美国国会图书馆馆长负责管理。到1850年时，美国国会图书馆的藏书规模已增至约5万册，仅次于哈佛大学图书馆，成为当时美国第二大图书馆。然而，1851年美国国会大厦再次发生火灾，烧毁了图书馆的大部分藏书，其中包括杰斐逊原有藏书的三分之二。

19世纪中叶，国会图书馆仅仅被视作一个为国会议员提供参考书的藏书机构，其作为"国家图书馆"的地位尚未确立。这一转变是在安斯沃思·兰德·斯波福德（Ainsworth Rand Spofford）的不懈努力和开明领导下得以实现的，他在1864年至1897年间担任国会图书馆馆长。而在同一时期，华盛顿还有另一座自称具有"国家"性质的图书馆。该图书馆隶属于新成立的史密森学会（Smithsonian Institution），其负责人是美国最著名的图书馆学家之一、意志坚定而又颇具争议的查尔斯·科芬·朱厄特。

当朱厄特于1847年被任命为史密森学会图书馆员时，他满怀信心地计划将其打造为美国的国家图书馆。然而，他却低估了史密森学会秘书、著名科学家约瑟夫·亨利（Joseph Henry）的影响力，亨利坚持将学会有限的资源用于支持科学研究和出版项目，并最终取得了胜利。

起初，朱厄特似乎取得了一些进展。他推动了版权送存法的通过，该法律规定每件受版权保护的作品必须分别提交一份副本给史密森学会和国会图书馆。他坚持不懈，试图将史密森学会打造成全国"书目知识中心"，并率先开展了一些大胆却令人沮丧的联合编目项目。他还于1851年出版了著名的《美国公共图书馆概况》，这本书如今被公认为美国首次对国家图书馆资源进行调研与评估的开创性尝试。

没过几年，意志坚定的图书馆员朱厄特和坚决果断的史密森学会秘书亨利在政策问题上发生冲突，最终朱厄特被迫辞职，他搬到了波士顿，后来成为这座城市新成立的公共图书馆的第一任馆长。亨利秘书则迅速着手废除朱厄特的国家图书馆计划，1866年，史密森学会的4.4万册藏书被转移到国会图书馆，使国会图书馆一跃成为当时美国藏书量最大且最令人瞩目的图书馆。

大多数州也设有一座或多座政府图书馆。早在美国革命之前，各地立法厅中就有法律书籍供官员和立法者使用。弗吉尼亚早在1661年就在省秘书办公室设有一座小型图书馆，现存至少50本书属于1776年以前的殖民政府。那一年，托马斯·杰斐逊提议为弗吉尼亚州设立一座州立图书馆，但直至1828年，杰斐逊去世仅两年后，该州才建立州立图书馆，并将当时属于州政府办公室的所有书籍集中到一个地方。1831年，位于里士满的弗吉尼亚州立图书馆藏书量达到5500册；到1856年时，这一数字增长至1.75万。

宾夕法尼亚州的首府早在1777年便设有一座小型图书馆，而其他殖民地很可能也为其官员和立法者收藏了法律书籍，不过，直到1800年之后，大多数州才陆续建立了正式的州立图书馆。南卡罗来纳州在1814年便已有了州立图书馆；宾夕法尼亚州紧随其后，其州立图书馆于1816年成立；纽约州和新罕布什尔州在1818年建立了州立图书馆；而东部地区大部分州则在1840年之前完成了州立图书馆的建立。密歇根州的州立图书馆始建于1828年，伊利诺伊州的州立图书馆则在1839年成立，中西部地区的其他大部分州在1850年之前也纷纷成立了自己的州立图书馆。在更西部的州，地区图书馆通常先于州立图书馆建立。

早期的州立图书馆通常主要收藏法律书籍和政府官方出版物，但它们从一开始就收藏了许多历史或地理书籍。这些藏书大多是捐赠之书、州政府出版物，以及与其他图书馆交换而来的图书，或者通过国会的法案获取的联邦出版物。州立图书馆通常仅限州政府官员使用，有时甚至连他们借书时也需要留下押金。图书馆员一般由政治任命产生。一些州立图书馆从一开始就是供公众使用的，例如纽约州的州立图书馆，它被设立为"政府和州民使用的公共图书馆"。早期州立图书馆的财政支持通常不稳定，大图书馆的藏书增加缓慢。南北战争后不久，美国共有46座州立和地区图书馆，但其中只有10座藏书超过3万册，最大的一座是纽约州的州立图书馆，拥有9.5万册藏书。

加拿大图书馆

加拿大图书馆的发展历程在某种程度上与美国图书馆相似，

但也存在显著差异。首先，加拿大东部部分地区文化源于法国，并且法语和法国文化至今在魁北克仍占据主导地位。其次，加拿大曾长期处于殖民状态，即便在获得自治领地位并成为英联邦成员之后，加拿大仍与英国保持密切的政治和文化联系。最后，加拿大地域辽阔、人口稀少、交通发展缓慢，再加上寒冬漫长，这些因素进一步加剧了社会化和交流方面的困难。然而，加拿大图书馆的发展始终稳步推进，如今它们已能与欧洲国家和美国的图书馆媲美。

几乎可以肯定的是，书籍随着最早的一批法国探险者来到了加拿大。像马克·莱斯卡博（Marc Lescarbot）、塞缪尔·德·尚普兰（Samuel de Champlain）和西耶尔·德·蒙特（Sieur de Monts）这样的人物，最初造访加拿大时就拥有了小型图书馆。至少有说法称莱斯卡博将自己的部分书籍借给他人阅读。此外，早期的传教士也带来了书籍，早在1635年，加拿大最早建立的耶稣会"学院"就设有一座小型图书馆。然而，对于生活在荒野中的法国毛皮猎人和商人，甚至新斯科舍省的阿卡迪亚农民来说，书籍几乎是闻所未闻的。在长达一百五十年左右的时间里，法属加拿大的书籍基本上只存在于小型宗教图书馆和牧师、官员的私人藏书中，直到1763年英国接管加拿大后，这种状况才发生变化。

早在英国国旗飘扬在圣劳伦斯河上空之前，哈德逊湾公司（Hudson Bay Company）就已将它带到了加拿大北部的毛皮产区，并在公司的前哨站为商人们提供了几箱书籍。甚至早期进

第三部分：西方现代图书馆的发展

入加拿大西部的探险者，无论是经陆路还是经太平洋，通常也随身携带少量书籍。英国人在魁北克站稳脚跟后，腓特烈·哈德曼（Frederick Haldemand）总督于1780年推动建立了加拿大第一座订阅图书馆，为有能力支付5英镑入会费和2先令（0.1英镑）年费的订阅者提供法文和英文书籍。不久之后，在上加拿大（Upper Canada，即安大略省），约翰·格雷夫斯·西姆科（John Graves Simcoe）总督于1791年将私人法律和历史图书馆捐赠给了该省的立法机构。美国革命期间和独立之后，逃离美国的效忠派来到了加拿大，推动了教育和图书馆的发展。这些人大多原是新英格兰和中大西洋地区的上层阶级。虽然他们很少能把藏书带走，但他们中的大部分人习惯于拥有自己的书籍，所以在条件允许时迅速建立私人图书馆和社会图书馆。1796年，蒙特利尔建立了一座社会图书馆；1800年，尼亚加拉（Niagara）也建立了一座社会图书馆；1820年以前，另有约十几座社会图书馆出现在加拿大各地的城镇和村庄。新不伦瑞克学院（College of New Brunswick）成立于1795年，新斯科舍省的国王学院（King's College）则于1802年建成。这些机构都有小型图书馆，但与美国的邻居一样，在最初的几十年里主要依靠捐赠来维持。

到了19世纪30年代，社会图书馆又增添了一种新形式，即机械工人协会图书馆，这些半慈善性质的机构以英国类似的机构为蓝本。这些协会除了提供图书馆，还为工人阶级提供系列讲座和其他教育支持，不仅获得了省政府的批准，还获得了一些财政援助。最早的此类图书馆有蒙特利尔、约克和哈利法克斯的图书馆，到1850年时，又建立了约40个类似机构，不过并非所有图书馆都幸存下来了。1851年，加拿大议会通过一项立法法案以规范机械工人协会图书馆和类似图书馆的设立，并允许向每个机构每年提供50英镑的政府补助。由于许多学会未能妥善报告资金的使用情况，因此这些补助在1860年就被取消了。尽管如此，许多学会图书馆得以存续，并在1867年加拿大联邦成立后继续从一些省份获取小额补助。这些图书馆中有一部分最终转型为公共图书馆，另一部分则以"协会图书馆"的形式存续至20世纪，成为订阅图书馆。这些图书馆的服务水平非常有限，但它们为那些感兴趣的人提供了基本的图书馆服务，特别是在小城镇中。

1846年以后，安大略省和加拿大东部地区尝试引入类似于当时纽约州和新英格兰地区的学区图书馆。此类图书馆由学校运营，但面向公众开放，是埃格顿·赖尔森（Egerton Ryerson）制定的普及公共教育计划的一部分。根据安大略省教育部门（Ontario Department of Education）的年度报告，到1874年时，安大略省已有1344座此类图书馆，藏书约26.6万册，每座图书馆的平均藏书约为200册。馆藏图书是教育部门从精选书目中采购的，通常更适合成人阅读，而非儿童使用。同时，新斯科舍省的约瑟夫·豪（Joseph Howe）也在19世纪四五十年代致力于建立学校和图书馆。在魁北克，教区图书馆的建立方式大致相同。总体而言，学区图书馆在安大略省的成功较其他地区更为显著，但仍远未达到真正的公共图书馆的服务水平。这些图书馆的意义在于开创了先河，为少数读者提供了有价值的阅读材料，并在公众的支持下为未来的公共图书馆和学校图书馆奠定了基础。

在加拿大图书馆史中，联邦成立之前的一些发展也值得记录。1815年，国会图书馆（Library of Parliament）在渥太华成立，1841年，它又接收了来自下加拿大（Lower Canada，即魁北克）的一小部分藏书。不幸的是，1855年的一场大火毁坏了大部分书籍，但这些藏书很快得到了补充，到1882年时，国会图书馆的藏书量已接近10万册。从18世纪晚期开始，虽然各省的立法图书馆至少在名义上存在，但它们通常只是由一名职员管理的小型法律图书馆，直到19世纪晚期才有所发展。早期加拿大很少有超过几册的私人藏书，但仍有一些著名图书馆的记录得以保存。例如，1784年至1812年间担任新不伦瑞克省省务秘书的乔纳森·奥德尔（Jonathan Odell），留下了一座藏书近1000册的图书馆，它可能是当时加拿大东部规模最大的私人图书馆。而由英国福音传播协会（English Society for the Propagation of the Gospel）派遣的传教士罗伯特·阿迪森（Robert Addison）于1792年带着约1250册图书来到尼亚加拉。这些书籍主要为神学著作，显然是为了向其他圣公会牧师和感兴趣的教区居民提供。

即使在太平洋沿岸，早期的探险者和毛皮商人也随身携带了一些书籍。哈德逊湾公司驻哥伦比亚河口的代理人约翰·麦克拉夫林博士（Dr. John McLoughlin）在19世纪初期保存了一大批阅读材料，不仅供自己使用，还向经常来访的客人提供。红河图书馆（Red River Library）是曼尼托巴省的第一座图书馆，其核心馆藏来自商人兼土地投机者彼得·费德勒（Peter Fidler）捐赠的私人藏书。其他政府官员、专业人士和商人也收集了大量藏书，其中许多后来被纳入公共图书馆和大学图书馆。

总　结

不管是北美洲还是南美洲，其图书馆的发展在历史画卷中呈现出如马赛克般日益复杂的格局。然而，仍可见它们的一些共通之处。首先，新大陆上每个新定居点的居民中有很大一部分具有阅读能力，当他们前往新家园时，会携带一些珍贵书籍。其次，他们还积极从故土引进阅读材料，并最终在本地创办了报纸、杂志和书籍的出版事业。

随着社会条件的稳定、人口的增长以及许多人闲暇时间的增加，私人所有的小型图书馆开始无法满足读者在信息和娱乐方面的需求。到了19世纪初，几乎所有已有定居者的美国地区都尝试过不同形式的"公共"图书馆，它们都旨在向不断增加的读者群体更方便地提供书籍和其他阅读材料。

与此同时，美国各地的学术机构纷纷建立，按照欧洲文明中的普遍做法，这些机构几乎都配备了一定规模的图书馆。尽管这些图书馆通常馆藏较少、设施简陋且使用频率低，但它们仍然意味着当代美国学术图书馆的萌芽。

然而，前方的道路依然漫长。到了1850年，尽管许多有识之士已普遍认为"公共"图书馆的形式至关重要，但一个对所有人开放、由税收资金支持、作为公共信托财产进行管理的"公共图书馆"概念，才刚刚开始引起人们关注。同样，虽然学术图书馆已成为教育体系中不可或缺的一部分，但它们在美国教育中的重要地位直到19世纪末的最后几十年才真正得以确立。其他类型的图书馆也依然停留在类似的萌芽阶段。

美国在图书馆领域已经取得了许多成就，为后续的重大发展奠定了基础。然而，在探讨这些问题之前，我们需要将目光重新投向大西洋彼岸，回顾现代欧洲图书馆的崛起。

| 延伸阅读 |

美国图书馆史的文献在过去二十年中急剧增加。幸而，对于那些寻求指导的人来说，有许多有用的书目指南可供参考。在这方面，最有用的是小唐纳德·G.戴维斯（Donald G. Davis, Jr.）和约翰·马克·塔克（John Mark Tucker）合著的《美国图书馆史：文献综合指南》（*American Library History: A Comprehensive Guide to the Literature*, Santa Barbara: ABC-CLIO, 1989）。这一参考书目通过定期发表在《图书馆与文化》（*Libraries and Culture*，前身为《图书馆史杂志》）上的关于"美国图书馆史年度工作"的文章得到更新。关于早期文献的宝贵指南是拉里·J.巴尔（Larry J. Barr）、海恩斯·麦克马伦（Haynes McMullen）和史蒂文·G.利奇（Steven G.

Leach）合编的《1876年以前美国期刊中的图书馆：参考书目、摘要与索引》(*Libraries in American Periodicals Before 1876: A Bibliography With Abstracts and an Index*, Jefferson, N.C.: McFarland and Company, 1983）。同样具有实际价值的还有《美国图书馆传记词典》(*Dictionary of American Library Biography*, Littleton, Colo.: Libraries Unlimited, 1978），该书收录了美国图书馆界300多名杰出历史人物的传记；还有韦恩·威根德（Wayne Wiegand）编辑的《增补本》(*Supplement*, 1990），其中涵盖了另外52位杰出的美国图书馆领袖的生平。最后，伊丽莎白·斯通（Elizabeth Stone）编写了一本实用的年表，《美国图书馆发展（1600—1899年）》(*American Library Development, 1600—1899*, New York: H. W. Wilson, 1977）。

在过去十年间，最令人振奋的进展之一是人们对跨学科的图书与阅读史产生了浓厚兴趣。自1980年以来，这一领域已经取得了相当丰硕的成果，其中许多研究为18世纪和19世纪美国图书馆的发展提供了富有启发性的见解。

这里只能列举一些最重要的研究成果。关于殖民时期和革命时期的研究，请特别参阅理查德·戴维·布朗（Richard D. Brown）的《知识即力量：早期美国的信息传播（1700—1865年）》(*Knowledge is Power: The Diffusion of Information in Early America, 1700—1865*, Oxford: Oxford University Press, 1989）、迈克尔·沃纳（Michael Warner）的《共和国的信件：18世纪美国的出版与公共领域》(*The Letters of the Republic: Publication *and the Public Sphere in Eighteenth-Century America*, Cambridge: Harvard University Press, 1990），以及拉泽·齐夫（Larzer Ziff）的《新国家的写作：早期美国的散文、出版与政治》(*Writing in the New Nation: Prose, Print, and Politics in the Early United States*, New Haven: Yale University Press, 1991）。关于通俗小说的兴起和大众阅读群体的形成，可参考凯茜·N.戴维森（Cathy N. Davidson）的《革命与文字：美国小说的兴起》(*Revolution and the Word: The Rise of the Novel in America*, Oxford: Oxford University Press, 1986）、迈克尔·J.吉尔摩（Michael J. Gilmore）的《阅读成为生活必需品：新英格兰乡村的物质与文化生活（1780—1835年）》(*Reading Becomes a Necessity of Life: Material and Cultural Life in Rural New England, 1780—1835*, Knoxville: University of Tennessee Press, 1989），还有罗纳德·兹博雷（Ronald Zboray）的《虚构的民族：战前经济发展与美国读者》(*A Fictive People: Antebellum Economic Development and the American Reading Public*, Oxford: Oxford University Press, 1993）。

下面列出了一些对我们了解早期美国图书馆史有重大贡献的其他作品：

Briggs, F, A. "The Sunday School Library in the Nineteenth Century," *Library Quarterly* 31 (1961): 166—77.

Brough, Kenneth. *Scholar's Workshop: Evolving Conceptions of Library Service*, Urbana: University of Illinois Press, 1953.

Clayton, Howard. "The American College Library: 1800—

1860," *Journal of Library History* 3 (1968): 120—37.

Cole, John Y. *For Congress and the Nation: A Chronological History of the Library of Congress*, Washington: Library of Congress, 1979.

Cornelius, Janet Duitsman. *When I Can Read My Title Clear: Literacy, Slavery, and Religion in the Antebellum South*, Columbia: University of South Carolina Press, 1991.

Davis, Richard Beale. *A Colonial Southern Bookshelf: Reading in the Eighteenth Century*, Athens: University of Georgia Press, 1979.

Ditzion, Sidney. "The District School Library, 1835—1855," *Library Quartery* 10 (1940): 545—77.

Ditzion, Sidney. "Mechanics and Mercantile Libraries," *Library Quarterly* 10 (1940): 192—219.

Gross, Robert A. *Books and Libraries in Thoreau's Concord*, Charlottesville: University of Virginia Press, 1989.

Hall, David D. "The Uses of Literacy," In his *Worlds of Wonder, Days of Judgement: Popular Religious Beliefin Early New England*, New York: Alfred A. Knopf, 1989, pp. 21—70.

Harris, Michael H. *The Age of Jeuett: Charles Coffin Jewett and American Librarianship, 1841—1868*, Littleton, Colo.: Libraries Unlimited, 1975.

Harris, Michael H. "Spiritual Cakes Upon the Waters: The

Church as a Disseminatorof the Printed Word on the Ohio Valley Frontier to 1850," in Michael Hackenberg, ed. *Getting the Books Out: Papers of the Chicago Conference on the Book in 19th Century America*, Washington: Library of Congress, 1987, pp.98—120.

Kaser, David. *Books for a Sixpence: The Circulating Library in America*, Pittsburgh: Beta Phi Mu, 1980.

Korty, Margaret B. "Benjamin Franklin and Eighteenth Century American Libraries," *Transactions of the American Philosophical Society*, new series, 55 (1965): whole issue.

Laugher, C. T. *Thomas Bray's Grand Design*, Chicago: American Library Association, 1973.

Lockridge, Kenneth A. *Literacy in Colonial New England: An Enquiry into the Social Context of Literacy in the Early Modern West*, New York: Norton, 1974.

Ranz, James. *The Printed Book Catalogue in American Libraries, 1723—1900*, Chicago: American Library Association, 1963.

Shera, Jesse H. *Foundations of the Public Library: The Origins of the Public Library Movement in New England, 1629—1855*, Chicago: University of Chicago Press, 1949.

第11章
现代欧洲图书馆

以19世纪中叶为界结束对早期美国图书馆发展的讨论，恰如其分。正是19世纪下半叶，图书馆的种类与服务形式迎来了变革，奠定了当代美国图书馆的雏形。与此同时，若要探讨现代欧洲图书馆的发展，似乎从第一次世界大战结束说起也是再合适不过的。那场横扫欧洲大地的浩劫，深刻影响了图书馆事业的发展进程。

1914年6月28日，奥匈帝国（Austro-Hungarian Empire）皇帝的侄子兼继承人遇刺的事件引发了一场大灾难，对世界产生了深远的影响，也包括对图书馆发展的影响。随着大量男性被征召入伍，用于和平活动的资金越来越多地转向战争，已经建立的图书馆在人员和经费上的问题立即显现出来。许多重要的图书馆资源被摧毁或夺走，比如1914年8月27日鲁汶大学图书馆被毁灭，随着战争的推进，一支又一支军队冲击着欧洲，图书馆遭受着愈加盲目的摧残。最后，战争为俄国的共产主义者提供了以前所未有的方式重建苏维埃世界的机会，这一变革对该地区图书馆的发展产生了极为深远的影响。

基于这些理由，将现代欧洲图书馆的起点定于第一次世界大战结束是合理的。但面对这一主题，该如何下手呢？这对图书馆史学家而言尤为困难，因为与美洲（尤其是北美）图书馆发展具有相当统一的性质不同，欧洲图书馆的发展情况几乎无法一概而论。这个难题因第二次世界大战的爆发而愈加复杂，战争对欧洲造成了毁灭性影响，并在许多国家催生了全然不同的政府形态，这对这些国家的图书馆产生了深远意义。

简而言之，第一次世界大战结束后的欧洲图书馆史犹如一片由大小不一、形状各异的碎片拼成的巨型马赛克。这片马赛克因其庞大的规模与复杂的图案而难以轻易解读。然而，对这类著作的需求推动我们尝试发现那块地毯上的图案，理清其中的关键脉络，寻找主导其纹理的核心线索。

国家图书馆的持续发展

第9章指出，欧洲最伟大的图书馆是国家图书馆。当我们审视这些图书馆在20世纪的发展历程时，这一事实愈加显著。法国的国家图书馆、英国的大英图书馆，以及俄罗斯位于圣彼得堡的国家图书馆和位于莫斯科的国立图书馆，皆是各自国家乃至整个欧洲最卓越的图书馆，它们在全球范围内亦堪称无与伦比的典范。

这些图书馆的发展历程并非一帆风顺。两次世界大战的冲击、经济的波动，以及政府形态的变化，都给负责管理这些日益复杂且至关重要的国家资源的工作人员带来了诸多挑战。简要回顾其中几座图书馆的历史，将有助于我们更深刻地理解它们的发展历程。

如前所述，欧洲国家图书馆在第一次世界大战前就已经建立完善，而且总体上发展情况良好。这些图书馆因鲜明的民族特性、最有力的资金支持、最充足的人员配备，不仅在战争中幸存下来，而且在某些情况下还从战争中获益。法国国家图书馆就是一个典型的例子。尽管在两次世界大战中均因侵略者的破坏而蒙受巨大损失，这座图书馆还是凭借其对法国民族的象征意义和现实意义在战争结束后迅速恢复，并获得了显著的发展。该图书馆的藏书量以惊人的速度扩充，工作人员数量大幅增加，财政支持力度也明显提升。如今，法国国家图书馆享有法国最佳图书馆的美誉，其拥有的资源是整个欧洲的主要图书馆资源。与欧洲其他图书馆一样，法国国家图书馆最近也受到了欧洲普遍存在的财政不稳定情况的影响，但它仍是法国乃至整个欧洲的书目和专门图书馆中心。最后，在20世纪90年代初，法国启动了一项宏大的工程，计划建造一座或许是世界历史上最昂贵、从某种程度上来说也最具争议性的图书馆——法国图书馆（Bibliothèque de France）。这座新图书馆被设计为一座伟大的城市纪念碑，它也是最新的信息技术的应用试验，其规划激起了关于"信息时代"书籍与图书馆未来的热烈讨论，即使在21世纪图书馆建成后，这种争论仍会持续。

大英博物馆图书馆（British Museum Library）在20世纪

第三部分：西方现代图书馆的发展

的发展同样表现出稳步的增长。大英图书馆在1967年至1972年间以大胆而富有想象力的方式迅速建立，国家图书馆领域的观察者们对此印象深刻。这个全新的国家图书馆系统包括四个主要部门：位于波士顿斯帕（Boston Spa）的借阅部（Lending Division），由国家中央图书馆（National Central Library）和国家科学技术借阅图书馆（National Lending Library of Science and Technology）组成；设在伦敦的参考部（Reference Division），即原大英博物馆图书馆及其多个部门；书目服务部（Bibliographic Services Division）；中央行政部（Central Administration Division）。这项统一和扩展的服务的目标是：

尽可能为英国提供最优质的图书馆服务……至少保管一份国内书籍和期刊的副本，以及尽可能多的海外出版物的副本，并供参考……为全国其他图书馆和信息系统提供高效的集中借阅及影印服务；提供中央编目和其他书目服务，这些服务不仅与中央图书馆的需求有关，同时也满足全国范围内其他图书馆及信息中心的需要，并与海外的中央图书馆密切合作。

在英国经济面临严峻挑战的情况下，这种全新的国家图书馆形式有望满足国内读者的需求，并极大提升全国范围内图书馆的参考和借阅服务水平。尽管这种国家图书馆服务的宏伟构想在组织架构上正经历系统性的调整，但其依旧是迄今为止在国家层面上最具创意的合作尝试，让美国等其他国家的类似努力相形见绌。一座承载着这座图书馆的崭新的宏伟建筑预计于1997年竣工，届时，大英图书馆系统中各组成部分相互分离的

275

局面将随之终结。

1917年俄国革命在第一次世界大战引发的恐慌与政治混乱中爆发，从长远来看，这次革命为国家图书馆的发展注入了新的动力。经过几个月的混乱和动荡，原帝国图书馆被宣布成为国家图书馆，并因获得大量此前归俄国贵族私人所有的藏书而大大扩充了馆藏。在新成立的苏维埃政府的管理下，这座馆藏大幅扩充的图书馆被命名为俄国公共图书馆（Russian Public Library），随后改称为萨尔蒂科夫-谢德林国立公共图书馆。它的发展势头持续不减，如今藏书量超过2000万册。虽然它现在主要作为俄罗斯联邦的国家图书馆，但其重要性与日俱增，在图书馆业务、书目编纂和文献服务等各个领域的活动都有所增加。

列宁格勒的国家图书馆因其历史可追溯到帝国图书馆而被称为俄罗斯国家图书馆，而莫斯科的国立列宁图书馆（Lenin State Library）则取代了它成为官方的国家图书馆，而且规模更加庞大。列宁图书馆的前身是成立于1862年的鲁缅采夫博物馆（Rumyantsev Museum）内的图书馆，俄国革命前其馆藏近100万册。1917年后，该图书馆也通过没收私人及其他图书馆的书籍扩充馆藏，并投入了大量资金购买新书。如今，该图书馆已编目超过3000万件藏品，涵盖书籍、小册子和期刊等。综合来看，这两座俄罗斯"国家图书馆"构成了全球最大且最先进的国家图书馆系统的一部分，它们在共产主义欧洲图书馆事务中的影响力和掌控力无与伦比。

第三部分：西方现代图书馆的发展

好景不长，米哈伊尔·戈尔巴乔夫（Mikhail Gorbachev）发起的改革运动最终导致苏联解体，俄罗斯的图书馆再次陷入混乱。两座国家图书馆分别更名为俄罗斯国立图书馆（Russian State Library，原列宁图书馆）和俄罗斯国家图书馆（Russian National Library，原萨尔蒂科夫-谢德林国立公共图书馆），并且馆藏向俄罗斯公民开放，不再进行审查。此举给学者们带来了一个惊人的发现，他们突然意识到，新的俄罗斯国立图书馆的馆藏规模比先前认为的要大40%，而这要归因于长期以来对图书馆馆藏的审查。在西方，随着俄罗斯民主化的到来，喜悦很快变为失望，因为俄罗斯经济崩溃，图书馆的财政支持也会随之消失。随着资金支持的逐渐减少，这些世界上最伟大的图书馆会陷入混乱（甚至会发生公开的冲突），没有人能够预测这个伟大的国家图书馆系统将遭受多大的损害。但迄今为止，俄罗斯图书馆尚未遭遇曾经饱受战争蹂躏的苏联加盟共和国图书馆那样的命运，例如位于萨拉热窝的宏伟壮丽的国家图书馆，在1992年8月25日的冲突中遭到炮火袭击，被付之一炬。

另一个欧洲国家图书馆发展的例子可见于德国。第一次世界大战后，柏林图书馆恢复"普鲁士国家图书馆"（Prussian State Library）的名称，其馆藏到1930年时已超过250万册，其中包括5.5万件手稿和超过40万张地图。彼时，该图书馆订阅了约2万种期刊，与其他主要图书馆密切合作，同时继续作为全国书目中心。该图书馆在许多领域都独具优势，其中音乐与音乐史的馆藏几乎无与伦比，此外还有超过10万件的第一次世界大战历史文献的藏品。在阿道夫·冯·哈纳克（Adolph von Harnack）、弗里茨·米尔考（Fritz Milkau）和雨果·安德斯·克鲁斯（Hugo Anders Kruess）等馆长的带领下，柏林图书馆的影响力遍及整个图书馆界。

在第二次世界大战期间，德国的图书馆遭受了巨大的破坏。以慕尼黑为例，据称该市图书馆中近200万册图书有四分之一被盟军的空袭摧毁。战争结束后，随着德国分裂为德意志民主共和国（German Democratic Republic，即东德）和德意志联邦共和国（Federal Republic of Germany，即西德），两国在图书馆发展方面走上了截然不同的道路。在东德，图书馆发展的重点放在了中心化管理与控制上；而在西德，图书馆系统则采取了较为分散的发展模式。莱比锡的德意志图书馆从1912年至1945年一直作为德国的非外借存储图书馆和书目中心，在德国分裂后，其位于在苏联影响下建立的东德，之后成为东德的准国家图书馆。然而，在西德，情况略有不同。尽管西德在法兰克福建立了一座对应的图书馆，即德国国图书馆，但其馆藏始终不及慕尼黑和西柏林的两座大型区域图书馆。

1989年柏林墙（Berlin Wall）倒塌，随后在1991年苏联解体。在此背景下，两德于1990年实现了统一。统一后，莱比锡的德意志图书馆和法兰克福的德国国图书馆合并，成立了一座新的国家图书馆，被命名为"德意志图书馆"。

这次统一给德国经济带来了巨大的压力，图书馆也因此面临愈加严峻的财政处境。鉴于德国经济的活力，可以预见德国图书馆终将恢复元气,但可能要等到21世纪才能真正复苏。

现代欧洲所有国家都有国家图书馆,尽管有些国家改用了其他名称。无论在何种情况下,这些图书馆都代表了各自国家最好的图书馆,而且它们通常拥有最多的藏书、最令人印象深刻的馆舍,以及最优秀和最有影响力的工作人员。国家图书馆的使命带有显著的民族主义色彩,因此其使用政策往往反映各自政府的目标和政治理念。在几乎所有国家,这些图书馆都因藏书的持续快速增加而面临严重的空间和人员短缺的问题。尽管存在种种困难,欧洲国家图书馆依然是宝贵的文化遗产的杰出象征。

当代欧洲的大学图书馆

现代欧洲的每个国家至少拥有一所高等学府,而这些学府无一例外都配备了图书馆。然而,与国家图书馆的情况类似,大学图书馆之间的差异远多于共性,多样性大于标准化。尽管如此,20世纪欧洲学术图书馆的发展特征仍可通过对一些具有代表性的国家进行选择性探讨加以呈现。这些图书馆中的大多数面临着两次世界大战带来的重大挑战,即馆藏屡遭毁坏和服务频繁中断。许多重要学术图书馆的历史往往呈现出一种循环模式:快速扩张后遭受毁坏,随后重建,再次遭受毁坏,然后再次进行大规模重建。

在第一次世界大战之前,法国的大学图书馆规模宏大且设施完善。然而,一战期间,许多大学图书馆遭到毁坏,如南锡大学（University of Nancy）的图书馆。在第二次世界大战中，卡昂大学（University of Caen）及其珍贵的图书馆被轰炸摧毁，此外，法国北部多所大学的图书馆也因战争而损毁严重。每次战争结束后，这些图书馆都进行了重建，自二战结束以来，法国大学图书馆就开始稳步发展。法国学术图书馆在财政困难和持续扩张的压力下，既要应对不断增长的馆藏需求，又需满足新的服务需求，这仍然是其面临的基本问题。

曾由牛津大学和剑桥大学垄断的英国高等教育在20世纪迅速发展。这些新建的大学图书馆在第一次世界大战中基本未受严重影响，但在第二次世界大战期间英格兰遭受的轰炸对它们带来了严峻考验。如今，英国各地已建立起多所重要大学，其图书馆普遍规模宏大、设施现代化。伦敦大学的图书馆便是典型例证，其馆藏超过400万卷。牛津大学与剑桥大学始终在学术图书馆领域保持着领军地位，不过两校图书馆体系的显著特点是极度分散。这两所大学的图书馆都拥有规模可观的研究藏书，居全球最优秀的大学图书馆之列。

20世纪，德国各类图书馆既经历了巨大的灾难，也取得了巨大的进步。虽然大学图书馆在第一次世界大战期间没有受到物理性破坏，但因人力不足、资金短缺及国际出版物的供应受限而受到严重影响。战争增加了科学和工业的需求，这推动了20世纪20年代技术学院和学院的发展，但不确定的政治和经济条件、通货膨胀及随后的经济大萧条，阻碍了大学图书馆取得突出进展的步伐。1933年以后，德国处于阿道夫·希特勒

第三部分：西方现代图书馆的发展

（Adolf Hitler）的独裁统治之下，大学图书馆受到了政府的严格管控。总体而言，学术图书馆没有像公共图书馆那样遭受图书清洗和焚烧的侵害。尽管如此，资金仍然匮乏，人手依然短缺。从1914年到1950年，德国没有建成一座新的大学图书馆大楼，这一事实体现了当时图书馆事业的低迷状态。

二战期间，盟军的空袭对德国造成了严重的物理性破坏。波恩、布雷斯劳、法兰克福、哥廷根、耶拿、基尔、慕尼黑、明斯特和维尔茨堡的大学图书馆遭到摧毁或严重损坏，许多工作人员丧生。例如，在耶拿，一次轰炸就致使16名工作人员丧生。汉堡的州立图书馆与大学联合图书馆几乎尽数损毁，总共70万册书籍均未幸免，而法兰克福有超过60万册藏书被毁，维尔茨堡有超过35万册藏书被毁。其他机构的损失相对较轻，但总体损失仍以数百万册计。所幸，一些珍贵的手稿和早期印刷书籍在空袭期间被转移到不太可能被轰炸的地区，得以保存。

1949年，德国分裂为东西两部分，东德在苏联的影响下成为社会主义国家。在这里，耶拿、莱比锡和罗斯托克等地的大学被改造为共产主义学术中心，其图书馆也成为一个全国性系统的一部分，既服务于学术研究，也用于思想教化。起初，这些图书馆清除了所有亲纳粹或反共产主义的书籍；随后，随着社会主义国家展现出重视书籍和学习的特点，这些空空如也的书架被符合规范的共产主义文献迅速填满。九所大学的图书馆迅速恢复了在图书馆界的地位，至少在馆藏规模和服务能力方面。许多图书馆令人印象非常深刻，1990年两德统一后，柏林洪堡大学（Humboldt University of Berlin）的图书馆藏书已超过 400 万册，莱比锡卡尔·马克思大学（Karl Marx University in Leipzig）的图书馆藏书约 350 万册。此外，还有数量可观的学院图书馆和技术学院图书馆，它们的馆藏也颇具规模。尽管 1945 年以后德意志民主共和国大力完善高等教育体系，但大学、学院及其图书馆却经常面临资金不足的问题。这一问题在 1990 年两德统一后变得尤为突出，因为大量资金需求随之而来，用以修复破旧的建筑、引入必要的现代技术设备，以及聘请受过良好训练的工作人员。

西德在战后时期出现了显著的复苏，学术图书馆也取得了重大进展。德意志联邦共和国在 20 世纪 60 年代大力发展高等教育，到 1990 年，原西德地区的大学和技术学院已接近 30 所。总体而言，这些图书馆的资金状况比东德的图书馆更加优越，为进入信息时代奠定了坚实基础。例如，创立于 1837 年的哥廷根大学图书馆（Gottingen University Library）继续保持着其作为世界顶尖研究图书馆之一的地位。目前，该图书馆藏书量接近 400 万册，并全面配备了信息技术设施。

1990 年两德统一后，新生的德国面临巨大的财政压力。统一后的高等教育体系在这一过程中也遭受了冲击，各地图书馆也需要长期不懈地努力，方能重拾它们在世界图书馆界昔日的地位。人们正在集中精力规划未来，计划已经制定并正在实施。例如，位于柏林的两座世界顶级研究图书馆——德国国家图书馆（东柏林）和国立普鲁士文化遗产图书馆（西柏林），它们因

1945年的分裂而分立，后来又重新合并，形成新的德意志国家图书馆，藏书量接近 1000 万册。目前，德国的图书馆员、政府官员和出版商正全力以赴，致力于在这个统一的国家建立一个高效、协调的国家学术与研究图书馆系统。鉴于德国经济的持续强劲发展以及图书馆专业展现出的高水平素养，可以预见这一进程将迅速取得进展。

1917 年的革命为俄国的大学图书馆带来了翻天覆地的变化。甚至在内战硝烟未散时，就有新的大学相继成立，例如由列宁在斯维尔德洛夫斯克亲自创办的乌拉尔国立大学（Ural State University），以及 1918 年在第比利斯和塔什干建立的其他高校。到 1925 年时，高等教育系统已被纳入国家统一管理，苏联几乎每个地区都设有大学，其图书馆藏书往往超过 10 万册，其中不少是来自宗教机构和私人图书馆。自那时起，苏联大学图书馆的重要性可谓无与伦比。苏维埃政权以振兴教育为己任，致力于让所有国民都能最大程度地发挥出潜力，教育与图书馆事业因此备受推崇，其投入之多、力度之强，堪称世界典范。尽管这些图书馆在某些时期因宣传需要而受到限制，非共产主义思想的书籍受到严格审查，但它们无疑在短短一代人的时间内，使苏联人民从中世纪的状态跃升至 20 世纪的现代社会。

第二次世界大战期间，乌克兰、白俄罗斯以及莫斯科与列宁格勒的众多大学图书馆都遭受了严重破坏，其中许多甚至完全毁于战火。例如，列宁格勒国立大学（State University of Leningrad）在该城激烈的争夺战中几乎被夷为平地，所幸馆藏图书大多被提前转移至萨拉托夫。战后，该校图书馆不仅得以重建，而且规模更超越以往。基辅大学（University of Kiev）的所有图书馆在战争中均遭重创，哈尔科夫、明斯克及其他大学的损失也极为惨重。自1945年以来，这些学府纷纷重建，新的高校亦随之兴起，例如达吉斯坦（Daghestan）与雅库茨克（Yakutsk）新建的机构，以及数十所技术与科学学院和研究所。无论是俄文书籍还是其他语言的书籍，这些图书馆在科学领域都拥有丰富的馆藏，在人文社科领域却时有忽视或因采购受到管控而出现缺失。在所有高校中，马克思列宁主义哲学几乎构成大学课程的核心，因此相关书籍始终以多种版本和大量副本的形式广泛存在。1962年颁布的《高等院校图书馆管理条例》（*Regulations for Libraries of Institutes of Higher Learning*）在大学图书馆管理的各个方面做出了详细规定，并明确将"对青年学生进行共产主义教育"（*Communist training of student youth*）作为这些图书馆的重要使命之一。

在20世纪70年代，莫斯科国立大学（Moscow State University）的图书馆在其中心馆与系属馆中的综合藏书超过600万册，此外还收藏了2000余种外文期刊以及所有主要的俄文出版物。该图书馆的多个场馆共设有45个独立阅览室，总座位数超过1900个。这是苏联时期最大的大学图书馆之一，还有许多其他图书馆的藏书量超过100万册，包括藏书量超过500万册的基辅科学院（Academy of Science at Kiev）。当时，所有大学图书馆均由高等教育部统一管理，该部门负责监管近3000所大学与学院,以及约8500个研究所、科学院与音乐学院。各大学校园内设有众多附属图书馆,但控制权通常掌握在中心图书馆馆长的手中,且集中化采购和编目的效率远高于西欧的大学。图书馆的专业化发展、良好的书目管理以及便利的馆际互借,使得苏联在20世纪80年代末发生重大变革之前建立起了一个组织良好、运营高效的教育与研究图书馆系统。然而,如今的俄罗斯学术机构正承受着巨大的财政压力,图书馆员为保护现有的馆藏苦苦挣扎。当前的危机何时解除无人知晓,但普遍认为至少要到21世纪局面才有望得到显著改善。因此,俄罗斯学术图书馆的发展在可预见的未来仍充满变数。

现代欧洲大学图书馆在组织与管理上既有共性,也有不同之处。一般来说,它们与美国大学图书馆最主要的不同体现在它们拥有大量相对独立的院系图书馆与研究所图书馆。这些专业的收藏对它们的直接用户具有很高的价值,但是,尽管其中的很多收藏十分丰富,它们却常常面临编目不完善、人员不足的问题,并且同校其他院系的师生几乎无人知晓,也无法有效利用。在分类系统方面,各个图书馆常采用各自的分类系统,但近年来,越来越多的图书馆开始使用国际十进分类法(Universal Decimal Classification)。目录通常是分开的,按字母顺序排列的作者目录加上分类或主题目录。有时会发现按分类目录的字母顺序排列的主题目录,但完全按字母顺序排列的主题目录或作者-主题-标题组合目录很少见。封闭式书架比开放式书架更常见,但开放式书架的综合阅览藏书逐渐增多。藏书的排列通常按照入藏编号或书籍尺寸，这种方法不仅适用于闭架管理，还能在书籍堆积较多或存储需求较高的情况下提供便利。多数图书馆允许书籍外借，但它们不外借的藏书规模差异很大。大部分欧洲图书馆的主要问题之一是专业图书馆员的薪资过低，导致高素质人才严重短缺。

自1500年以来，欧洲大学图书馆在保存与弘扬西方文化遗产的历史长河中扮演了举足轻重的角色。国家图书馆为这项任务做出了贡献，在过去的一个世纪里，公共图书馆也加入进来。但总体而言，大学图书馆始终占据科学、文学与历史等领域的研究与创新的核心地位。在历史的波涛中，个别大学图书馆曾因先入为主的宗教信仰或政治哲学的桎梏，限制了书籍的获取和使用，也限制了求知的欲望。幸而这种情况并不普遍，大学图书馆一直是旧思想的宝库和新思想的源泉。无论是1500年那些藏书寥寥、师生稀少的早期大学，还是20世纪90年代那些藏书百万、群贤毕至的现代学府，它们核心使命始终不曾改变：大学是教师、学生和书籍的结合体，他们共同保存、传承和促进了我们对自己和世界的认识。

欧洲公共图书馆

公共图书馆作为一个整体，构成了现代欧洲无与伦比的文化瑰宝之一。尽管各国的公共图书馆在规模与功能上各具特色，但它们确实拥有一个共同特征：它们始终是各自国家最"受欢迎"的图书馆，广泛服务于社会大众，它们的影响力远超其他图书馆形式。正如我们在第9章中讨论欧洲公共图书馆时所述，至第一次世界大战前夕，大多数欧洲国家已达成共识——公共支持的图书馆服务乃势在必行。这种对公共图书馆新兴理念的支持基于许多假设：阅读作为一种无害的消遣方式的价值；印刷文字在控制社会和政治行为方面的有效性；信息的自由获取对民主制度成功的重要性。

显然，各国政府对支持公共图书馆的不同理由各有侧重，但不可否认的是，在第一次世界大战之前，公共图书馆已在欧洲大部分地区成为现实。战后五十年间，公共图书馆经历了不断的巩固与扩展，这一点在法国、英国、东德和西德，以及俄国的公共图书馆发展历程中可见一斑。

第一次世界大战期间，法国东北部的公共图书馆遭遇了空前的浩劫，包括兰斯、阿拉斯、里尔和凡尔登的公共图书馆在内的数十个规模较小的馆藏皆未能幸免。战后，美国的援助促成了苏瓦松和巴黎示范性公共图书馆的建立。20世纪20年代，法国开始逐步认识到公共流通图书馆与公共研究图书馆的功能差异，多个城市积极尝试以这一理念为指引对图书馆进行重组。1929年至1930年间，法国开展了第二次全国范围的图书馆调查，虽然这一次的调查结果与上一次的相似，但这一次取得了一些实质性的成果。20世纪30年代，即便经济大萧条带来了巨大的阻力，法国仍对公共流通图书馆、儿童图书馆、流动图书馆、分支图书馆、工厂图书馆，乃至面向水上家庭的驳船图书馆等进行了实验探究。巴黎扩建了大多数受大众欢迎的图书馆，将它们迁至更宽敞的场地或独立建筑中。与此同时，公共图书馆协会（Association for Public Libraries）应运而生，以促进图书馆和图书馆服务的发展。1937年，法国政府拨付了200万法郎的特别经费用于购置公共图书馆藏书。全国约有300座图书馆在公共教育部（Ministry of Public Instruction）的统一管理与监督下参与其中。这些图书馆被分为三类：第一类是馆藏丰富、具有重要价值的大型图书馆，由国家图书馆办公室直接监管；第二类是规模较小或重要性较低的图书馆，需配备至少一名专业图书馆员；第三类是小型图书馆，虽不能配备专业人员，但由国家图书馆办公室的巡视员定期监督。尽管这些措施取得了一定的进步，但当第二次世界大战的硝烟再度笼罩法国时，现代化公共图书馆系统依然未能完全建立。而且在法国人根深蒂固的传统观念中，他们仍将图书馆视为严肃的研究场所。

由于法国在战争初期便沦陷于德军之手，法国图书馆在战争中的损失相对较轻。1944年和1945年盟军入侵期间，图书馆受到了一些破坏，但与第一次世界大战相比，破坏程度显然不在同一量级。在德国占领期间，许多图书馆被迫关闭，不少珍贵手稿被德军掠夺，一些被认定为反纳粹或亲共产主义的馆藏则遭到查封或没收。此外，部分犹太裔图书馆员以及参与法国抵抗运动的人士被捕或送往集中营。国家图书馆馆长朱利安·凯恩（Julian Cain）便是其中之一。

战后，新成立的法国政府认识到公共图书馆的重要性，设立了国家公共图书馆与公共阅读办公室。如今，法国已拥有超

第三部分：西方现代图书馆的发展

过 500 座市立图书馆，一些城市既有中心参考图书馆，也有大众流通图书馆系统。法国甚至还提供了儿童与青少年图书馆、留声机聆听室和公共会议室。法国还有一些省份或地区建立了覆盖全省的借阅图书馆。例如上莱茵省科尔马设有一座中心图书馆，馆藏逾 10 万册，通过其 500 个借阅站点为全省居民服务。在巴黎，20 个分区（arrondissement）都设有一座自己的中心图书馆，并配备一个或多个分馆。然而，与欧洲其他地区和美国最先进的公共图书馆服务相比，法国的公共图书馆服务总体上仍显不足。缺乏受过专业培训的图书馆员以及图书馆从业者薪资低下，是导致这一现状的重要原因。人们还缺乏对高效公共图书馆服务的认识。在地方政府由左翼政党控制的城镇，阅读材料的重要性往往更受重视，公共图书馆往往得到大力支持，这可能更多是出于宣传目的而非单纯为了教育。然而，正是这些城镇对图书馆服务的推动，刺激了其他市镇采取类似举措，并唤起了公众对公共图书馆潜在价值的关注与期待。

纵使经历了两次世界大战和 20 世纪漫长的经济萧条，英国的公共图书馆依然得以发展壮大，将其服务扩展至整个英伦三岛的每个角落，惠及各行各业。1919 年颁布的《郡图书馆法案》（*County Library Act*），废除了此前为资助图书馆所征收税款的比例限制，大幅提升了对图书馆服务的财政支持。在此之前，少数地区曾尝试建立郡图书馆，但绝大多数农村居民仍无图书馆可用。在宽松的立法支持和卡内基英国信托基金会（Carnegie United Kingdom Trust）的资助下，更多郡图书馆得以建立，到

1926年时，除英格兰、苏格兰、威尔士和北爱尔兰的五个郡外，所有其他地区均已实现覆盖全郡的图书馆服务。经济萧条时期，资金愈加匮乏，但公共图书馆的需求却显著增长。即便如此，英国公共图书馆仍在分支图书馆、流动图书馆、邮寄图书馆服务、针对医院和机构的图书馆服务以及图书馆的馆际合作方面率先探索，成为国际图书馆界的先行者，并为所有图书馆树立了服务榜样。

英国公共图书馆服务的一个特殊元素是伦敦的国家中央图书馆。该图书馆于1916年以"学生中心图书馆"（Central Library for Students）的名义成立，最初为伦敦的成人教育课程提供书籍支持，1927年，它的规模得以扩大，职能得以拓展，成为全国所有年龄段学生的图书资源中心。它还充当馆际互借的协调中心，以及合作图书馆和著录项目的中心。1933年，国家中央图书馆迁入由卡内基基金会资助的新馆舍，但这座建筑在第二次世界大战期间的轰炸中几乎完全被毁。1945年以来，国家中央图书馆得以重建，依托其著录工具和联合目录，该图书馆使英国公民可以获取英国任何图书馆的任何书籍。1972年《英国图书馆法案》（*British Library Act*）通过后，国家中央图书馆及其服务被并入新成立的大英图书馆。由于其规模庞大，大英图书馆不得不在英国境内设立近20个分馆和服务点。然而，这种分散式的安排带来了诸多问题，为此英国政府决定在伦敦圣潘克拉斯兴建一座宏伟的新馆。这一建筑预计将在20世纪90年代末竣工，届时它将成为世界上规模最大、设备最先进、服

第三部分：西方现代图书馆的发展

务最便捷的国家图书馆之一。

在战争期间的空袭中，许多公共图书馆遭受了巨大损失。大英博物馆的一座侧楼被毁，馆内存放的约15万册图书和3万册装订起来的报纸化为灰烬，其中许多是独一无二的珍贵资料。曼彻斯特、伯明翰、布里斯托尔、利物浦、谢菲尔德和朴次茅斯的公共图书馆也在敌机轰炸中受到重创。大量规模较小的图书馆及其分馆遭遇部分或完全毁坏。据估计，战争期间英国损失的图书超过了2000万册，包括图书馆、书店和出版社库存等。不过，在战后重建过程中，英国兴建了许多现代化的图书馆建筑，图书馆服务水平也随之显著提升。

20世纪90年代，英国的公共图书馆服务已覆盖全国100%的人口。全英共有约500个设有中心图书馆的公共图书馆管理机构，下设2000多个分馆和2万个兼职服务点。曼彻斯特、利物浦的公共图书馆以及兰开夏郡和埃塞克斯郡的图书馆均藏书逾百万册。在新的大英图书馆系统（British Library System）下，全英国的公共图书馆都可以访问大量的图书馆资源。总人口的近30%注册为图书馆用户，这使得英国成为世界上最有图书馆意识的国家之一。谈及现代英国的图书馆服务时，不得不提及图书馆协会（Library Association）所做的工作。该协会成立于1877年，目前拥有超过2.5万名会员，在推动图书馆教育与研究、改进图书馆立法以及提升图书馆服务方面发挥了重要作用，极大地提高了英国乃至全世界的图书馆及图书馆员的地位。

第一次世界大战并未对德国公共图书馆的物理设施造成严

重影响，但它减缓了图书馆服务的发展。战后，新成立的德意志共和国更加关注大众图书馆服务的需求，城镇图书馆也越来越普遍，尤其是在德国北部和东部。到1926年时，全国已有356座"大众图书馆"，但这些图书馆通常规模较小，而且由于其名称暗示它们的服务对象是社会下层阶级，因此它们的使用率不高，财政支持也十分有限。同年，德国还有273座公共研究图书馆（包括州立大学和"国家"图书馆），馆藏总量超过3400万册。研究图书馆与大众图书馆之间的差距依然悬殊。

然而，德国当时已经设立了一个联邦政府机构，通过协助小型图书馆选择和采购书籍来推动图书馆服务的发展。而边境州图书馆服务协会（Society for Library Service in the Frontier States）在德国东部地区推动了大众图书馆的设立。在较大的城市中，汉堡和柏林率先提供大众图书馆服务，而一些较小的城镇也按照西方模式对其图书馆进行了改造，增加了流通图书馆和青少年图书馆。柏林市立图书馆（Berlin's Municipal Library）设在原先的皇家马厩里，到1930年时，馆藏已超过26万册。柏林的各类图书馆服务随之展开系统化建设，包括公共图书馆、专门图书馆和大学图书馆之间的协作，力求提供最完善的服务。但这一进程在1929年之后的经济大萧条时期遭遇了明显阻碍。

1933年纳粹掌权后，德国的图书馆事业遭遇重创，仅有寥寥几个受欢迎的机构得以幸免。所有的公共图书馆都处于政府的严格控制之下，馆藏书籍经历了近乎苛刻的审查。犹太人和共产主义作家的作品悉数下架，它们经常被公开焚烧。从国外引进书籍的渠道几乎完全中断。图书馆沦为纳粹宣传系统的一部分，所做的一切都是为了宣扬强烈的德意志民族主义。在德国东部的斯拉夫地区，书籍与图书馆成为工具，用以将从前的波兰人和捷克人塑造为优秀的"德国"公民。纳粹不仅限制新闻自由，还试图操控民众的思想，而公共图书馆被视为这一计划的重要组成部分。

二战期间，德国的大众图书馆与研究图书馆在盟军的轰炸中遭受惨痛打击。卡塞尔、斯图加特、德累斯顿和符腾堡的州立图书馆几乎被夷为平地。达姆施塔特、基尔、多特蒙德和杜塞尔多夫的损失相对轻微。在藏书总量超过1400万册的31座主要的市立图书馆中，超过半数的馆藏沦为灰烬，不少规模较小的公共图书馆亦未能幸免。据估计，全德国约有三分之一的公共图书馆藏书或化为焦土，或严重受损。更令人惋惜的是，除了通俗读物尚可逐渐补充，许多无法复刻的珍贵手稿与印刷品的稀世孤本永远消失于战火之中。

1949年以来，西德的公共图书馆历经重建与迅猛发展，尤其是在大众图书馆领域，服务范围持续扩大，馆藏数量显著增长。一些规模较大的大众图书馆已经开始增设学术藏书和参考服务，旨在分担参考图书馆的部分研究任务；与此同时，一些城市还在尝试将参考图书馆与大众图书馆融为一体的"统一图书馆"（Einheitsbibliotheken）的形式。到1980年时，西德已有约1万座大众图书馆，馆藏总量超过5000万册。供会众使用的教堂图书馆在德国也很受欢迎，虽然规模不大，但包括天主教和新教在内的教堂图书馆有近 1.1 万座。此外，德国的每个联邦州都设有中心图书馆，负责协调公共流通图书馆的工作，并在此基础上推动建设各类公共支持图书馆，涵盖工厂、矿山、医院、监狱，甚至大型百货商店。

1990 年东德和西德统一后，德国对公共图书馆体系展开了深刻剖析。显而易见的是，若要让曾经东德的公共图书馆达到西德的服务水准，必将需要投入巨额资金用于设施建设、馆藏扩充和人员配备。这一过程需要时间，而升级这些图书馆的部分成本，无疑将由曾经西德的图书馆承担。

自俄国革命以来，印刷文字已成为苏维埃俄国使用最广泛的工具和武器。数以百万计的书籍通过成千上万座图书馆流向渴求知识的民众，而民众显然也善于利用这些书籍。这场图书馆运动早在 1920 年便已初露锋芒。曾在革命前为俄国人民争取图书馆服务而呕心沥血的 L. 哈夫金 - 汉堡夫人（Madame L. Haffkin-Hamburger），在苏维埃政权下继续为图书馆事业不懈努力。与此同时，列宁夫人娜杰日达·克鲁普斯卡娅（Nadezhda Krupskaya）也积极倡导并资助图书馆建设。一份名为《列宁关于图书馆的著作和言论》（"What Lenin Wrote and Said About Libraries"）的宣传册被广泛印刷与传播。到苏联统治牢固确立时，图书馆的数量迅速增长，规模不断扩大。在各个苏维埃加盟共和国的首都，国家图书馆相继建立；较大的城镇则纷纷设立市立图书馆。例如，土库曼斯坦的国家图书馆位于首都阿什哈巴德，成立于 1925 年，到 1934 年时藏书量已超过 15 万册，到1960年时接近50万册。苏维埃俄国公共图书馆的藏书数量从战前的1000万册左右激增至1934年的1.25亿册，而同一时期内读者人数更是从12万人飙升至1500万人。为鼓励和改善图书馆事业的发展并强化其管理，各个苏维埃加盟共和国以及地方和省级教育部门都设立了图书馆部门。除了常见的公共图书馆，工厂、集体农庄、在建的大型项目施工营地，甚至横贯东西的西伯利亚大铁路的列车，都配备了图书馆。军营与海军舰艇亦设有阅览室，事实上凡是市民和工人聚集之处，皆可见阅读室。根据苏联官方统计，到1934年时，包括公共图书馆、学校图书馆与专门图书馆在内的各类图书馆已有近20万座，总藏书量约为2.72亿册。按此计算，平均每1200人分享一座图书馆，而每座图书馆的平均藏书量约为1400册。

第二次世界大战给纳粹军队占领区和遭受空袭的大城市的图书馆造成了重创，这些区域不仅包括莫斯科和列宁格勒，还包括明斯克、基辅、奥廖尔和哈尔科夫等大城市。数十座建筑化为废墟，或遭严重破坏，书籍的损失更是以百万册计。然而自1945年以来，苏联的公共图书馆东山再起，在昔日满目疮痍的城市中，崭新的现代化图书馆大楼拔地而起，其中不乏雄伟壮丽者。战后时代也催生了为数百万退伍老兵量身定制的图书馆新形式，包括医院图书馆、退伍军人协会图书馆、职业图书馆和盲人图书馆等。战争还使人们认识到技术图书馆和科学图书馆的价值，自1945年以来，科学文献在公众、学术和研究层面的传播实现了一次最显著的增长。

苏联的所有图书馆都被组织成由莫斯科控制的基础图书馆网络。其中最重要的三个基础图书馆网络是公共图书馆（或称"大众"图书馆）、科技图书馆和大学图书馆。大众图书馆由苏联文化部领导，在较低的层次上由各个苏维埃共和国的文化部门管理。位于莫斯科的列宁图书馆是大众图书馆的龙头。除了许多拥有数百万册藏书的国家或共和国图书馆，还有大型的地区图书馆、城市图书馆、区图书馆和农村图书馆。除此之外，还有工会图书馆、集体农庄图书馆、公共儿童图书馆以及其他半公共图书馆。

对于苏联的公共图书馆来说，既定目标有三个：一是宣传马克思列宁主义哲学，二是传播政府和共产党的新闻和宣传品，三是提高人民的物质和文化水平，使他们成为更好的苏联公民。所有公共图书馆的藏书都仅限于在苏联出版或经官方批准供苏联使用的书籍。一些外国文献，特别是科学文献有俄文译本，但只有少数大型研究图书馆获准从外国获得真正的书籍和杂志。藏书经常被"清除"，但不是针对破旧书籍，而是针对含有不良信息的书籍。

1991年，苏联解体并分裂为多个独立的国家，俄罗斯在公共图书馆服务领域逐渐成为其中的佼佼者。俄罗斯发生了翻天覆地的变化，审查制度被取消，图书馆首次开放供读者免费查阅。与此同时，俄罗斯在向资本主义制度过渡的过程中，经济遭受重创，公共图书馆系统基本上处于发展停滞状态。

1991年，俄罗斯文化部控制着俄罗斯6万座公共图书馆中的大多数。从那时起，俄罗斯文化部开始剥离资助和管理这些图书馆的责任，并将责任分配给联邦、地区和市政当局。此前近2万座公共图书馆由资金雄厚的工会控制，现在则由资金短缺的工会全权负责。所有这些图书馆现在都面临严重的财政限制，大多数图书馆的运营水平大幅下降，许多图书馆都已关闭，无人问津。这些悲剧事件发生的时候，俄罗斯公众正努力获取以前被审查的信息。重组俄罗斯公共图书馆并为其提供充足的资金将需要几十年的时间，未来的历史学家将能够全面评估世界上最伟大的公共图书馆系统之一的命运。

自第二次世界大战以来，欧洲其他国家的公共图书馆也经历了显著的增长，其模式与前文所述相同。总而言之，欧洲的公共图书馆长期以来一直保存着世界上其他任何地方都无法复制的文学和历史宝藏，但这些图书馆的馆舍、支持和使用情况都很糟糕。另一方面，公共流通图书馆主要由社会团体、宗教团体、商业团体或慈善机构等私人团体开发，最终在19世纪末或20世纪初被接管，以获得公众的支持和控制。很多人认为只有研究图书馆才是有价值的图书馆，仅供学者使用这一观念阻碍了大众流通图书馆的发展和使用。公共图书馆的用户往往因收费高、服务时间短、馆藏编目不完善、书库封闭和工作人员有限而受到影响。其后果就是，即使在今天，欧洲许多地方的图书馆用户比例仍然很小。

西欧和东欧向公众提供的图书馆服务差异很大，但即使存在这种差异，仍呈现出一幅公众兴趣持续增加、服务不断进步的图景。许多欧洲国家正在尝试新的组织形式和支持机制,并对图书馆工作人员的培养和最新技术的应用给予高度重视。基于这种趋势,如果这些国家,特别是东欧国家,能够成功应对和克服所面临的严重财政危机,欧洲的公共图书馆似乎有能力显著扩大并改善对各自客户的服务。

现代欧洲的专门图书馆

到目前为止,我们探讨了现代欧洲的三类图书馆,即国家图书馆、大学图书馆和公共图书馆。尽管从某种意义上说,这些图书馆都可被视为"专门图书馆",其馆藏书籍却涵盖众多学科,读者群体虽不能说是全体民众,但也是十分广泛的。然而,还有一些图书馆在馆藏主题或服务对象上具有特定的局限性,或者两者兼而有之,这类图书馆通常被称为"专门图书馆"。虽然这一术语通常在更有限的意义上使用,但就本章而言,其意义将得到延伸,以涵盖宗教图书馆和公立学校图书馆。

要探讨欧洲专门图书馆的历史,一种方法是梳理其中最令人瞩目的一座图书馆的发展历程——罗马的梵蒂冈图书馆（Vatican Library）。自15世纪重建以来,梵蒂冈图书馆在16世纪继续扩建,并于1588年迁入由教皇西克斯图斯五世（Sixtus V）修建的宏伟新馆。西克斯图斯五世还通过接受各种馈赠不断充实馆藏,1600年,该图书馆合并了富尔维奥·奥尔西尼（Fulvio Orsini）的图书馆,这是一份极为珍贵的藏书资源,使馆藏得到进一步扩充。教皇保罗五世（Paul V,1605—1621在位)将教皇图书馆分为档案馆、手稿馆和书籍馆,并新增了两个大厅以容纳日益增加的藏书。1622年,巴伐利亚公爵马克西米利安一世(Maximilian I)将帕拉蒂尼图书馆(Palatine Library)赠予梵蒂冈图书馆,使其馆藏更加丰富。随后,梵蒂冈图书馆又收录了大量曾经属于瑞典女王克里斯蒂娜(Queen Christina)的珍贵手稿。

17世纪和18世纪,梵蒂冈图书馆定期接收了一系列重要的馈赠,逐步成为欧洲最重要的文化宝库之一。然而,在法国大革命期间,厄运降临到这座图书馆,其收藏的500件最珍贵的手稿被胜利的法军掠夺至巴黎的各大图书馆。值得庆幸的是,这些手稿中的大部分在1815年得以归还。到19世纪20年代时,梵蒂冈图书馆已收藏超过40万册图书和5万件手稿。19世纪,该图书馆又接收了更多珍贵馈赠,其中最为重要的是枢机主教安吉洛·迈(Angelo Mai)的图书馆。这批藏书近4万册,是他毕生积累的来自世界各地的基督教历史文献与记录。

19世纪末,梵蒂冈图书馆迎来了重生与革新,大量的书籍和手稿被整理和组织起来;至少让这些书籍更容易被公众阅读。在教皇利奥十三世(Leo XIII)的主持下,1888年开放了一间阅览室,并向公众提供了一批参考文献馆藏。新藏品源源不断地涌入,使美轮美奂的大厅与房间不久后便显得拥挤不堪。1920年之后,梵蒂冈图书馆又进行了一次重组,美国的图书馆员被邀请担任顾问,协助其馆藏的现代化管理。1926年,卡内基公司(Carnegie Corporation)派遣威廉·华纳·毕晓普博士(Dr.

William Warner Bishop）对梵蒂冈图书馆进行考察，并对其未来发展提出建议。当时的教皇庇护十一世（Pius XI）曾在安布罗修图书馆（Ambrosian Library）和梵蒂冈图书馆担任馆长，对这些改革建议表现出极大的兴趣。在他的推动下，梵蒂冈图书馆采用了全新的目录编制系统，安装了现代化书架，并扩建了新的馆舍。总的来说，其目的就是让公众更加便利地阅读图书馆的藏书。然而，1931年发生了一场事故，一间参考室的屋顶部分坍塌，约1000册图书被毁，许多其他藏品也遭受损坏。这一挫折仅是暂时的，重建和扩建工作仍在继续。第二次世界大战期间，梵蒂冈图书馆还接收了来自意大利其他收藏机构的珍贵馆藏以确保它们安全无虞。

战后，梵蒂冈图书馆稳居世界顶尖图书馆之列。世界各地的学者都利用它的珍贵馆藏，图书馆及其工作人员的服务不仅帮助了其他罗马天主教图书馆，而且几乎惠及全球所有国家的图书馆。许多稀世珍品已通过传真或照片的形式提供，馆藏书目也向全球学者开放。梵蒂冈图书馆的现代藏品往往与教会的历史和活动的相关性更加直接，但超过100万册的藏书仍然使其成为世界上最伟大的书目中心之一。

在意大利其他地区，专门图书馆种类繁多，数量众多。许多文艺复兴时期的著名图书馆保存至今，成为私人或公共馆藏，而后几个世纪又新增了其他规模可观的捐赠图书馆。米兰的安布罗修图书馆、摩德纳的埃斯滕塞图书馆（Biblioteca Estense）、罗马的卡萨纳坦塞图书馆（Biblioteca Casanatense），以及佛

第三部分：西方现代图书馆的发展

罗伦萨的美第奇-劳伦齐亚纳图书馆（Biblioteca Medicea-Laurenziana），它们以珍贵的手稿和古籍藏品闻名于世，堪称举世无双。许多不太出名但意义重大的图书馆位于意大利其他城镇。卡西诺山修道院图书馆收藏了约 2 万册印刷书籍和数千件手稿，有些可追溯至 7 世纪，并于 1866 年被宣布为国家级文物。遗憾的是，西方文明这一著名地标在第二次世界大战中毁于一旦。而另一座保存至 20 世纪的修道院图书馆是位于萨勒诺附近的拉卡瓦的图书馆，其中的手稿可以追溯到 11 世纪。

与欧洲大多数国家类似，意大利的大学周围也分布着众多研究所图书馆和院系图书馆，专注于多个专业领域。其中一些图书馆的馆藏可达 10 万册，但大多数图书馆的藏书量要小得多，在规模较大的大学周边可能有 50 座以上这样的图书馆。部分图书馆管理完善、人员配备充足，但大多数图书馆仅供其所在院系使用，难以向外界开放。此外，还有一些独立于大学之外的技术研究所图书馆。例如，米兰理工学院（Polytechnic Institute in Milan）的图书馆成立于 1863 年，现有馆藏约 9.5 万册。在罗马，共有 300 多座专门图书馆，其中许多规模可观。国际农业研究所图书馆（Library of the International Institute of Agriculture）拥有超过 30 万册藏书，涵盖约 3000 种农业及相关领域的期刊，现为联合国粮食及农业组织（United Nations Food and Agriculture Organization）图书馆系统的一部分。该图书馆创立于 1905 年，1933 年迁入新馆，采用美国技术图书馆的组织模式，不仅服务于其所属机构，还惠及全意大利的所有农业科学家，其书目和馆际互借服务更是面向全世界开放。罗马图书馆（Biblioteca Romana）成立于1930年，是一座较小的专门图书馆，专注于罗马的政治、社会与经济历史研究，同时保存着意大利各地相关文献的联合目录。意大利政府的大多数部门在罗马设有总部图书馆，其中一些规模庞大、地位重要。例如，农林部图书馆（Library of the Ministry of Agriculture and Forestry）藏书超过50万册，而工商部图书馆（Library of Ministry of Industry and Commerce）则拥有约10万册藏书。罗马还拥有许多其他专门图书馆，从济慈-雪莱纪念馆图书馆（Keats-Shelley Memorial House Library）这样仅有7000册藏书的小型馆藏，到国家研究委员会（Council of National Research）图书馆这样拥有超过25万册藏书的大型馆藏，跨度极大。

意大利的学校图书馆主要在20世纪才逐渐发展起来。政府的确提供了一定的财政支持，但与美国和英国相比，意大利这一领域仍显滞后。这种差距部分归因于缺乏受过专业培训的学校图书馆员，部分则是因为教育系统仍然侧重于课本教学，而非鼓励学生自主学习和阅读。自第二次世界大战以来，公共教育的重要性得到了新的认识，学校图书馆也因此得到了更多关注，目前学校图书馆正在不断改善。特别是在乡村和偏远地区，通过公共图书馆向学校提供服务的模式正处于试验阶段。而较大的城镇则在尝试为整个城市地区提供集中的学校图书馆服务。意大利为儿童提供图书馆服务的一个颇为有趣的阶段是公园图书馆，这种图书馆并不仅限于儿童使用，每年气候温暖的季节它们在室外开放。

法国的专门图书馆在许多方面与意大利相似,但数量更多。巴黎一些图书馆的历史可追溯至中世纪,包括如今隶属于法国国家图书馆或巴黎大学的几座图书馆,而另一些则是20世纪60年代的产物,如萨瓦科学图书馆（Savoy Library of the Sciences）。法国国家土木工程学院（National Civil Engineering College）图书馆成立于1747年,目前藏书超过16万册。创建于18世纪的武器库图书馆（Bibliothèque de l'Arsenal）,尽管名字听起来与军工相关,该图书馆却是一座非凡的法国文学宝库,拥有超过150万册藏书,还有成千上万件珍贵的文学手稿。巴黎天主教学院（Catholic Institute of Paris）的神学图书馆始建于1875年,其馆藏接近50万册。

巴黎的各类技术学校和研究所也设有自己的图书馆,从综合图书馆到专门图书馆,从国家航空学院（National Institute of Aeronautics）到国家兽医学院（National School of Veterinary Science）,应有尽有。许多文献中心是巴黎技术图书馆的补充,例如化学文献中心（Documentation Center for Chemistry）,其图书馆藏书达5万册。法国政府部门在巴黎设有中央图书馆,其中一些规模庞大、意义重大并处于半公开状态,另一些则是为部门员工提供服务的小型工作图书馆。除此之外,还有其他专门图书馆,例如战争博物馆和图书馆（Musée et Bibliothèque de la Guerre）,旨在收集有关两次世界大战的所有可用的印刷材料。而与之相对的则是欢乐时光图书馆（Bibliothèque de l'Heure

Joyeuse），这是一座创建于 19 世纪 30 年代的儿童图书馆，以非流通形式展示经典的青少年读物。

在法国的其他地区，各种公共机构和大学的技术学院中也设有技术图书馆。一些规模较大的市立图书馆正在建立商业图书馆或专门图书馆，但由于缺乏训练有素的工作人员，它们的价值往往会被削弱。规模较大的企业也在为员工设立研究和信息图书馆，特别是银行、化工企业以及大都市的报社。法国各地都分布着军事图书馆，既有为普通士兵或水手服务的大众图书馆，也有用于训练的专门图书馆。自法国大革命以来，法国军队一直保留着此类图书馆，几乎每个军事基地或海军舰艇都配备自己的图书馆。

法国的公立学校自 19 世纪初便设有某种形式的图书馆，但长期以来，这些图书馆规模小、藏书陈旧，对学生的帮助微乎其微。巴黎于 1862 年建立了一个改进的学校图书馆系统，到 1880 年时，全市已配备 440 座学校图书馆，但每座图书馆的平均藏书仅约百册。近年来，以中学为代表的法国学校，越来越重视图书馆服务，不仅提供书籍和期刊，还提供视听教学材料。然而，专业的学校图书馆员或受过图书馆工作培训的教师的短缺始终限制着能够提供有效服务的学校图书馆的数量。农村地区和小城镇的学校图书馆仍然远远落后于大城市，而法国若要在这一领域取得显著进步，还需等待公立学校的方法和教育理念的进一步转变。

世界上一些最重要的专门图书馆位于英国。仅伦敦就汇

第三部分：西方现代图书馆的发展

聚了几乎涵盖所有领域的专门图书馆，其中许多图书馆规模宏大，收藏着稀有而珍贵的文献作品。大英图书馆由许多特殊的馆藏组成，例如哈雷手稿收藏、斯隆收藏和科顿收藏。其中的报纸图书馆或许是世界上规模最大的单一报纸收藏场所。各种各样的学会也拥有在其专业领域中享有盛誉的图书馆，例如皇家医学会（Royal Society of Medicine）、皇家地理学会（Royal Geographical Society），以及皇家外科医学院（Royal College of Surgeons），其图书馆成立于1518年。伦敦大学（University of London）也有许多下属的专门图书馆，如经济学院的图书馆，在全球的经济学与政治学领域尤为出色。

公共档案馆（Public Record Office）是英国官方档案馆，其珍贵馆藏包括跨越数百年的议会记录。专利局图书馆（Patent Office Library）现已并入大英图书馆，是众多政府部门图书馆中的杰出代表，其馆藏书籍广泛涵盖了从农业领域到外交事务等诸多方面。伦敦最古老的专门图书馆包括多个律师学院的图书馆，例如格雷律师学院（Gray's Inn）、内殿律师学院（Inner Temple）和林肯律师学院（Lincoln's Inn）。其中，成立于1497年的林肯律师学院图书馆是伦敦最大的法律图书馆，也是世界上最著名的法律图书馆之一。科学博物馆图书馆（Science Museum Library）和维多利亚与艾尔伯特艺术博物馆图书馆（Victoria and Albert Art Museum Library）是各自领域中的佼佼者，印度事务部图书馆（India Office Library）收藏了关于印度历史与文化的最重要的一部分文献。此外，皇家音乐学院图书馆（Royal College of Music Library）专注于英国音乐，收藏了许多英国及其他国家作曲家的原创乐谱。而国家盲人图书馆（National Library for the Blind）在为英国盲人读者提供有声读物和盲文书籍方面处于领先地位。

英国专门图书馆的最新进展之一是国家科学技术借阅图书馆的成立，现其已并入大英图书馆。该机构是英国技术文献的中心，同时也是英国所有科技图书馆的馆际互借协调中心。这些图书馆包括公共图书馆技术部门、技术学院图书馆、研究图书馆和工业收藏馆。自第一次世界大战以来，公共图书馆特别为商业和工业创建和拓展了图书馆服务。利兹于1918年设立了公共技术与商业图书馆，自那时起，大多数规模较大的市立图书馆，甚至一些郡图书馆也建立了类似的图书馆。进入20世纪90年代后，人们开始关注这些专门图书馆之间的合作问题。在这一领域，利物浦和地区科学与工业研究图书馆顾问委员会（Liverpool and District Scientific and Industrial Research Libraries Advisory Council）成为领军者。通过联合目录、电传服务、自由复印和借阅政策，地区甚至全国范围内的专门图书馆能够实现资源共享。此外，私人企业运营的专业研究图书馆也开始参与这些合作项目。最重要的是，成立于1924年的信息管理协会（Association for Information Management，前身是专门图书馆和信息局协会）是这一领域的专业协会和指导机构。

英格兰和威尔士的大教堂仍然保留着图书馆，主要收藏神学和历史资料，其中包括中世纪藏书中遗存的珍贵书籍和手稿，供神职人员使用。达勒姆大教堂图书馆曾是此类图书馆中规模最大的图书馆之一,藏书超过 4 万册。英格兰还有几座著名的天主教图书馆,例如 1849 年建立的南肯辛顿神学院图书馆,以及位于伦敦的天主教中心图书馆(Catholic Central Library)。约克大教堂和坎特伯雷大教堂的图书馆位居珍本和手稿最丰富的图书馆之列,但在英格兰各地也有一些教区教堂,它们虽然规模较小,却拥有神学和历史方面的珍贵藏书。一些教堂甚至仍保留着 18 世纪以来将书籍用锁链固定在书桌上的传统。

英国因捐赠图书馆的建立而受益匪浅,其中一些专注于特定领域,一些收藏珍稀书籍,另一些则服务大众。其中规模最大的捐赠图书馆之一是位于曼彻斯特的约翰·赖兰兹图书馆(John Rylands Library),由约翰·赖兰兹夫人于 1899 年为纪念其丈夫创立。它的特别藏品包括中世纪手稿、《圣经》珍本和大约 2500 卷古籍,总藏书量达 50 万册。馆内学术团队定期发布与馆藏及书目领域相关的简报。如今,该图书馆已成为曼彻斯特大学图书馆(Manchester University Library)的一部分。另一座著名的神学捐赠图书馆是威廉斯博士图书馆(Dr. Williams Library),根据一位长老会牧师的遗嘱于 1729 年在伦敦开放。1873 年搬入新馆后,该图书馆收藏了 11.8 万册图书,重点涉及长老会历史与神学,也包含其他教派与宗教的相关资料。英格兰和苏格兰许多城市的公共图书馆起源于 19 世纪或更早时期的捐赠图书馆,但后来它们得到了公共资助而长远发展。

英国学校图书馆的发展相对较晚,不过许多私立学校早在

17世纪就已建立了图书馆。公立学校图书馆的发展始于19世纪70年代《公立学校法》(*Public School Laws*)的通过，但这些法律直到20世纪才得以实施。公共图书馆系统有时会将书籍放置在学校，县立图书馆则将农村学校作为分发点。20世纪20年代，学校图书馆服务有所改善，但到20世纪30年代时，一批访问英国的美国图书馆员指出，许多地方的图书馆设施简陋，人员配备不尽如人意。不过他们也发现，学校图书馆的图书质量和孩子们对图书馆的兴趣值得称赞。1944年的《教育法案》(*Education Act*)承认了学校图书馆以及视听和教学材料等现代辅助工具的重要性，同时也注意到了大萧条和战争年代进展缓慢。此后，学校图书馆取得了长足进步，图书馆作为教学资料中心的理念得到了广泛传播，其服务标准逐渐接近世界一流水平。学校图书馆与公共图书馆之间的合作依然紧密，每名学生对学校图书馆的使用频率甚至高于美国大多数学校图书馆。

德国是另一个拥有许多专门图书馆的欧洲国家。在1939年之前，仅柏林就有超过200座专业图书馆，包括政府部门的图书馆、大学和研究机构的专业图书馆、科学协会的图书馆。政府图书馆实力雄厚，例如国会（Reichstag）图书馆藏书超过17.5万册，专利局图书馆藏书11.8万册，统计局图书馆藏书接近20万册。德国军队也配备了技术图书馆，其中最主要的一座位于柏林总司令部。这些图书馆在第一次世界大战后与其所服务的军事单位一同被解散，但在希特勒时期又重新建立。即便在1924年，德国已有约275座主要的研究图书馆，总藏书超过

3400万册。其中84座藏书超过10万册，使德国成为西方世界最重要的研究资料来源之一。

在德国其他地区，统一之前各州的前皇家或公爵图书馆形成了一类特殊的图书馆，尽管它们通常被归类为大众参考图书馆。这些图书馆各自专注于所在地区的历史与文化，馆藏中多有独一无二的手稿和珍贵稀有的书籍。德国每所著名的大学都环绕着几十座研究所和院系图书馆，此外，还有许多高等学校（Hochschule）和技术学院设有专门的图书馆。一些大城市还发展了商业或商务图书馆，部分城市甚至设有公共音乐图书馆。工业企业也在效仿西方同行，建立研究图书馆，并配备最新的微缩复制设备和最先进的信息存储与检索技术。汉堡的商业图书馆早在1735年就已建立，或者至少其建立的基础可以追溯到那时的馆藏。

自1945年以来，德国出现了一批专门图书馆，包括柏林的美国图书馆（American Library）、慕尼黑的国际青少年图书馆（International Youth Library），还有汉诺威的集图书收藏、翻译中心和文献局于一体的新技术图书馆，可提供全面的研究服务。此外，位于马尔堡的新国家图书馆也是战后发展起来的，从书目和参考中心的角度来说，它也可被视为一座专门图书馆。德国的研究图书馆从整体上组织得井井有条，这得益于图书馆员协会以及许多公共和私人的合作安排。这种合作不仅体现在联合目录、期刊联合清单和馆际互借上，还涵盖了专业主题和资料的选择与获取。例如，一些图书馆专注于特定地理区域的资料收集，因此来自世界各地的文献得以全面覆盖。最终的目标是在某一座德国参考图书馆中，可以找到关于世界几乎任何地方和几乎任何主题的书籍或信息。

德国的学校图书馆，即与美国中小学相对应的低年级学校的图书馆，发展较为缓慢。直到20世纪中期，对教材和讲座的重视抑制了学校图书馆的发展，即便一些学校有图书馆，它们通常也只是旧书的简单收藏，而非活生生的、实用的图书馆。向大众图书馆的转变往往是为了向学生和成年人提供服务，一些较好的公共图书馆也为儿童和青少年提供了极好的阅览室或藏书。城市和州的中心教育图书馆服务于教师和学校工作人员，而非孩子们。然而，自第二次世界大战以来，美国学校图书馆的影响，特别是为驻德美军子女设立的学校图书馆，致使人们对改善学校图书馆的需求愈加重视，并在这一领域展开了广泛的实践探索。

俄罗斯是一个图书馆意识浓厚的国家，专门图书馆是这个国家的图书馆整体图景的重要组成部分。1917年之前，俄罗斯帝国只有475座图书馆可被归类为专门图书馆，但到20世纪20年代时，专门图书馆已超过6000座，到20世纪80年代时，专门图书馆已超过5万座。除了在国家图书馆、公共图书馆和大学图书馆中存在的专业馆藏，苏联的加盟共和国还共享一个广泛的技术图书馆系统，其中许多集中在苏联科学院（Academy of Sciences of the U.S.S.R.）的图书馆网络中。仅苏联科学院的图书馆就拥有超过750万个已编目的项目，其活动与苏联各地的各类研究所、学院、博物馆和其他技术图书馆紧密相关。莫斯科的中央农业研究图书馆（Central Agricultural Research Library）是一系列农业图书馆的中心，藏有250万册书籍；同时，莫斯科的国家中央医学研究图书馆（State Central Research Medical Library）则统领着医学图书馆系统。在苏联的大多数加盟共和国中，也有类似的中央技术图书馆，它们的馆藏中既有俄文书籍，也有当地语言的书籍。在苏联各类型图书馆中可以找到许多外国技术文献，但这些文献通常被翻译或摘录成俄文和主要的当地语言。

工会图书馆是苏联发展较为成熟的一种专门图书馆，但这种图书馆在欧洲其他地区发展相对滞后。这类图书馆既可作为研究工会历史和项目的技术或社会学图书馆，也可在更基础的层面作为工人的大众图书馆。该系统由位于莫斯科的全苏工会中央理事会高尔基参考图书馆（Gorki Reference Library of the All-Union Central Council of Trade Unions）领导。这座图书馆服务于劳工专家和高级学生，而不是普通大众。此外，它还通过培训图书馆工作人员、提供书目和书单，以及出版工会领域的相关材料，协助苏联各地工会图书馆的工作。

在莫斯科，各类技术图书馆几乎涵盖了所有能想到的兴趣领域。其中尚未提及的包括地理学会图书馆、植物研究所图书馆，以及心理学研究所、民族学研究所、语言学研究所、历史研究所和俄罗斯文学研究所的图书馆。社会科学基础图书馆（Fundamental Library of the Social Sciences）藏有超过500万份文献，全苏外文国家图书馆（All-Union State Library of Foreign Literature）拥有300万册藏书，涵盖126种语言。在苏联的其他加盟共和国的首都，也有类似的专业和技术图书馆，不过规模通常较小。在苏联其他地区，一些专门图书馆的规模也相当可观，例如位于雅库茨克的普希金科学图书馆（Pushkin Science Library）藏有超过100万份文献。在整个苏联，所有认真的研究者都可以免费、方便地使用这些技术和科学图书馆。

俄罗斯军队图书馆自成一个网络，藏书数量极为庞大。十月革命期间，苏联红军（Red Army）开始为军队提供图书馆服务，当时数百座图书馆被装运到训练营甚至前线的共产主义军队。这些为军队服务的图书馆在苏联成立后变为永久性机构，它们的规模和实用性不断增长。直到20世纪30年代中期，各军事图书馆的藏书量超过1600万册。1941年，位于莫斯科的军事总部图书馆是一座17层的建筑，藏书量超过100万册。无论是在技术层面还是在道德层面，这些图书馆在第二次世界大战期间都证明了自己的价值，战争结束后，它们继续发展壮大。自苏联解体后，随着俄罗斯经济面临严重困境，专门图书馆的运营受到严重的财务限制，有多少图书馆能存活至21世纪仍然不明朗。

俄罗斯的公立学校图书馆由国家教育部门管辖，该部门负责管理小学、中学以及师范院校的图书馆。俄罗斯学校图书馆和教科书的内容受到严格控制；书籍本身经过精心编写和严格审查，而且为了充分发挥宣传作用，俄罗斯全国各地的同级别

第三部分：西方现代图书馆的发展

学校的图书馆都非常相似。在规模较小的学校，教师负责图书馆的管理工作，而规模较大的学校则配备了一名或多名专业的图书馆员。图书馆的使用指导是强制性的，在某些情况下，还要求阅读特定的书籍。学校图书馆和公共图书馆的儿童阅览区对每名学生的阅读情况都进行了详细记录，这些记录也很容易获取。在中学阶段，图书馆的实用性更为突出，图书馆阅读成为学校课程的必修部分。在这个阶段，学生已经达到了这样的地步：他们专注于数学、科学、外语和共产主义理论，几乎不可能有时间进行休闲阅读，因此，在低年级图书馆中还能见到的通俗文学作品，在中学图书馆中基本消失了。无论图书馆的内容是专业的还是通俗的，图书馆都是教育系统的一部分，旨在培养出相同的目标产物，也就是训练有素且经过充分灌输的苏联公民。毫无疑问，世界上没有哪个国家比苏联更加充分地利用各种形式的印刷品。

1985年之后，随着改革（Perestroika）和开放（Glasnost）政策的出现，苏联这一高度集权且目标明确的体系陷入混乱。如今，约4万座学校图书馆与它们所服务的学校一样，正面临着巨大的财政和哲学危机。学校的管理正在逐步去中心化，对学校的资源支持也正在转移到它们所服务的各个司法管辖区。这个新系统需要数年的时间才能走上正轨，在此之前，俄罗斯的学校图书馆将艰难求存。

在整个欧洲，专门图书馆既满足了特定需求，又在一定程度上弥补了综合性藏书的不足。它们的发展、规模和有效性因国家和具体图书馆而异，但总体而言，自1945年以来，专门图书馆取得了巨大进展。无论在数量、规模、种类，还是在技术手段上，欧洲的专门图书馆本身已成为一个独特的领域。教育、工业和科学研究的需要推动了摄影与电子技术在信息的生产、复制、存储和检索方面的应用。在某些几乎不存在公共图书馆服务的地区，文献中心开始出现。尤其在东欧，一些地区几乎一夜之间完成了从手稿到计算机的过渡。然而，这种发展并不均衡，特别是中欧和南欧的学校图书馆仍面临许多需要解决的问题。

总　结

熟悉欧洲图书馆史的人都清楚，自第一次世界大战以来，欧洲图书馆取得了令人瞩目的发展。在欧洲的许多地区，这六十年来取得的成就似乎正受到席卷欧洲大陆的持久而广泛的经济萧条的威胁。目前尚不清楚英国、法国和意大利等国家的图书馆发展是否会因资源匮乏而永久受阻，或者这些国家能否重振经济活力并找到继续推动其广泛的图书馆服务发展的必要资源。

| 延伸阅读 |

关于现代欧洲图书馆的文献分布广泛、种类多样，并且有十几种语言的版本。希望查阅相关文献的读者可以首先参考《美国图书馆协会世界图书馆和信息服务百科全书》（第三版）

（*ALA World Encyclopedia of Library and Information Services*, 3rd ed., Chicago: American Library Association, 1993），本书提供了关于本章所涉及的各国图书馆发展的详尽论述。此外，可以通过查阅英国期刊《图书馆史》（*Library History*）中的书目找到更新的研究成果。另一个有价值的来源是1993年版《美国百科全书》（*Encyclopedia Americana*）中关于"图书馆"（Libraries）的相关条目，以及韦恩·A.威根德和小唐纳德·G.戴维斯编辑的《图书馆史百科全书》（*Encyclopedia of Library History*, New York: Garland Publishing, 1994）中的特定文章。

其他重要作品如下：

Danton, J. Periam. *Book Selection and Collections: A Comparison of German and American University Libraries*, New York: Columbia University Press, 1963.

Dosa, Marta L. *Libraries in the Political Scene [the library career of Georg Leyb]*, Westport, Conn.: Greenwood Press, 1974.

Ellis, Alec. *Library Services for Young People in England and Wales, 1830—1970*, Oxford: Oxford University Press, 1971.

Kelly,Thomas. *History of Public Libraries in Great Britain, 1845—1975*, London: The Library Association, 1977.

Kuzmin, Evgeny. "From Totalitarianism to Democracy: Russian Librariesin Transition," *American Libraries* (June, 1993): 568—570.

Metcalfe, John. *Information Retrieval, British and American,*

1876—1976, Metuchen, N. J.: Scarecrow Press, 1976.

Metie, A. "Libraries on the Left: Ideology in the Communist Library," *PNLA Quarterly* 33 (1969): 4—11.

Miller, Edward. *That Noble Cabinet: A History of the British Museum*, London: Andre Deutsch, 1974.

Mohrhardt, Foster and Carlos Penna. "National Planning for Library and Information Services," *Advances in Librarianship* 5 (1975): 62—123.

Mumford, W. A. *History of the Library Association, 1877—1977*, London: The Library Association, 1977.

Rayward, W. Boyd. *The Universe of Information: The Work of Paul Otlet for Documentation and International Organization*, Moscow: FID, 1975.

Stubbings, Hilda U. *Blitzkrieg and Books: British and European Libraries as Casualties of World War II*, Bloomington: Rubena Press, 1992.

第 12 章
现代美国图书馆

自 1850 年以来,美国的图书馆在数量和范围上都有显著增长。美国图书馆的快速发展得益于许多积极因素的完美结合:(1)国家丰富的自然资源为经济提供了持续的刺激,创造了巨大的财富,其中一部分用于支持如图书馆这样的文化机构;(2)人口迅速增长,满足了美国工业的迫切需求,从而为图书馆带来了越来越多的受众;(3)国家工业化的惊人进程需要更为复杂的信息来源以支持其长久发展,并要求其劳动者具备更高水平的知识;(4)美国生活的民主性质鼓励信息自由流通,并且至少在理论上,国家存在的基础依赖于"知情公民"。

用经济学术语来说,美国图书馆发展的"腾飞"阶段出现在 1850 年至 1900 年。到 1900 年时,大多数现代图书馆员熟知的图书馆形式已牢固确立,其发展模式亦清晰可见。

美国公共图书馆的崛起

尽管美国公共图书馆的发展总体受到美国人生活中积极因素的推动,但它们更是南北战争前夕席卷全国的一系列社会和政治变革的自然产物。其中,对建立和支持公共服务的态度的逐步转变,是推动公共图书馆发展的重要因素之一。如前所述,社会图书馆的形式存在缺陷,主要体现在对会员"自愿"支持和赞助者慷慨捐赠的依赖。在经济困难时期或文化冷漠时期,社会图书馆经常面临丧失资金支持的威胁,甚至闭馆的风险。现代美国人所熟悉的所有公共支持机构都必须等待人民或至少是那些控制政府的人得出结论,即自愿主义原则不足以满足国家的需求,必须建立某种形式的政府支持。这种思想的转变发生在杰克逊时代晚期,如李·本森(Lee Benson)所言,当时许多美国人逐渐相信他们需要的是"一个积极的自由主义国家,政府有责任……规范社会,以促进公众福利"。

这种观念的转变源于南北战争前发生的严重的,而且在许多情况下令人不安的社会变化。对于美国的当权者来说,国家日益加速的工业化发展是一把双刃剑。一方面,它预示着繁荣和持续的经济增长;另一方面,它催生了大城市的兴起及其衍生出的种种问题,并吸引了数百万教育水平低下的移民来到美国,而在美国"精英人士"的眼中,这些移民缺乏作为民主社会公民所需的基本素养。

越来越多的移民出现在大型城市中心,人们普遍认为教堂和家庭等旧式的社交和稳定的志愿机构正在瓦解,这些因素促使美国的领导阶层开始寻求方法，将社会中不安定的群体和潜在的破坏性因素引导到积极的轨道上。他们逐渐意识到，正规、精心组织和公共资助的教育机构，是确保共和国免受破坏性变革之风侵袭的最佳手段。

尽管"精英人士"相对于这个群体的人数而言拥有过大的权力，但如果没有民众的默许，也不可能推动公立学校和图书馆的建立。这种默许开始出现于19世纪20年代末，当时美国新兴的工人运动开始将公立教育视为民主的重要堡垒，以及工人阶级争取政治权力和经济繁荣的关键手段。尽管工人运动后来更关注十小时工作制、改善工作条件以及儿童劳动法等迫切问题，但他们始终坚信教育是维护人民政治权威最可靠的盾牌，并开始在抽象意义上认为普及公众教育是一剂灵丹妙药，一旦实现，"便能消除民主的障碍，保持平等与繁荣"。

因此，到1850年时，基本条件均已具备，民主信条得到普遍认可。几乎没有人会质疑其基本前提：共和国的成功与其公民的启蒙息息相关。尽管对民主信条的这种信仰建立在对教育目的截然不同的观念之上，但总体上的共识却达到了空前的统一。

交给教育工作者和市政领导的工作就只剩下展示公共图书馆如何为人民的启蒙做出贡献。在1852年之前，曾有人零星地尝试过这项任务，但直到这一年，波士顿公共图书馆的理事会发布了一份重要的报告，或许比任何文件都更好地阐明了公共图书馆服务的理想概念。

这份报告由美国著名政治人物爱德华·埃弗里特（Edward

Everett）和波士顿公认的社会和思想权威乔治·蒂克诺（George Ticknor）共同撰写。报告回顾了印刷术和图书馆的发展历史，并极力主张在波士顿建立公共图书馆。对于埃弗里特和蒂克诺来说，显而易见的是：

> 作为公共政策和义务，阅读应该向所有人提供，就像我们提供免费教育一样，事实上，阅读是教育的重要组成部分。在我们这样的政治、社会和宗教制度下，人们对至关重要的一点早已有所判断，就是要采取手段广泛传播公共信息，以便尽可能多的人能够被激励去阅读和理解涉及社会秩序基础的问题，这些问题不断出现，而我们作为一个民族，必须不断地做出决定，无论是无知的还是明智的。

对于这些深受启蒙思想影响的人来说，知识与美德之间存在直接联系。他们在报告中明确阐述了后来的公共图书馆信条的核心观点：民主共和国的未来直接取决于公民的教育，而图书馆是教育过程中的一个重要元素。1854年，在埃弗里特和蒂克诺以及市政官员的努力下，波士顿公共图书馆正式开放。

当然，如果我们将公共图书馆定义为通过地方税收资助并向全体社区居民开放的机构，那么波士顿公共图书馆就不是美国最早成立的公共图书馆。根据这个定义，一些早期的公共图书馆形式值得关注。

1803年，在康涅狄格州索尔兹伯里，镇上保存了一批卡莱布·宾厄姆捐赠的书籍,并将其命名为"宾厄姆青少年图书馆"(Bingham Library for Youth)对外开放。这座图书馆存续至今,已成为现代的斯科维尔纪念图书馆(Scoville Memorial Library)的一部分。1827 年,在马萨诸塞州列克星敦,镇议会投票决定为镇上的青少年置办一座图书馆,并雇用了一名图书馆员进行管理。藏书被保存在镇教堂内,但由于公共支持不足,该图书馆于 1839 年闭馆。缅因州卡斯廷的一座社会图书馆成立于 1801 年,大约在 1827 年成为该镇的财产,并作为一座免费的公共图书馆继续运营。

在新英格兰其他地方也能找到类似的小型图书馆,它们的藏书或多或少由公共支持和所有,但人们通常认为新罕布什尔州彼得伯勒是开创永久性公共图书馆服务先河的城镇。1833 年,镇议会决定将往常用于支持学校的州文学基金(State Literary Fund)中的一部分用于购买书籍,以创建一座免费公共图书馆。随后,其他捐赠进一步扩大了藏书规模,这些藏书被存放在当地邮局所在的书店中供公众使用,由邮局局长兼任图书馆员。到 1837 年,这座图书馆的藏书已达到 465 种,主要包括宗教、历史和传记类书籍。在接下来的十年中,新英格兰的其他城镇也效仿彼得伯勒建立了类似的图书馆。例如 1846 年,在马萨诸塞州奥兰治,人们投票决定拨款 100 美元建立一座免费的城镇图书馆。

现代图书馆运动的真正开端,是各州立法允许地方政府部门通过征税支持公共图书馆的建立与运营。新罕布什尔州于 1849 年率先颁布了一项法律,授权城镇拨款设立并维持公共图书馆。随后,马萨诸塞州于1851年通过了一项类似的法律,1854年缅因州也紧随其后,南北战争结束后,新英格兰和中西部地区的多个州纷纷效仿。

尽管有上述这些早期活动,但真正推动公共图书馆运动发展的,是波士顿公共图书馆的成立。当时,波士顿是美国最重要的社会和文化中心,其他城市对波士顿的新发展充满嫉妒,纷纷效仿它的做法。波士顿公共图书馆的巨大影响力,部分得益于1852年那份广为流传的报告,部分归功于其前两任馆长的领导,即查尔斯·科芬·朱厄特(1858—1868年在任)和贾斯廷·温瑟(Justin Winsor,1868—1877年在任),同时也得益于自身拥有的雄厚资源,这些资源不仅用于馆藏发展,还用于图书馆服务的创新。这种无可匹敌的影响力一直持续到19世纪末。

波士顿公共图书馆创立之初,其管理重点在于图书的收集与整理工作。查尔斯·科芬·朱厄特被誉为美国图书馆史上最杰出的藏书家之一,他在编目实践方面的领导地位使该领域的专家将19世纪中后期称为美国编目史上的"朱厄特时代"。他的继任者、著名历史学家兼文学家贾斯廷·温瑟,则将重心放在"促进图书使用"上,以实现蒂克诺提出的图书馆是美国社会文明与稳定的重要力量的理念。他设立了分馆,编制了精选阅读书单,还提供了大众读物,这些充分体现了他对普及公共图书馆服务的承诺。

美国其他市政单位在尝试为各自的社区建立公共图书馆服务时普遍遵循了波士顿和纽约的模式。税收支持迅速成为图书馆发展的关键,而地方领导者也积极推动税收成为图书馆资助的主要方式。早期,热心公益的慈善家往往起到激励作用,他们捐赠了大量资金用于馆舍的建造和图书馆资料的采购。此外,常见的做法还包括市政府接收或购买现有的社会图书馆或捐赠图书馆,形成新的公共图书馆的核心。到1913年时,美国教育部报告称,全国已有约3000座公共图书馆,每馆藏书量超过1000册。

19世纪最后的二三十年间发生了三件大事,它们极大地促进了公共图书馆乃至整个图书馆行业的兴起。首先是1876年在费城成立的美国图书馆协会(American Library Association)。该协会为图书馆员提供了一个长期需要的组织框架和公众论坛,使图书馆行业得以形成专业上的凝聚力和理念上的一致性。

其次,长期以来,人们常常抱怨缺乏一份旨在为图书馆员提供指导和启发的专业文献,这个问题在1876年得到显著改善。这一年,不仅出版了堪称经典的《美国公共图书馆报告》(*Report on Public Libraries in the United States of America*),还创办了《图书馆杂志》(*Library Journal*)。《美国公共图书馆报告》是一部由美国顶尖图书馆专家撰写的权威文集,涵盖了图书馆发展与管理的方方面面,多年来被视为图书馆实践的标准手册。《图书馆杂志》由出版商理查德·罗杰斯·鲍克(R. R. Bowker)和弗雷德里克·雷葆特(Frederick Leypoldt)创立,由充满活力且颇具争议的梅尔维尔·杜威担任主编。该杂志迅速成为图书馆界最具影响力的传播媒介,在创刊百余年后它依然保持着重要地位。

另一个因素,或许也是立竿见影的推动力,来自历史上最伟大的图书馆捐助者安德鲁·卡内基的大规模慈善事业。这位来自苏格兰的移民在钢铁行业积累了巨额财富,晚年则将目光投向为美国、英国和其他英语国家捐赠资金建立图书馆。早在1881年,他就开始倡导建设免费公共图书馆,并向他和许多钢铁工人居住的匹兹堡地区赠送了一座图书馆。此后,他向任何愿意承诺维护公共图书馆的市镇提供图书馆建造资金。截至1920年,卡内基共捐赠了约5000万美元,用于建造不少于2500座图书馆建筑。谈及为何选择图书馆作为慈善事业的重点,卡内基曾在1900年表示:

> 我选择免费图书馆作为提升民众素质的最佳途径,因为它们不求回报。它们只救自救者,从不让人产生依赖心理。它们触及有志之人,为这些人开启了世界上的重要宝藏,也就是书籍中蕴藏的智慧。阅读的兴趣能够驱逐低级的嗜好。

尽管卡内基的动机慷慨无私,但一些城市却对他"有污点"的捐款不予接受。1901年,底特律获得了一笔75万美元的捐款,前提是该市需筹集额外的50万美元,但反对的声音过于强烈,因此这一提议直到1910年才被采纳。确实,在少数情况下,在宏伟的建筑中建立图书馆的承诺未能兑现,藏书稀少且人员匮乏,但在大多数情况下,这些图书馆得以延续,至少为数百万民众提供了适度的图书馆服务。除了卡内基，还有其他慈善家将目光投向资助公共图书馆。如今，全美各地依旧散布着许多带有"纪念"性质的图书馆建筑。巴尔的摩的伊诺克·普拉特免费图书馆（Enoch Pratt Free Library）、孟斐斯的科西特图书馆（Cossitt Library），以及北卡罗来纳州阿什维尔的帕克纪念公共图书馆（Pack Memorial Public Library）便是其中几例。

美国图书馆协会的成立、专业文献的发展，以及安德鲁·卡内基等图书馆资助者的大规模慈善捐赠，使公共图书馆在美国社会中深深扎根。随着公共图书馆遍布全国，其工作人员不断努力扩展和强化向用户提供的服务。19世纪末至20世纪初，各地纷纷设立分馆，女性和儿童被视为图书馆的合法服务对象，开放式书架的理念得到普遍接受，服务时间大幅延长，"图书馆应为读者提供信息或参考服务"的观点广泛传播。即使在1929年大萧条等经济危机的冲击下，这些进展仍得以持续推进。

美国公共图书馆的发展历程有时显得毫无章法、粗心大意，有时又伴随着一种持续不断的尝试，将哲学和实践系统化和清晰化。直到19世纪，公共图书馆的理念带有明显的权威性和传教色彩。美国图书馆协会首任主席贾斯廷·温瑟在任的十年间明确表达了这一倾向，即公共图书馆可以被用作在"广大民众"中施加"善与恶"的"伟大工具"。他在一次面向同事的主席讲话中使用了类似的比喻，他将公共图书馆比作一台"起重机"，"将沉寂的民众举起来，放到更牢固的基础上，民族性格将在此基础上崛起"。在温瑟的引领下，图书馆员们很快就开始吹捧公共图书馆是解决美国大多数社会弊病的灵丹妙药，使人们能够应对犯罪、疾病、文盲、酗酒，以及新移民浪潮席卷美国时不计后果和非美国式的生活方式。对于后者，图书馆员将"移民美国化"视为他们最神圣的使命之一，并带头制订计划，为这一运动的成功做出贡献。同样，在19世纪和20世纪初反复出现的经济萧条时期，图书馆被视为社会稳定的支柱。正如一名图书馆员所言："如果社会无法为所有人提供工作机会，无论是长期还是暂时的闲散人员，待在图书馆读书总比待在其他地方安全得多。"

20世纪初期，随着图书馆数量和规模的快速增长，以及图书馆作为行政组织的复杂性日益加剧，图书馆员的关注点似乎逐渐转向内部，更多地聚焦于内部管理问题，试图将公共图书馆事业打造成梅尔维尔·杜威经常提到的完美的"机械艺术"。然而，到20世纪30年代时，图书馆员们再次开始深切关注公共图书馆的使命，鉴于纳粹和法西斯在欧洲的行进，公共图书馆的角色被重新定义为"人民知情权的守护者"。这种对图书馆的全新定位标志着对早期图书馆服务中的权威性和精英主义理念的摒弃，强调了图书馆员有责任提供全面且客观的问题描述以帮助公民独立做出决策。这一理念在20世纪40年代逐渐获得广泛认可，至少在理论上为所有公共图书馆员所接受，并体现在美国图书馆协会的《图书馆权利法案》(*Library Bill of Rights*)和《标签声明》(*Statement on Labeling*)等基本政策文件中，而这些文件至今仍有效。

近年来，公共图书馆员因公共图书馆利用率降低而受到批评，于是他们采取了更加积极的服务态度，面向以往很少甚至完全不使用公共图书馆的群体，尤其是下层阶级，启动了许多"外展服务"项目，旨在提高图书馆设施的可及性和利用率。联邦政府和州政府在 20 世纪 50 年代末和 60 年代广泛资助图书馆计划，极大地促进了这一新举措。大量资金的注入促进了美国公共图书馆事业的蓬勃发展，并很快促成了世界范围内无与伦比的公共图书馆体系的形成。这种积极向美国社会各阶层提供公共图书馆服务的新承诺能否经受住当今严重的财政限制？公共图书馆员是否会退回到仅面向美国社会中少数知识精英的效率更高且成本更低的服务模式？我们拭目以待。

学院与大学图书馆

正如第 10 章所述，1850 年之前的大学图书馆大多仅是规模有限甚至不起眼的书籍收藏，保存条件简陋，利用率极低，守卫森严。1850 年之后，一系列发展因素共同作用，极大地改变了美国高等教育的面貌，同时彻底地革新了学术环境中图书馆的性质与功能。这些变化可以从三个基本方面进行讨论：财务、教育和专业。

1850 年之后，美国的商业与工业迎来了前所未有的飞速发展，这种经济资源的迅猛积累，对 1900 年以前美国的学院和大学产生了诸多方面的影响。首先，财富的累积对高等教育的发展产生了显著作用，同时也使部分资金流入学术机构的财库。越来越多的大规模慈善捐赠被用于支持高等教育，其中相当一部分资金直接用于图书馆资源的建设与开发。与此同时，美国工商企业和政府也敏锐地意识到培养专业技术专家的迫切需要，以充实美国工业蓬勃发展的研发部门。因此，所有这些部门都积极推动创办专门负责培训此类人才的高等教育机构，此运动中最重要的成果是 1862 年通过的《土地拨赠法案》(*Morrill Land Grant Act*)。该法案通过拨赠联邦土地，以支持建立技术与农业学院。这一激励措施促使许多州建立了教育机构，这些教育机构在 20 世纪初跻身美国最负盛名的大学之列，随着这些院校获得日益充裕的资金支持，其图书馆也很快在全国范围内名列前茅。

美国高等教育性质的一系列进步也影响了学术图书馆的发展。首先，新课程的引入，特别是在生物科学和物理科学领域，促进了专业化的提高。其次，"选修制"的逐步接受，取代了早期高等教育中普遍采用的"固定课程制"，使课程体系更加复杂，给学生与教师带来了前所未有的专业化提升空间。最后，德国教育系统的影响也是美国高等教育兴起和学术图书馆发展的极大助推力。

也许最重要的是，人们越来越重视研究的重要性，因为研究是学术机构社会角色的核心成分。这个观念与德国教育系统中以研讨会为主要教育形式的思想结合，特别是在研究生教育方面，这使图书馆资源成为优先考虑的对象。所有这些发展都给学术图书馆带来了越来越大的压力，并促成了这样一种共识：图书馆是任何有自尊心的学术机构的"心脏"。这种对图书馆在学术环境中的重要性的新认知迅速为图书馆事业带来了更多的财政支持,学术图书馆俨然成为教育过程中的核心要素。

最后,一系列不容忽视的专业发展也为学术图书馆的崛起奠定了基础。美国图书馆协会的成立,以及哥伦比亚大学的梅尔维尔·杜威和哈佛大学的贾斯廷·温瑟等精力充沛、受人尊敬的图书馆管理者的出现,预示着新一代专门图书馆员的崛起,他们坚定地认为,图书馆中的书籍是任何教育系统中不可或缺的组成部分。像杜威和温瑟这样的图书馆员阐明了图书馆在教育事业中的新地位不断增强的共识,并在图书馆服务与藏书发展上提供了有效的专业领导。

在这些影响之下,学术图书馆迅速发展。藏书量增长如此之快,以至于人们很快就接受了这样一个事实:这些图书馆的藏书量每十六年便能翻倍增长。这种增长起初是受欢迎的,但它给负责收集和组织日益增多的藏书以供使用的工作人员带来了巨大的压力,并最终给图书馆建设计划带来了噩梦般的压力。

例如,在美国东部,哈佛大学图书馆藏书及校内其他馆藏书籍到1875年时已累计超过22.5万册,到1900年时突破56万册。到1925年时,哈佛大学的藏书量接近250万册,而到1940年时,各类馆舍已容纳近400万册藏书。1900年,哈佛大学的主图书馆仍位于戈尔大厅(Gore Hall),但1915年迁入了新建的韦德纳图书馆(Widener Library),该建筑原本为满足至少半个世纪的需求而设计。然而到1930年时,韦德纳图书馆已不堪重负,因此随后又增设了专门用于珍本藏书的霍顿图书馆(Houghton Library)以及面向本科生的拉蒙特图书馆(Lamont

Library）。此外，20世纪30年代，哈佛大学校园内已有约70座院系图书馆和联合图书馆，其中许多在其领域堪称权威，并且还有数十万册书籍存放于库房中。

在其他大学图书馆中，耶鲁大学（Yale University）到1900年时已拥有近30万册藏书，到1925年时突破100万册；普林斯顿大学在1873年将图书馆迁入新楼，到1900年时藏书已超过15万册，馆舍也因此拥挤不堪；宾夕法尼亚大学在世纪之交已有18.2万册藏书；哥伦比亚大学的各类馆藏合计已达25万册；而布朗大学的藏书规模大约只有它的一半。1897年，哥伦比亚大学迁至纽约晨边高地（Morningside Heights）的新校区，次年启用的洛纪念图书馆（Low Memorial Library）计划容纳75万册藏书。到1934年时，为了应对空间需求，该校又建成了尼古拉斯·默里·巴特勒图书馆（Nicholas Murray Butler Library），该图书馆拥有15层书库，可容纳300万册。位于纽约伊萨卡（Ithaca）的康奈尔大学图书馆（Cornell University Library）在1865年以前尚不存在，但到1875年时藏书已达约4万册，1900年突破20万册，这一快速增长得益于慷慨的捐赠和校方的鼎力支持，1891年图书馆迁入其专属馆舍——塞吉大厅（Sage Hall）。

在美国中西部，1892年新创立的芝加哥大学（University of Chicago）到1900年时藏书量已遥遥领先，接近30万册，在全国大学图书馆中位居前列。得益于约翰·戴维森·洛克菲勒（John D. Rockefeller）的慷慨资助，芝加哥大学图书馆从欧洲和美国收购了大量馆藏书籍，甚至位于柏林的S.卡尔瓦里公司（S. Calvary & Company）的整个书店也被收入囊中。密歇根大学（University of Michigan）图书馆到1900年时藏书达14.5万册，但邻近的其他高校藏书规模较小：明尼苏达大学（University of Minnesota）有6.5万册，伊利诺伊大学（University of Illinois）有4.2万册，密苏里大学（University of Missouri）仅有3.4万册。

当然，总藏书量并不能说明当时高校图书馆发展的全部情况。校园内的图书馆服务理念正经历着快速变革，包括延长开放时间、改进目录系统以及提高对师生的服务效率。印第安纳大学（Indiana University）图书馆在19世纪最后二三十年的变迁，或许具有一定的代表性。1880年，该图书馆仅有约1万册藏书，但其目录编制不善，每周仅开放几个小时。同年，图书馆聘用了第一位全职图书馆员，尽管在1883年经历了一场毁灭性的大火，但馆内仍然有编制好的卡片目录，并购置了新书；到1888年时，该图书馆又增设了三名工作人员。1891年，图书馆迁入新建的麦克斯韦尔大厅（Maxwell Hall），并配备了宽敞的阅览室和资料室。19世纪90年代，除法学图书馆外，还逐步建立了其他院系图书馆。与此同时，增加的工作人员和学生助理、延长的开放时间以及专门的预约阅览室，使得图书馆在1900年已然具备了20世纪的现代气息，其预算更是达到了1875年的20倍。

进入新世纪初期，美国各地的大学图书馆继续迅猛发展，藏书量的增长远超已有馆舍的容量，而新建的图书馆很快也被填满。许多学校里纷纷出现新馆舍，而且这些建筑首次优先考虑图书馆功能，而非单纯追求建筑的华丽壮观。在规模较大的校园中，院系图书馆与专门图书馆的规模不断扩大、数量不断增加，不过在少数情况下，有一种将所有图书归于集中管理的趋势。随着图书馆学院的发展，图书馆工作人员变得越来越专业，然而，直到20世纪20年代，许多小型学院才配备经过专业培训的图书馆员，而且由一个人负责全部事务的情况也屡见不鲜。渐渐地，大学图书馆逐渐摆脱了书籍博物馆的形象，成为学术活动中更为活跃的一环。新的教学方法需要学生更多地利用图书馆资源，也需要教师更加关注图书的选择，还需要增加图书馆的资金投入。以研讨会为核心的教学模式尤为重视书籍的使用频率和可得性。而蓬勃发展的研究生院则需要稀少且昂贵的图书与期刊以支持科研工作。此外，图书馆规模的扩大意味着必须更好地组织和安排书籍和其他材料，因此在很多时候必须重新编目图书馆的所有藏书并采用新的分类系统。

幸运的是，这一时期正值图书馆慈善事业蓬勃发展，当时大多数主要大学和许多学院都获得了大量的捐赠，包括资金、馆舍和书籍。特别是卡内基公司，它为数以百计的院校提供了图书馆建设资金。在20世纪后期，卡内基公司还为图书馆学院、图书馆调查、重新编目项目以及出版物提供了资助。此外，公众对州立院校的关注和支持也有所增加，图书馆预算相应增长，不过预算通常无法满足需求。

第三部分：西方现代图书馆的发展

20世纪20年代，美国南部和西部的一些大学图书馆开始在规模和重要性上与东北部的老牌图书馆展开竞争。弗吉尼亚大学（University of Virginia）、北卡罗来纳大学（University of North Carolina）、佛罗里达大学（University of Florida）、得克萨斯大学（University of Texas），以及杜克大学（Duke University）、杜兰大学（Tulane University of Louisiana）、埃默里大学（Emory University）和范德堡大学（Vanderbilt University）等私立大学逐渐崭露头角，成为各自所在地区的重要研究中心。其中，得克萨斯大学的图书馆在1929年藏书量达到约40万册，位居首位，北卡罗来纳大学紧随其后，其余几所大学的藏书量也都超过10万册。在美国西部，加利福尼亚大学伯克利分校（University of California at Berkeley）以超过70万册的藏书独占鳌头，而科罗拉多大学（University of Colorado）、华盛顿大学（University of Washington）、俄勒冈大学（University of Oregon）和内布拉斯加大学（University of Nebraska）等大学的图书馆到1929年时也分别拥有超过20万册藏书。尽管文理学院、师范学院、技术和农业院校的图书馆规模普遍小于大学图书馆，但它们在各自专业领域的重要性和影响力正在不断提升。在许多院校，院系图书馆的支持者与中央图书馆的支持者之间存在冲突，而在新建馆舍时，后者往往占据上风。这两种图书馆各有利弊，但出于选择或实际需要，院系图书馆的形式仍在大多数大型院校中占据主流。随着用于图书馆的图书捐赠和资金支持相较于需求显得愈发不足，许多图书馆开始成立图书馆之友（Friends of the Library）组织，以小额捐赠取代以往的大额资助。

20世纪20年代的大萧条对学院和大学图书馆造成了沉重打击。许多建设计划被搁置，人员编制和预算也被大幅削减，但社会对图书馆服务的需求却居高不下。幸运的是，联邦政府通过公共事业振兴署（Works Progress Administration）和全国青年总署（National Youth Administration）提供了亟需的援助，推动落地了装订、编目、索引以及馆舍修缮等实用项目。在少数情况下，图书馆建筑是在联邦的援助下建造的，几乎所有院校都有大量由联邦政府资助的学生助理。此外，公共事业振兴署发起的公共记录项目涵盖研究材料的索引编制、摘要撰写、缩微拍摄和出版等工作给图书馆提供了巨大的帮助。

大萧条对大学和学院图书馆最重要的益处之一，是迫使它们停下来思考自身的性质和在整个教育系统中的角色。图书馆标准、伦理规范和图书馆员的教育在各类图书馆会议上得到了认真研究。在预算紧张的情况下扩大服务的需求助推人们开始寻找更有效的图书馆服务的新方式。例如，各种图书借阅和流通控制的新方法层出不穷，其中一些被广泛采用，而另一些则很快消失。随着购置的图书远远超出了书库的容纳空间，人们开始探讨如何缩小书籍的尺寸，通过这些实验，产生了各种各样的缩微格式，作为在有限空间内存储大量图像材料的手段。特别是缩微胶片和微型卡片得到了广泛应用，报纸、期刊和政府出版物也很快以此类形式复制。合作购书计划，尤其是针对外文出版物，也开始尝试，其中一些成为长期计划。联合目录得到进一步发展，馆际互借系统得到扩大，以促进全国图书馆之间的资料共享。大萧条的影响在整个20世纪30年代一直持续，图书馆员始终在寻求方法去充分利用他们紧张的购书预算。

在学院和大学图书馆尚未从大萧条的影响中恢复元气时，第二次世界大战又带来了新的问题。大学和学院被要求为战争所需的士兵和专业人员提供特别培训，图书馆因此不堪重负。通常资金充足，但工作人员稀缺，新的课程、刚成立的学术部门，以及战争信息中心对图书和服务的需求，极大地考验了图书馆的能力，即使是规模最大的图书馆也无法从容应对。然而，在压力下，新的方法应运而生，新的工具开发出来，新的工作人员数以千计地流入图书馆领域，到战争结束时，全国的学院和大学图书馆比以往任何时候都强大。它们不仅书籍数量增加，而且在校园中的地位也得到了提升。"图书馆是学院的心脏"这句老话比以往任何时候都更加真实，整个国家的大学管理者纷纷要求为图书馆提供更多的资金、更大的建筑和更多的工作人员。

1945年以后，成千上万的退伍军人涌入校园，进一步加剧了对图书馆资源的迫切需求，这种情况使得图书馆的进步虽然迅速，却未达惊人的地步。研究生和本科生的入学人数达到了前所未有的高度，而年长的退伍军人在校园中的出现也使所有学生更加严谨地对待学业。所有的图书馆设施都得到了充分利用，但需求依然远远超出服务能力的上限，图书馆危机再次降临。进入20世纪50年代，大多数学院和大学图书馆都有了建设计划，要么是新的建筑，要么是附属建筑，通常伴随着图书馆程序的重组和藏书的重新分类。教学过程中非书籍材料的使用越来越多，学术图书馆的视野逐渐拓宽，在课程计划中纳入了各种各样的视听材料，包括磁带、光盘、电影和幻灯片。由于主图书馆空间不足，院系图书馆再次蓬勃发展，甚至在小型院校中也是如此，而存放不常用材料的设施也成为必需品。新的图书馆建筑在建造时就考虑到了新的服务，它们大多采用了模块化布局，配备了开放式书架和分区规划，以确保书籍和其他资料能以尽可能便捷的方式为读者所用。而最令人震撼的是它们庞大的规模，这是由美国大学图书馆馆藏每二十年便翻一番的增长速度决定的。以一个惊人的事实为例，耶鲁大学图书馆在 1876 年藏书超过 10 万册，到 1993 年时则接近 1000 万册。

1990 年，哈佛大学图书馆仍以超过 1200 万册的藏书量领跑全国，这还不包括手稿、地图、录音及缩微资料。除了韦德纳图书馆、霍顿图书馆、拉蒙特图书馆和皮尤西图书馆（Pusey Library），学校还拥有 90 多个图书馆分馆，其中一些图书馆本身就有数十万册藏书。耶鲁大学图书馆以大约 900 万册的藏书量可能排名第二，但哥伦比亚大学、伊利诺伊大学（University of Illinois）和加利福尼亚大学伯克利分校的图书馆规模则紧随其后。在此期间，许多主要的大学校园都建成或正在兴建大量新的建筑，仅 1968 年一年，美国大学校园就有至少 68 个在建的大型图书馆项目。即使到 1993 年时，大学普遍面临严重的财政压力，美国仍有约 50 座图书馆竣工，同时还有超过

100个在建项目，包括在列克星敦的肯塔基大学（University of Kentucky）耗资6000万美元建造一座新图书馆的计划。在全国范围内，藏书量达200万册、预算超过300万美元、员工规模上百人的大学图书馆几乎已成为常态。

在学术领域的另一端，数十所初级学院在缺乏充足图书馆设施的情况下升格为四年制学院，与此同时，越来越多的四年制学院也在没有研究图书馆的情况下开设研究生课程。全国各地还成立了许多新的初级或"社区"学院，这些学院的图书馆设施甚至还不及高中图书馆的标准。有些州则建立了全新的大学，从一开始就计划为成千上万名学生服务，而这些大学的图书馆设施通常经过细致的规划，设计时充分考虑了最新的设备和图书馆运营理念。得益于缩微胶片和大量重印的原始资料，这些机构可能在开办之初便拥有相当完备的馆藏。

然而，仍有许多学院和规模较小的大学图书馆无法满足教职员工和学生的需求。其中包括一些新建的高校、小型教会资助的学校，以及经济欠发达地区的院校。南方的学院图书馆设施不足的情况尤为突出，但藏书稀少、人员短缺的问题并不局限于任何特定地区。南方学院和中学协会（Southern Association of Colleges and Secondary Schools）等地区认证机构通过制定图书馆标准，为改善学院和大学图书馆的条件付出了很多努力。但直到1950年，美国东南部各州仍有近三分之二的学院在一个或多个方面达不到协会的标准。联邦教育援助再次为高校图书馆的发展注入了资金和动力。1965年的《高等教育法案》

(*Higher Education Act*)为高校图书馆资源、图书馆员培训以及图书馆学领域的研究提供了资金支持。在该法案实施的第一年，就有超过1800所高校获得了资助，馆藏书籍、图书馆学院以及高等教育受益匪浅。

大多数高校在努力获取足够多的书籍以满足需求和达到标准时，不少规模较大的大学图书馆却因无处安置"信息爆炸"带来的大量书籍和信息材料而面临困境。当缩微胶片和紧凑书架不足以解决问题时，这些图书馆转而采用各种存储方案。一些高校在自己的校园或附近的租用区域找到了所需空间，而另一些则依托馆际存储中心。最早的馆际存储中心是波士顿的新英格兰寄存图书馆（New England Deposit Library），由该地区的主要图书馆维护，包括哈佛大学的图书馆和麻省理工学院（Massachusetts Institute of Technology）的图书馆。这里存放了报纸档案、早期期刊、很少使用的文集、国内外文件以及其他零散的临时材料。在大多数情况下，这些材料不会在任何一座成员图书馆中重复收藏，但它们可供所有成员查阅。

另一个重要的馆际存储中心是位于芝加哥的中西部图书馆联合中心（Midwest Inter-Library Center）。它的建立源于一批大学校长希望在降低图书馆建设成本的同时，仍能确保读者获得很少使用却十分重要的研究资料。自1965年以来，该中心更名为研究图书馆中心（Center for Research Libraries），并扩展了活动范围。目前，北美已有100多座图书馆成为该中心的成员，其馆藏规模已发展至近400万册，成为一个重要的研究机构。

第三部分：西方现代图书馆的发展

20世纪60年代，学术图书馆之间的合作蒸蒸日上。位于哥伦布的俄亥俄州学院图书馆中心（Ohio's College Library Center）成立，旨在为全州所有学术图书馆提供计算机化的书目实用程序。该中心后来更名为在线计算机图书馆中心（Online Computer Library Center），它迅速扩张，成为世界上规模最大、影响力最强的书目服务系统。如今，其总部位于俄亥俄州都柏林的新设施内，通过一系列区域网络提供服务，并声称其核心是拥有超过4000万个条目的在线目录。在财政压力和日益高涨的合作精神的双重推动下，美国各地的图书馆都加入了借助新兴信息技术开展的规模较小的合作项目。

然而，能与在线计算机图书馆中心媲美的最令人瞩目的系统是研究图书馆信息网络（Research Libraries Information Network）。该系统基于斯坦福大学（Stanford University）开发的Ballots软件，并被强大的研究图书馆集团（Research Libraries Group）采用。该系统旨在为大型研究图书馆提供常规的书目工具服务，极大地推动了复杂而精密的信息服务在信息时代的发展。然而，严重的财政压力迫使该集团削减了许多最有野心的计划，这使在线计算机图书馆中心在进入21世纪时成为美国主要的书目工具。

近年来，在经历了20世纪60年代近乎失控的增长后，预算再度收紧。大大小小的学术图书馆再次签订了大量旨在节省预算的合作协议。与此同时，即使是规模最大、声誉最好的学术图书馆，也不得不放弃"地方自给自足"的理想。面对稳定或减少的经费支持，学术图书馆如何满足用户不断增长的需求将决定它们在未来几年的成败。值得欣慰的是，信息技术的不断进步正为图书馆的发展带来新的希望。这一领域中重要的进展不胜枚举，例如在线目录系统、可替代纸质存储的信息数字化存储，以及海量在线数据库的广泛使用。

学校图书馆

19世纪早期，在学校图书馆服务领域曾出现过一些零星的尝试，但直到20世纪初，现代意义上的学校图书馆才逐渐普及。在那之前，为孩子们服务的学校图书馆经历了一段混乱与试验并存的时期。许多地区尝试推行学区图书馆，但这种构想终究失败，导致学校图书馆事业遭受挫折。人们尝试将学区图书馆的藏书集中起来，建立乡镇图书馆，但这些努力依然未能成功。随着公共图书馆的兴起，许多地区的纳税人不愿意支持两个公共图书馆服务系统，因此人们试图通过公共图书馆为学生提供服务。在一些城镇和乡村，公共图书馆或其分馆会设在学校附近，在学校上课期间供团体使用，课后供儿童个人使用。在其他情况下，公共图书馆则通过寄存的方式向学校提供图书，这些图书要么分配到各个班级，要么集中存放在学校的藏书区。在少数情况下，公共图书馆甚至设在学校内，同时为学生与公众服务。然而，这些尝试都没有取得显著成效。到1900年时，关于学校图书馆的发展方向产生了争论：通过公共图书馆服务学校，还是建立独立的学校图书馆？

第三部分：西方现代图书馆的发展

1896年，全国教育协会（National Education Association）成立了图书馆分会（Library Section），该分会致力于以最佳的方式为所有儿童提供图书馆服务。1898年，在全国会议上，该组织出现了分歧，各方强烈支持不同类型的图书馆服务。1900年之后，大多数人似乎更倾向于建设独立的学校图书馆，尤其是根据各年级的阅读水平和兴趣选择的班级图书角。关于这两种服务方式的讨论在学校和图书馆界持续了十年之久，到1910年时，独立的学校图书馆的概念已被广泛接受。尽管在一些城市和郡县，公共图书馆和学校图书馆之间的联系仍然保持良好，但主流趋势已经转向了独立的图书馆系统。

虽然新英格兰地区的公立高中在南北战争之前就已经存在，并且在1900年之前在美国大部分地区逐渐普及，但当时这些学校即使有图书馆，通常规模也较小，使用率也不高。图书往往都很陈旧、选择不当，很多时候都无法借阅，管理者往往是那些对图书馆的状况和使用缺乏兴趣的教师或其他学校工作人员。直到1900年，这种状况在一些州和很多大城市开始发生转变。高中图书馆无论是作为独立存在的单位，还是作为学校系统或公共图书馆的一部分，其藏书内容都在不断更新，资金支持也更加稳定，更重要的是，图书馆开始面向学生开放。规模较大的学校聘用了全职图书馆员，而规模较小的学校则由教师兼任图书馆员，经过专业培训的学校图书馆员也开始出现。早在19世纪70年代，一些学院和师范学校就已开设图书馆学课程，但直到19世纪90年代，梅尔维尔·杜威在奥尔巴尼的图书馆学院和布鲁克林的普拉特学院（Pratt Institute）才开始培养出第一批专业图书馆员。布鲁克林的伊拉斯谟霍尔高中（Erasmus Hall High School）在1900年便聘请了专业图书馆员，而布鲁克林女子高中（Brooklyn Girls High）在1903年也迎来了一位。1905年，纽约市的莫里斯高中（Morris High School）迎来了首位经过专业培训的图书馆员，同年，以下地区也迎来了高中图书馆员：东部地区的纽约州奥尔巴尼和罗切斯特，以及新泽西州和华盛顿特区；中西部地区的密歇根州和明尼苏达州。远西部地区的加利福尼亚州和俄勒冈州率先建立了高中图书馆，并为其聘用了全职图书馆员。在美国的其他地区，尤其是南部地区，独立高中图书馆的发展并不均衡，但到1915年时，大多数规模较大的高中都建立了某种形式的中央图书馆，尽管它们的条件依旧简陋。

独立的学校图书馆逐渐取代公共图书馆书籍寄存的趋势，在一定程度上可归因于1900年之后采用的新教学方法。人们强调学习阅读是为了享受阅读的乐趣，并逐渐认识到除了教科书，学校还应配备优秀的课外读物。以儿童为中心的新教学理念要求校内图书随时可用，学生接受的教育不是为了从事某种职业，而是为了全面发展、拥抱有意义的生活。这样的教学方法比比皆是，例如"轮班制学校"，通过工作、娱乐与学习相结合的日常安排丰富了课程内容；再如"温尼特卡计划"（Winnetka Plan），注重根据每名学生的个人能力进行教育。这些方法都需要学生能够自由且频繁地使用图书馆资源，因此，永久性的学校图书馆以及专业的学校图书馆员变得必不可少。

这一趋势被接受后，关于设立单独的中心图书馆还是多个班级图书角的争论紧随其后。一般而言，小学倾向于班级图书角，而中学则更青睐中心图书馆。截至 1913 年，美国教育部报告称，全国约有 1 万座公立学校图书馆，但其中只有大约 250 座图书馆的藏书超过 3000 册。其余大多数图书馆藏书过时、规模太小、设施简陋，且藏书未分类也未编目，有时甚至完全无法使用。尽管华盛顿特区、斯波坎和底特律等少数城市因拥有出色的学校图书馆系统而受到表扬，但在全国范围内，学校图书馆服务的发展仍任重道远。

到 1915 年时，学校图书馆作为公立学校重要组成部分的观念已被广泛接受，一位作家称其为"社会科学与人文科学的实验室，以及自然科学的实验室附属空间"。同年，学校图书馆员的数量激增，美国图书馆协会成立了学校图书馆员分会（School Librarians Section），并广泛讨论了所谓的"新型高中图书馆"。这种理想化的图书馆被描述为一个宽敞、明亮、光线充足的空间，环境令人愉悦而富有吸引力，藏书一应俱全，涵盖学校所有年级和所有学科的内容。图书馆旁设有"图书馆员办公室和工作间"。此外，图书馆还包含一些预测未来几年视听节目的内容，如幻灯片、图片、明信片和"维克多拉唱片"（Victrola records），作为书籍和杂志内容的适当补充。此外，学校图书馆还倡导设立一个组织良好的剪报档案。这种图书馆和图书馆服务被描述为"动态的"，与仅将藏书搁置于偏僻角落的旧式"静态的"图书馆形成鲜明对比。人们承认，这种类型的图书馆很少，但它们被视为所有学校努力追求的目标。

1920年之后，这种"理想化"的学校图书馆逐渐变得普遍，学校图书馆服务领域的新发展也迅速出现。1920年，全国教育协会的图书馆组织与设备委员会（Committee on Library Organization and Equipment）发布了《中学图书馆组织与设备标准》（*Standards for Library Organization and Equipment for Secondary Schools*）；1925年，全国教育协会和美国图书馆协会的联合委员会（Committee of the N. E. A. and the A. L. A.）共同制定了《小学图书馆标准》（*Elementary School Library Standards*）。这些标准使全国各地的学校能够将自己图书馆的状况与理想的学校图书馆状况进行对比，同时也为学校管理者和地方政府官员提供了明确的目标。其他全国性组织也开始关注学校图书馆的改善，例如全国英语教师委员会（National Council of Teachers of English）成立了一个常设委员会，专门研究学校图书馆的使用。地区认证协会则在其管辖范围内开展学校图书馆调查，并制定了图书馆服务认证标准。乡镇、城市和州对学校图书馆状况的调查揭示了现有图书馆的优势和不足，并指明了未来改进的方向。这些调查最终促成了1932年由拜伦·拉马尔·约翰逊博士（Dr. B. Lamar Johnson）为美国教育部开展的全国中学图书馆调查。这是一项覆盖全国约390所学校的选择性调查，尽管没有提出具体建议，却为学校管理者提供了参考基础，供他们得出自己的结论。

推动学校图书馆发展的最重要的因素，或许是州政府和地方政府在这一领域所做的工作。例如,许多州设立了学校图书馆督导办公室,负责推动并监督全州范围内学校图书馆的建设。这些州立机构准备了精选书单、学校图书馆手册以及其他有价值的图书馆辅助材料。各市、镇和县也纷纷效仿,还聘请图书馆专家为大型学校的图书馆员以及小型学校的教师和教师图书馆员提供建议。

除了学校图书馆整体环境的改善,学校图书馆本身也发生了许多变化。训练有素的图书馆员有所增加,图书馆员与教师之间的合作更加紧密,校内馆舍要么换新要么修缮。学校图书馆不再临时占用任何可用的房间,而是开始专门为图书馆服务进行精心规划。1922年,在洛杉矶通过了一项大型债券发行计划,用于建造新学校,前提是图书馆须专门纳入每栋学校大楼的设计,还邀请了图书馆委员会参与图书馆的空间规划工作。

随着人口稠密地区学校系统的发展,集中采购和处理学校图书馆资料的必要性愈发明显。1927年,洛杉矶率先为高中、专业学校和一所初级学院实施了集中采购和编目。西雅图也尝试了集中编目,20世纪30年代初,这一理念已被其他大城市采用。这种做法的优势不仅体现在经济方面,还体现在为图书馆员腾出了更多时间,因此他们可以专注于与学生和教师的合作,而不是处理烦琐的事务。比起外在的改变,学校图书馆服务理念的转变可能更为重要。在全国范围内的优质图书馆中,服务的重点逐渐转向满足学生和教师的需求,将图书馆纳入学校的教学计划,发挥图书馆的积极作用。为此,图书馆的使用教学得到了大力提倡，几乎所有年级的英语和社会科学课程都开设了有关图书馆的单元。

慈善基金会持续资助图书馆的发展，学校图书馆通常直接受益。1929年，朱利叶斯·罗森瓦尔德基金（Julius Rosenwald Fund）资助了11个县图书馆系统，以向农村学校展示公共图书馆服务。这些示范项目集中在美国南部，为白人和黑人学校提供平等的图书馆服务。在大萧条初期，该基金还直接为黑人中小学提供资金，用于购买图书和图书馆用品。卡内基公司对图书馆学院的资助，也间接推动了学校图书馆的发展，与之类似的还有普通教育委员会（General Education Board）和洛克菲勒基金会（Rockefeller Foundation）。美国图书馆协会、全国教育协会、美国教育部，以及大多数州的图书馆和教育部门，也纷纷出版帮助学校图书馆员的刊物。在一些州，政府提供专项资金支持学校采购图书馆所需资料，但在大多数州，这仍需当地学校系统自行解决。

不幸的是，始于20世纪20年代的学校图书馆项目在1929年之后因大萧条受到严重阻碍。学校预算遭受重创，而图书馆常常首当其冲。购买新书或订阅期刊的资金通常无法到位，教师甚至连续数月都领不到薪水。例如，据田纳西州报告，截至1936年，该州80%的高中完全没有图书采购资金。但是，尽管处于大萧条时期，甚至在一定程度上正是因为大萧条，学校图书馆在20世纪30年代依然取得了一些进展。1933年之后，联邦援助通过公共事业振兴署和全国青年总署提供工人薪资，通过公共事业振兴署和公共工程署（Public Works Administration）

第三部分：西方现代图书馆的发展

建设学校。通过联邦援助，小型学校被合并成更大、更现代化、更高效的学校的趋势得到了发展，这些新建筑都为图书馆提供了场所。州政府对学校图书馆的资助也越来越普遍，拥有大量农村人口的州尤为明显。1938 年至 1940 年间，仅南部地区，田纳西州、佐治亚州、路易斯安那州和弗吉尼亚州就已向其学校图书馆提供了直接的州财政支持。

大萧条时期，人们重新审视了公共图书馆与学校图书馆之间的关系，两者之间的合作呈现出多种模式。有时，一个地区采用统一的图书馆系统，由设在县城的公共图书馆为学校提供轮换书籍借阅服务。这种模式具有显著优点，例如降低运营成本，只需一套书籍便能同时满足学校图书馆和公共图书馆的需求。在其他系统中，学校图书馆虽然拥有固定的藏书，但这些书籍均由中心公共图书馆采购和处理。这两种模式虽各有明显的优势，但也存在一些不足。例如，获取新书的速度较慢，教师无法参与图书选购，以及缺乏专业图书馆员为学生和教师提供必要的服务。通常，集中采购和处理意味着所有可用的专业人员都将受雇于中心图书馆，因此学校将只有优质书籍，却没有优秀的图书馆员。如果将教师的专门图书馆纳入公共图书馆与学校图书馆的合作系统，优势则更加显著，这一功能通常备受欢迎。

第二次世界大战对学校图书馆的影响类似于对其他图书馆的影响。人口迁移导致新学校的建设与旧学校的废弃。学校图书馆和大学图书馆以及公共图书馆一样，同样重视特殊技能的培训和信息的快速流通。因此，战争年代的学校图书馆一派忙碌景象，它们发展迅速，资金经常增加，但图书馆员难以招募。然而，在这一变革时期，人们对学校图书馆的价值产生了新的认识，并对学校图书馆在整个教育系统中的性质和功能进行了彻底的反思。在战争结束前，未来的图书馆服务计划已经开始制定，这些计划将在战后缓慢而坚定地实施。

1945 年，美国图书馆协会出版了《面向今天和未来的学校图书馆》(*School Libraries for Today and Tomorrow*)，为全国学校图书馆服务的未来发展制定了计划和指导方针，明确了发展目标、必要服务以及所需设施。尽管在诸多个别案例中进步突出，但这些标准在整体推行过程中的落实进度很慢。1953 年，据统计，美国仍有一半以上的学校缺乏完善的图书馆。州政府和地方政府的联合努力，仍不足以确保所有学校都拥有优质的图书馆。

幸运的是，美国的社会氛围逐渐改变，联邦援助使改善教育设施的必要性得到了认可。1958 年的《国防教育法案》(*National Defense Education Act*) 率先迈出了这一步，虽然该法案并未直接针对图书馆服务，但用于加强数学、科学和外语培训的资金常常被用于为学校图书馆添置书籍和教学材料。同样，1963 年的《职业教育法案》(*Vocational Education Act*) 有时也为学校图书馆提供了资金支持。对学校图书馆最重要的联邦立法是 1965 年的《初等与中等教育法案》(*Elementary and Secondary Education Act*)。该法案的第二部分（Title II）尤为重要，为学校图书馆购置书籍、期刊、磁带、唱片以及其他教学材料提供了数百万美元。该法案的其他部分也令人欢欣鼓舞，

第三部分：西方现代图书馆的发展

例如，第三部分（Title III）支持建立示范图书馆，提供全新的设施和此前从未尝试过的服务。最后，1965年和1966年的《高等教育法案》（*Higher Education Acts*）帮助学校图书馆为图书馆员的培训提供援助。

为了补充和协助实施各种联邦法案，多项重要的图书馆专项计划应运而生。其中，克纳普基金会（Knapp Foundation）资助的克纳普学校图书馆项目（Knapp School Libraries Project）在1963年至1968年间为8所学校提供了示范图书馆。这些学校包括5所小学和3所高中，分布在纽约到俄勒冈的不同地区，图书馆配备了最好的藏书、设备和工作人员，以展示理想的学校图书馆服务。数以千计的图书馆员和教育工作者参观了这些示范图书馆，从他们的经验中受益匪浅。美国图书馆协会在图书馆资源委员会（Council of Library Resources）的资助下开展了学校图书馆发展项目（School Library Development Project），旨在展示如何实现其1960年发布的《学校图书馆计划标准》（*Standards for School Library Programs*）。许多州和学区还利用《初等与中等教育法案》第三部分提及的资金，开展了自己的示范图书馆项目。到20世纪60年代末，问题已不再是如何建立高质量的学校图书馆，而是哪里能找到图书馆员，以及地方学校系统何时能充分利用这些丰富的资源支持。

20世纪五六十年代，学校图书馆领域的另一个亮点是小学图书馆数量的不断增加。长期以来，小学图书馆一直被视为学校图书馆体系中的"继子"，只能依靠规模有限的班级图书角或公共图书馆的书籍寄存服务，但小学图书馆最终被认定为小学教育中不可或缺的一部分。小学教育越来越强调学生的个人努力以及在实践中学习，而不是死记硬背课本知识，这意味着小学日常教学和学习体验中所需的资源日益丰富。长期以来，小学教师青睐的班级图书角已不能发挥作用，它们开始被集中式小学图书馆取代，而受过专业训练的小学图书馆员也成为教学团队的重要成员。小学和中学图书馆员都开始更加重视教学生使用书籍和图书馆。这种将图书馆资源的使用视为一门学科的更广泛的理念，大大提升了学校图书馆及其工作人员的价值。

从统计数据来看，20世纪60年代末学校图书馆的发展让人喜忧参半。在美国8.8万所学校中，有三分之二的学校设有集中式图书馆，但只有约40%配备了全职图书馆员和教学资料。此外，在小学中，仅有三分之一拥有集中式图书馆。美国图书馆协会于1965年发布的《全国图书馆需求清单》(*National Inventory of Library Needs*)表明，即便是那5.6万所设有集中式图书馆的学校，其藏书量也不到1960年所制定标准的一半。要弥补这一"藏书缺口"，需花费近10亿美元。不仅藏书严重不足，"人员缺口"更为显著。按照标准，1964年应有11.2万名"专业"图书馆员，而当时实际仅聘用了3.2万人。1974年开展的《图书馆与综合信息调查》(*The Library and General Information Survey*)显示了这十年间取得的进步。例如，接受调查的学校中约有90%已设有集中式图书馆，且图书馆服务覆盖的学生人数比1964年增加了约50%，相当于多了近1500万名学生。这些成果在很大程度上得益于《初等与中等教育法案》第二部分规划的资金投入。1974年至1990年间，由于经济衰退和联邦预算削减，经费有所紧缩，但学校图书馆媒体中心已被普遍确立为小学和中学教育系统的基本组成部分。

为政府服务的图书馆

1850年以来，为美国联邦政府和州政府服务的图书馆与其他类型的图书馆一样，经历了快速的革命性发展。迄今为止，首屈一指的政府图书馆无疑是国会图书馆。无论是馆藏规模还是服务范围和性质，美国国会图书馆都堪称世界上最令人瞩目的图书馆之一。美国国会图书馆的腾飞始于1864年，当时安斯沃思·兰德·斯波福德受到林肯总统的任命担任馆长，在他的领导下，国会图书馆迅速成长为世界上最重要的图书馆之一。尽管国会图书馆仍然设在国会大厦内，但它很快就超出了现有空间的承载能力。

早在1871年，斯波福德博士便提出，需要为国会图书馆专门设计一座建筑，1874年，国会安排了一个委员会来论证建造国家图书馆建筑的可行性。政府的步伐一向缓慢，直到1887年项目才正式动工。这座建筑直到1897年才完工，成为如今美国国会图书馆的主体部分，能容纳近300万册图书，占地约1.62万平方米。当时，这座大楼配备了最先进的图书馆设施，从采光良好的阅览室和钢制书架，到书籍传送装置和办公室间通话线路，一应俱全。虽然1864年斯波福德担任馆长时，国会图书馆仅有5名员工，但到1900年时，新馆舍的运转已需要185名工作人员，版权办公室则额外增加了45名员工。随着19世纪末新书数量的激增，原来根据杰斐逊私人图书馆方案修改的分类系统已无法满足需求。为此，经过对多个分类方案的考量，最终开发出一套专为国会图书馆需求设计的系统，并对整个图书馆进行了重新分类和编目。在重新整理书籍的过程中，国会图书馆开始制作印刷目录卡，并向全国的其他图书馆出售。由此，国会图书馆目录卡分发计划正式启动，这是它为图书馆界提供的最有价值和最受赞誉的服务之一。

尽管国会图书馆本质上仍是一个为国会及其他政府部门履行职能提供帮助的书籍收藏馆，但到1900年时，它已经在成为国家图书馆的道路上迈出了重要步伐。此后，它迅速成为美国最大的单一图书馆，在赫伯特·普特南博士（Dr. Herbert Putnam）的出色领导下，其影响力远远超出了国会的需求和华盛顿的范围。除了印刷目录卡，国会图书馆的服务很快包括发布书目和其他图书馆工具、维护全国联合目录、资助国内外书籍交换，以及许多其他图书馆创新。美国国家盲人图书馆以国会图书馆为中心，通过各州的寄存图书馆面向全国的盲人读者。1937年，新国家档案馆的完工使许多公共记录和手稿材料从国会图书馆转移出来，1938年，一座新的附属大楼完工，缓解了这座已有四十年历史的主楼的拥挤状况。新建筑使可用空间增加了一倍多，但仍难以满足国家对书籍保存和图书馆服务的日益增长的需求。第三座大型附属建筑以总统詹姆斯·麦迪逊的名字命名，于1983年开放，但不到十年，这座建筑又显得容量不足。

　　国会图书馆的庞大工作量可从其运营统计数据中一窥全貌。1993财年，国会图书馆的运营经费略超3亿美元，其中超过一半用于支付5000多名员工的薪水。这个庞大的团队管理着超过2200万册书籍，并为学者、国会议员、行政部门和公民提供极为宝贵的服务。《全国联合目录》（National Union Catalog）记录了北美图书馆中约1400万册书籍的存放位置，它是国会图书馆的核心功能之一。而立法参考服务（Legislative Reference Service）为国会议员和其他政府官员提供了最有价值的服务。与大英图书馆一样，美国国会图书馆也集众多图书馆于一体。例如，它拥有超过35万册中文藏书，以及数量相当的俄文书籍或关于俄罗斯的资料。它的报纸、乐谱、电影和地图收藏无与伦比。它提供的出版物、目录卡、盲人书籍和录音、文化项目和展览以及影印服务等使它真正成为美国的文化中心。国会图书馆在信息技术的应用方面也走在前列。国会图书馆最雄心勃勃的项目之一是"美国记忆项目"（American Memory Project），旨在将图书馆的大量藏书转化为机器可读格式。这项艰巨的任务是为了在21世纪实现"无纸化图书馆"，但在这座图书馆中，每5秒钟就会有一本纸质的书籍或期刊被纳入馆藏。

　　除了国会图书馆，华盛顿及其周边地区还拥有百余座政府图书馆，其中许多都有大量藏书。其中两座图书馆当之无愧地享有"国家图书馆"的称号。位于马里兰州贝塞斯达郊区的国家医学图书馆（National Library of Medicine），可能是世界上最大的单一医学图书馆。该图书馆有趣的历史可以追溯到1836年，当时国会创建了陆军医学图书馆（Army Medical Library），但直到南北战争之后，当约翰·肖·比林斯博士（Dr. John Shaw Billings）于1865年成为图书馆员时，该图书馆才开始迅速发展。从1865年该图书馆只有大约1800册杂乱无章的书籍，到1880年他将该图书馆发展成为一座组织良好的图书馆，拥有5万册书和6万份小册子。比林斯博士把它打造成世界上主要的医学图书馆之一，为其开发了主题卡片目录，开始为医学期刊编制索引，并出版了一份医学文献综合书目。到1910年时，陆军医学图书馆的馆藏已超过10万册，1962年迁入新馆后，它在世界医学图书馆界占据了领先地位，到1990年时，其馆藏已达到200万册。该图书馆服务于美国的医生和科学家，并在医学信息的计算机存储和检索方面开创了先河，医学文献分析和检索系统（Medical Literature Analysis and Retrieval System）和医学文献在线分析与检索系统（Medical Literature Analysis and Retrieval System Online）就是很好的证明。通过这些系统，该图书馆能够提供医学文献的最新索引，即《医学文献索引》（*Index Medicus*），几乎可以即时提供任何关于医学问题的信息。

国家农业图书馆（National Agricultural Library）由1862年成立的农业部图书馆（Department of Agriculture Library）发展而来。起初，它的发展也很缓慢，到1875年时仅有7000册藏书，但到20世纪90年代初时，其馆藏已达到约150万册，拥有200多名员工。其馆藏书籍在农业相关学科领域几乎具有权威性，包括植物学、化学、林学和动物学。该图书馆最强之处在于其收藏的农业期刊以及来自世界各地的农业领域协会、研究所和政府机构的出版物。它也是将电子技术应用于信息存储和传播的先驱，还编制了在农业领域极具价值的索引和书目。

20世纪政府机构数量迅速增加，华盛顿的政府图书馆数量也成倍增加，这些图书馆的藏书主题和规模各不相同。新设部门如商务部（Department of Commerce）和劳工部（Department of Labor）的图书馆藏书量约为50万册，即便是1965年成立的住房与城市发展部（Department of Housing and Urban Development）也将早期住房机构的藏书与新购置的藏书相结合，建立了一座拥有30万册藏书的图书馆。诸如联邦储备系统（Federal Reserve System）、联邦航空管理局（Federal Aviation Administration）和公务员事务委员会（Civil Service Commission）这样的机构，图书馆的藏书量为10万册左右，而国家档案馆和专利局的图书馆藏书规模更为庞大。相比之下，还有几十座规模较小但更加专业化的机构图书馆，它们的藏书量一般为1万册至5万册，例如征兵系统（Selective Service System）、海军情报学校（Naval Intelligence School）和沃尔特·里德陆军医院（Walter Reed Army Hospital）等，不胜枚举。华盛顿最独特的一座图书馆可能是政府印刷局（Government Printing Office）的图书馆，其近200万件藏品主要为美国政府出版物。还有一些历史更加悠久的图书馆，如服务于国务院

（Department of State）和财政部（Treasury Department）等机构的图书馆，以上这些图书馆共同构成了联邦政府的重要资源。

并非所有美国政府图书馆都位于华盛顿。事实上，在首都之外，政府拥有的图书馆和藏书的数量可能更多。其中一些是完全独立的机构，另一些则是总部设在华盛顿的图书馆的分馆。尤其是军事部门，在世界范围内分布了数量众多的图书馆。位于纽约州西点的美国陆军学院（Military Academy）图书馆创建于1812年，位于马里兰州安纳波利斯的海军学院（Naval Academy）图书馆成立于1845年。美国海岸警卫队学院（Coast Guard Academy）在康涅狄格州新伦敦设有图书馆，美国空军学院（Air Force Academy）在科罗拉多州斯普林斯设有图书馆。

从南北战争开始，无论是在战争时期还是在和平年代，美国军队一直试图为所有军人提供图书馆服务。1861年，美国军事哨所图书馆协会（U.S. Military Post Library Association）成立，旨在为前线士兵提供阅读材料。该协会主要依靠志愿力量，但其取得了显著成效。到1875年时，几乎每个拥有常驻人员的军事哨所和要塞都配备了小型图书馆，藏书数量从50册到2500册不等，具体规模视部队人数而定。例如，在新取得的阿拉斯加领土上，锡特卡的驻军建立了首座图书馆。这些哨所图书馆依靠慈善基金、哨所零用资金、士兵读书俱乐部以及少量官方资助，一直延续到第一次世界大战时期。

第一次世界大战期间，在美国红十字会（American Red Cross）、美国图书馆协会以及基督教青年会的协助下，美国军队加大力度为军人提供尽可能优质的图书馆服务,由此发展出一套为所有陆军和海军部门提供的常态化政府资助的图书馆系统。1920年之后,所有拥有超过2500人的哨所、军营和基地都设有图书馆,并配备全职图书馆员,而较小的哨所则由特种部队军官管理较小的藏书室。第二次世界大战期间,一个庞大的军事图书馆网络得以建立。无论军人身处训练营、常驻基地、海军舰艇、海外驻地还是医院,都有书可读。在较大的驻地,拥有数千册藏书的图书馆设施齐备、人员充足,即使是最小的单位也配备了藏有50册或100册平装书的小型流动图书馆,书籍被视为消耗品,在军人之间传递,直至损耗殆尽。

1943年,仅在美国本土,就有超过2000座驻地和医院图书馆,人员配备需要600多名专业图书馆员和数百名服务人员。大约在同一时间,美国海军的图书馆站点超过1.6万个,服务范围涵盖各类舰船和陆地单位。为了满足人们对物美价廉的书籍的迫切需求,出版商推出了通俗与严肃文学作品的武装部队版(Armed Services Editions),印刷和发行了数十万册。自战争以来,军事图书馆服务不断发挥着至关重要的作用,不仅提供技术和专业书籍,还涵盖各类休闲读物,支持着国防计划各个阶段的需要。美国海军人事局(Bureau of Naval Personnel)的图书馆服务处为全世界1300多个海军单位的图书馆提供服务,而陆军和空军也分别在各自的基地和单位中提供了数百座图书馆。随着20世纪80年代末冷战的结束,美国开始缩减军队规模。随后的缩减导致国内外许多军事基地关闭,图书馆也随之消失。

由此可见，尽管军事图书馆系统依然庞大，但可以预见，未来数十年内，其规模必将逐渐缩小。

华盛顿以外的其他联邦政府图书馆由各种机构运营。退伍军人管理局（Veterans' Administration）在全国各地的退伍军人医院（Veterans' Hospitals）都设有图书馆。农业部在其实验站和研究站也设有技术和专门图书馆。原子能委员会（Atomic Energy Commission）在其研究基地设有图书馆，如田纳西州的橡树岭（Oak Ridge）和南卡罗来纳州的萨凡纳河管理局（Savannah River Authority）。作为最年轻的研究机构之一，国家航空航天局（National Aeronautics and Space Administration）正在迅速为其位于得克萨斯州休斯敦、佛罗里达州卡纳维拉尔角（Cape Canaveral）和弗吉尼亚州汉普顿（Hampton）的基地提供图书馆服务。西海岸的华盛顿州可以作为美国首都以外的联邦机构图书馆在规模和种类上的典范。20世纪80年代，该州有5座退伍军人医院图书馆、3座美国空军基地图书馆、5座陆军基地图书馆、5座海军基地图书馆、1座鱼类和野生动物服务图书馆、1座商务部图书馆和1座位于麦克尼尔岛的美国监狱图书馆。这些图书馆规模足够大，可以聘请专业图书馆员负责管理；然而，还有一些较小的政府图书馆未配备全职图书馆员。

总统图书馆是一种新型的政府图书馆，或至少是由国家档案馆控制的图书馆。总统图书馆通常设立在前任总统的出生地，馆藏包括与其生平和任期相关的书籍、文件、手稿以及纪念品。其中最早设立的总统图书馆，也可能是规模最大、知名度最高的总统图书馆，是成立于1939年、位于纽约州海德公园的富兰克林·德拉诺·罗斯福图书馆（Franklin Delano Roosevelt Library）。1955年，《总统图书馆法案》（*Presidential Libraries Act*）规定政府管理这些纪念前总统的图书馆，尽管它们的建设资金主要来源于私人捐赠。密苏里州独立城（Independence）的哈里·S.杜鲁门图书馆（Harry S. Truman Library）、堪萨斯州阿比林的德怀特·D.艾森豪威尔图书馆（Dwight D. Eisenhower Library）和得克萨斯州奥斯汀的林登·贝恩斯·约翰逊图书馆（Lyndon Baines Johnson Library）便是其中的典范。

总而言之，美国政府通过其数百座图书馆，运营着当今世界上规模最大、组织最完善的信息系统。事实上，其庞大的规模和多样性也带来了巨大的挑战，20世纪60年代，人们就政府图书馆服务的未来发展进行了大量的讨论与研究。多个团体、委员会和协会不仅关注图书馆的空间、人员和资源可得性等图书馆普遍面临的问题，还深入研究了自动化、书目管理、合作、复印、影印技术，以及信息记录量爆炸式增长所引发的诸多复杂问题。

为了解决这些问题，多个新的机构相继成立。1965年设立的联邦科学与技术信息交流中心（Clearinghouse for Federal Science and Technical Information）旨在协调和传播技术书目信息。1966年创立的教育资源信息中心（Educational Resources Information Center）则专注于教育研究信息的整理与发布，它运营着美国各地的交流中心，每个交流中心都专注于教育信息的某一具体领域。国会图书馆开发了一套机读目录（Machine-Readable Cataloging）系统，通过电子磁带传输完整的目录卡片，作为接收方的图书馆可以直接打印使用。为了协调图书馆自动化技术的应用，国会图书馆还成立了国会图书馆自动化技术交流中心（Library of Congress Automation Techniques Exchange）。在诸多领域，政府图书馆始终走在美国乃至世界图书馆发展的前沿。

美国的州立图书馆是为政府服务的另一类重要的图书馆。虽然许多州立图书馆的起源可以追溯到19世纪早期，但它们在1900年之后才迎来快速发展阶段。从那时起，许多州立图书馆逐渐承担起面向整个州的职能，而不仅仅服务于州政府官员。例如，在俄亥俄州，1882年的一项法律规定州立图书馆向所有公民开放，供其参考使用，到1896年时，州立图书馆开始在全州范围内提供外借服务，但有一些特殊限制。到那时，典型的州立图书馆服务可能包括立法参考部门、图书馆组织部门以及流动图书馆服务。在一些州，后两项服务被添加到州立图书馆职责中，而在另一些州，则设立了专门的图书馆委员会来负责提供这些服务。无论是否有州政府的财政援助，推动公共图书馆服务的发展，以及通过邮寄服务分发阅读材料或向没有地方图书馆的公民提供流动图书馆服务，逐渐成为州立图书馆的公认职责。然而，各州在图书馆扩展服务的责任分配上差异显著，因为它们可能归属于州立图书馆、图书馆委员会、州教育部门，甚至州立大学。

第三部分：西方现代图书馆的发展

20世纪20年代以来，州立图书馆机构的发展依旧千差万别。一些州立图书馆已发展成为大型研究图书馆，如马萨诸塞州、纽约州、伊利诺伊州和加利福尼亚州的州立图书馆。另一些则专注于公共图书馆发展和图书馆推广服务，成为全州图书馆网络的总部或协调机构。位于哈里斯堡的宾夕法尼亚州立图书馆（Pennsylvania State Library）领导着一个由4个研究中心和30个地区图书馆中心组成的全州系统。印第安纳州立图书馆（Indiana State Library）位于印第安纳波利斯，它是一个中央研究中心，通过电传设备与全州各县的图书馆相连接。夏威夷所有的公共图书馆都属于一个州级图书馆系统，由檀香山（Honolulu）的中央图书馆和处理中心领导。马里兰州在州教育部门下设有图书馆扩展部门，并与巴尔的摩的伊诺克·普拉特免费图书馆签订合同，成为州立图书馆中心。

1956年的《图书馆服务法案》（Library Services Act）以及后来联邦政府为支持图书馆发展而出台的法案，对各州的官方图书馆产生了巨大影响。用于援助图书馆的联邦资金通常通过一个中央州级机构提供，这个机构通常是州立图书馆。联邦资金无疑是宝贵的资源，但它们也带来了挑战。资金的分配和使用需要更多的工作人员，而这些工作人员通常难以招募。部分资金用于调查，目的是确定最需要援助的领域，并研究如何最好地使用联邦资金。另有部分资金用于购买处理大量涌入的书籍所需的设备和用品，特别是当它们进入中央处理中心时。还有部分资金用于示范图书馆和流动图书馆。然而，大多数资金直接用于购买该州的公共图书馆所需的书籍和材料。增加的联邦资金通常会激励州政府增加相应的资金，因此在短短几年内，图书馆财政大幅增长。到 1962 年时，各州在图书馆服务上的支出是联邦政府的 3 倍，这还不包括县级和市级的图书馆拨款。进入 20 世纪 80 年代后，联邦资金减少，持续的经济衰退削弱了各州税收，图书馆的资金故而大幅减少，图书馆不得不适应这一新形势。

除了中央州立图书馆，20 世纪还见证了许多州立专门图书馆的成长，这些图书馆通常为州政府机构提供服务。其中一些图书馆在 1900 年之前就已建立，例如马萨诸塞州的劳动与工业部门图书馆（Department of Labor and Industries Library），该图书馆成立于 1869 年。大多数州立部门图书馆自 20 世纪 20 年代才开始建立，到 20 世纪 80 年代时，出现了各种各样的州立机构图书馆，服务于公共福利部门、教育部门或公共卫生部门、州博物馆、公路委员会、保险委员会、矿产委员会，甚至地质调查局。这些图书馆大多规模较小，但也有少数图书馆藏书量为 2 万册至 3 万册。

政府图书馆还延伸至地方层面，如县立法律图书馆和县立医学图书馆。在大城市中，卫生、警察和福利等市政部门有时也会设立官方图书馆，供这些领域的公职人员使用。因此，各级政府都感受到了有组织地收集信息的必要性，而专门图书馆即是正解。无论是集中式的还是分散式的，无论是州图书馆系统还是地方图书馆单位，政府图书馆都在飞速发展，正如图书馆服务的几乎所有其他领域一样，需求往往超过供应。国家政府图书馆员正在研究和考虑所有可能的合作、自动化和书目控制方法，以期提供更好的服务。

美国还有一类政府图书馆，即国际图书馆，服务于联合国或其他多国组织。位于纽约市的达格·哈马舍尔德图书馆（Dag Hammarskjöld Library）是联合国总部图书馆，成立于1947年。其馆藏书籍涵盖联合国五种官方语言和其他多种语言，主要涉及国际法与国际关系、历史和社会科学。其最重要的馆藏之一是关于国际联盟（League of Nations）的历史记载和出版物。该图书馆还包括专门致力于现代世界和平努力历史的伍德罗·威尔逊纪念图书馆（Woodrow Wilson Memorial Library）。

美国的专门图书馆

尽管所有图书馆在某种程度上都有各自的专业性，但美国的专门图书馆自成一派，值得单独深入探讨。学校图书馆和政府机构图书馆作为专门图书馆已有所述，但除此之外，仍有形形色色的专门图书馆，它们收藏了美国最珍贵的单一主题藏书。普通藏书与专业藏书的界限虽难以确切划分，但在本章中，"专门图书馆"可被视为馆藏书籍有限制且通常服务于特定受众的图书馆。

总体而言，专门图书馆的规模通常比综合图书馆小，且大多数专门图书馆的藏书量一般在1万册左右，而不是10万册。此外，专门图书馆在规模、员工培训、服务时间、组织结构和所处理的资料等方面通常与综合图书馆存在显著差异。与那些较老、较大且更为规范化的图书馆相比，专门图书馆往往能更轻松地尝试新思想、新方法、新技术和新服务。因此，专门图书馆的存在对图书馆行业来说是幸运的，它们不仅为社会提供了宝贵的服务，还在图书馆领域中发挥了重要的引领作用。这一点尤其随着"信息时代"的到来得到了验证，专门图书馆在采用新兴信息技术方面表现出了极强的灵活性，尤其是那些为美国企业服务的图书馆。

专门图书馆可以分为两类：一类是完全独立的，另一类是公共图书馆或大学图书馆的一部分或与其相关联的。此外，专门图书馆也可分为三类：专业图书馆、商业图书馆和政府图书馆。较为常见的政府图书馆已经讨论过，政府机构中有许多规模较小的技术图书馆，它们才是真正意义上的专业图书馆。专业图书馆是服务于专业学校和组织的图书馆。商业图书馆种类繁多，早期的医学学会也设有图书馆，包括马萨诸塞州伍斯特的医学学会（Medical Society）和波士顿医学进步学会（Boston Society for Medical Improvement）的图书馆。到1875年时，这些学会的馆藏图书都达到了5000册或更多，罗得岛州普罗维登斯医院（Rhode Island Hospital of Providence）、辛辛那提医院（Cincinnati Hospital）和位于波士顿的麻省总医院（Massachusetts General Hospital）的图书馆也是如此。还有一些图书馆的医学书籍是作为综合馆藏的一部分，比如波士顿公共图书馆的1.1万册医学书籍，或波士顿图书馆（Boston

Athenaeum）的 5000 册医学书籍。值得注意的是，医学图书馆主要集中在美国东北部。

到 1875 年时，监狱、未成年犯管教所和精神病院等公共机构也有一些图书馆。这些图书馆大多由慈善个人和团体捐赠书籍而建立，由感兴趣的囚犯负责管理。费城的州立监狱图书馆始建于 1829 年，书籍源自一位捐赠者；纽约州新新惩教所的图书馆则始于 1840 年威廉·亨利·苏厄德（William H. Seward）州长的捐赠。伊利诺伊州奥尔顿的一座监狱图书馆始于 1846 年马萨诸塞州查尔斯顿一座监狱的囚犯捐赠的书籍。到 1867 年时，共有 13 座监狱报告设有图书馆，每座图书馆的藏书量大约为 1500 册。那时，新新惩教所的图书馆规模最大，藏书约为 4000 册，此外还有 13 个州报告拨出小额资金用于为监狱图书馆购买书籍。十年后，监狱图书馆的数量已增至 40 座，其中大多数报告称，这些图书馆的藏书得到了充分利用。大部分书目被归类为"娱乐性图书"，但也有相当一部分是"教育性图书"或"宗教性图书"。青少年犯改造运动始于 1825 年的纽约，其他州的大多数类似机构都是在 1850 年之后才设立的。

1875 年，美国共有 56 个未成年犯管教所，其中 49 个报告设有图书馆，藏书量从 150 册到 4000 册不等，平均约为 1000 册。规模最大的未成年犯管教所图书馆也是在纽约，它位于纽约市感化院（New York City House of Refuge）。监狱和未成年犯管教所都报告称，所有识字的囚犯都频繁使用这些图书馆的书籍。除了少数州拨付的小额资金，这些机构的图书馆几乎完全依赖捐赠获取书籍,并由囚犯负责管理。1875年,有报告提到一些精神病院设有图书馆,但这些图书馆显然是为工作人员服务的,而非面向患者。

19世纪还有一种专业图书馆值得一提,那就是报社图书馆。这类机构主要有两种形式:一种是"资料室"(morgue),即按专题排列的剪报档案,既可作为报纸的索引,也可作为信息资源;另一种是供记者和编辑使用的常规研究图书馆。《纽约论坛报》(*New York Tribune*)早在1850年之前就设立了研究图书馆,到1874年时其藏书超过5000册。其资料室始于1860年,主要收藏传记类内容,用于快速提供有关纽约乃至全美国所有重要人物和有新闻价值人物的生活和工作信息。《纽约先驱报》(*New York Herald*)在1870年建立了一座完善的参考图书馆,藏书约8000册,但其资料室后来才建立。其他报社的图书馆,例如《波士顿先驱报》(*Boston Herald*)和《纽约时报》(*New York Times*)的图书馆,则在南北战争结束后不久建立。19世纪后期至20世纪初,大城市的大多数报社纷纷效仿,尤其是资料室,成为普通报社的标配。研究图书馆仅存在于规模宏大的报社中,较小的报社通常只需几本标准参考书即可满足需求。

1875年至第一次世界大战前的这段时期,专门图书馆发展缓慢,但却逐渐确立了自身的独特地位,并被公认为一种独立的机构。专门图书馆在类型和服务方面比其他任何图书馆都更加多样化,但人们认识到,无论规模大小、是否隶属于更大的系统，专门图书馆都有一些共同点，因此1909年成立了专门图书馆协会（Special Libraries Association）。成立这样一个组织的提议最早是由美国图书馆协会在布雷顿森林会议（Bretton Woods Conference）上提出的，当时约有45名专门图书馆的代表响应了约翰·科顿·达纳（John Cotton Dana）的建议而联合起来。成立之后，专门图书馆协会不仅积极维护专门图书馆的利益，还为行业提供了明确的方向和有力的领导。

在1910年之前已经出现了一些规模较小的"公司图书馆"，但从那之后，商业图书馆与工业图书馆才使专门图书馆的领域得到大幅扩展。最初，这些图书馆主要收集公司记录和内部专家完成的研究，很快又加入了专门的参考资料、技术期刊以及对特定行业有价值的科学著作。在东部地区，早期的工业图书馆包括美国黄铜公司（American Brass Company）、联合煤气改良公司（United Gas Improvement Company）和纽约商人协会（New York Merchants Association）的图书馆。纽约国家城市银行（National City Bank of New York）和哈维·菲斯克父子公司（Harvey Fisk and Sons）则是最早为员工和客户提供研究图书馆的银行和金融机构之一。在较小的城市，商会以及其他商业协会有时会为其会员提供商业图书馆，而公共图书馆在某些情况下也开始设立"商业与技术"分馆。

在所有专门图书馆中，最有价值的一类图书馆是具有捐赠性质的参考图书馆，美国有幸拥有相当多的参考图书馆。这一趋势在19世纪就已初见端倪，在20世纪更是显著增加。虽然这些图书馆可能不受主题内容的限制，但它们既非公共资助，也非全面开放，通常仅向学者和特定领域的学生提供服务。其中，雷诺克斯（Lenox）和阿斯特（Astor）的图书馆在纽约公共图书馆（New York Public Library）的创建过程中发挥了关键作用，而另一座最具价值的图书馆则是位于华盛顿特区的福尔杰莎士比亚图书馆（Folger Shakespeare Library）。亨利·克莱·福尔杰（Henry Clay Folger）从19世纪末在阿默斯特学院求学时便开始收集莎士比亚相关资料。到1909年时，他的收藏已被公认为美国规模最大的莎士比亚资料收藏。几年后，这一收藏被誉为世界上最庞大的莎士比亚资料收藏。在去世前，福尔杰将这些藏品置于一座专门设计的建筑中，并最终对严谨治学的学者开放。1933年，这座图书馆正式启用，除了书籍和小册子，还收藏了许多手稿、文件、文物、珍品、素描、绘画、版画、奖章、硬币、挂毯、戏单、剧本提词本，甚至还有与莎士比亚及其所处时代相关的家具和服装。如今，福尔杰莎士比亚图书馆藏书超过25万册，这还不包括数千件其他珍贵藏品。

芝加哥有幸拥有两座重要的研究图书馆，分别是克雷拉尔和纽伯里的图书馆。纽伯里参考图书馆（Newberry Reference Library）由沃尔特·罗密士·纽伯里（Walter L. Newberry）创立于1887年，是一座人文社科领域的公共参考图书馆。约翰·克雷拉尔图书馆（John Crerar Library）由约翰·克雷拉尔创建于1895年，作为一座科学图书馆，其意在补充和完善纽伯里参考图书馆的馆藏；目前，它已成为芝加哥大学（University of Chicago）图书馆系统的一部分。在纽约市，皮尔庞特·摩根图书馆（Pierpont Morgan Library）以书籍史、古籍和美国史等领域的丰富馆藏而著称。在美国西海岸，加利福尼亚州圣马力诺（San Marino）的亨利·爱德华兹·亨廷顿图书馆（Henry E. Huntington Library）拥有全球最优秀的珍本收藏之一，其藏书达42.5万册，手稿超过100万件，被誉为学者的天堂，根据该图书馆藏书完成的研究成果大部分通过《亨廷顿图书馆季刊》（*Huntington Library Quarterly*）发表。同样位于加利福尼亚州的还有斯坦福大学校园内的胡佛战争、革命与和平图书馆（Hoover Library on War, Revolution and Peace），其收藏了数十万份主要涉及20世纪历史的书籍、小册子、政府文件、报纸和期刊。此外，美国其他地区也拥有不少捐赠图书馆，例如堪萨斯城的琳达·霍尔科学技术图书馆（Linda Hall Library of Science and Technology）和辛辛那提的劳埃德图书馆与博物馆（Lloyd Library and Museum）。前者拥有约35万册图书，而后者的藏书与小册子约有27.5万件。位于得克萨斯州韦科的贝勒大学（Baylor University）校园内的罗伯特·布朗宁收藏馆（Robert Browning Collection）则是一个高度专业化的馆藏范例，而位于安娜堡的密歇根大学（University of Michigan）校园内的威廉·劳伦斯·克莱门茨美国历史图书馆（William L. Clements Library of American History）则拥有更广泛的馆藏书籍，包括4万册图书和20万件手稿，连同其建筑一起于1923年捐赠给密歇根大学。此类图书馆中较为新近的一座是1964年在弗吉尼亚州列克星敦落成的马歇尔研究图书馆（Marshall Research Library）。该图书馆是为纪念乔治·卡特莱特·马歇尔将军（George C. Marshall）而建，藏品聚焦其个人历史以及20世纪美国的外交与军事史。

到1920年时或在那不久之后，大多数大学图书馆已发展到规模过于庞大甚至难以管理的地步，因此它们开始被拆分为院系图书馆或专门学院图书馆。这一趋势在19世纪时已出现萌芽，当时少数高校成立了法律、神学和医学图书馆；而在20世纪，这一趋势扩展到了其他学科领域。然而，第二次世界大战后却出现了相反的趋势，一些高校将院系图书馆重新整合为新的中心图书馆，至少试图这样做。高校的专门图书馆似乎已经站稳了脚跟，随着专业领域文献的激增，其数量似乎会无穷无尽。以密歇根大学为例，其校园内约有28座专门或院系图书馆，这在大型高校中仅处于平均水平。密歇根大学的专门图书馆收藏了从建筑设计到交通运输等各种主题的图书，藏书量也从小型图书馆的几千册到医学图书馆的10万册以上，甚至到法律图书馆的30万册以上。除了这些专门图书馆，大学的主图书馆中还有许多专门藏书，其中一些规模可达数千册。这种情况在其他上百所高校中也屡见不鲜，由此足以看出专门图书馆已然成为大学图书馆系统中不可或缺的组成部分。

在第一次世界大战前，工业研究图书馆的数量寥寥无几，近年来又建立了成千上万的类似机构。伴随第二次世界大战而来的技术和科学革命，特别强调了研究对工业企业的重要性，公司图书馆已成为必需品。杜邦公司（E. I. du Pont de Nemours Company）不仅在总部所在地特拉华州威尔明顿设有 7 座技术图书馆，还在其他 15 座城市的杜邦工厂设立了分馆。这些图书馆规模各异，藏书少的有几千册，藏书多的如威尔明顿的中心研究图书馆有 5.7 万册以上。杜邦图书馆的专业领域涵盖化学、物理学、工程学、商业和制造业，还包括生物学、细菌学、生物化学，甚至设有法律研究图书馆。西屋电气公司（Westinghouse Electric Corporation）在匹兹堡拥有 4 座图书馆，在东匹兹堡另设一馆。通用电气公司（General Electric Company）在斯克内克塔迪设有 5 座图书馆，并在其他工厂另设 40 多个分馆。这些机构代表了规模较大的工业图书馆系统，而仅拥有单一研究图书馆的企业也有数百家之多。20 世纪 60 年代，在北卡罗来纳州中部崛起了一个研究三角（Research Triangle）园区，原本只是松林遍布之地，如今已有近 20 个研究机构配备了技术图书馆。从圣地亚哥到西雅图，西海岸的工业发展也伴随着工业图书馆的兴起，仅洛杉矶地区就有至少 25 座大型工业图书馆。

如果说工业领域已经开始意识到研究图书馆的重要性，那么银行和保险领域对书籍在经营中的价值的认识也同样非常深刻。银行和保险公司是最早建立专门图书馆的行业之一，但它们的大规模应用直到 20 世纪 40 年代才真正展开。服务于银行、保险和投资机构的专业图书馆员一直以来都非常注重信息传递的速度和准确性的增值特性，而到 20 世纪 90 年代时，这些图书馆被视为高科技资产，成为所属公司严格保护的机密。

20世纪，报纸图书馆也发展迅速。纽约市是报纸图书馆的中心，自19世纪初创立以来，已经取得了长足的进步；如今，报纸图书馆数量众多，藏书规模可达数千册。《纽约时报》拥有一座约有3.8万册书籍的参考图书馆，此外还有大约1万张地图、300万件印刷品和一间包含150万多份剪报的资料室。在波士顿，《环球报》（Globe）拥有1.5万册书籍、35万张图片和300万份剪报；在芝加哥，《论坛报》（Tribune）拥有一座关于人物、地点和事件的精确信息的图书馆。进入20世纪80年代，大型报业集团开始主导报纸行业，这些集团迅速将新兴信息技术应用到他们的出版事业中。随着所有的报纸内容和稿件的准备工作都以数字形式完成，报纸档案馆逐渐被淘汰，这使得所有报纸报道都可以在线存储和访问。奈特-里德报团（Knight-Ridder Newspapers）是这一领域信息技术应用的领导者。

在现代专门图书馆中，各类国家和国际组织的图书馆也不容忽视。专业学会、教育协会、工会组织和其他许多类型的协会都已建立总部图书馆，供其专业工作人员、来访会员甚至公众使用。仅在纽约市，这样的图书馆就数不胜数，其中包括探险家俱乐部（Explorers' Club）、家庭服务协会（Family Service Association）、国际女装工人工会（International Ladies' Garment Workers' Union）以及全国制造商协会（National Association of Manufacturers）的图书馆。芝加哥则有全国房地产协会图书馆（National Association of Real Estate Boards Library）、美国图书馆协会总部图书馆以及全国牲畜和肉类委员会图书馆（National Livestock and Meat Board Library）等。华盛顿特区也有许多协会和研究所图书馆，其他州也都能找到类似的图书馆。例如，位于密苏里州堪萨斯城的琳达·霍尔图书馆专注于科学和技术，它接管了纽约工程学会图书馆（Engineering Societies Library of New York）的部分职能；而位于加利福尼亚州圣马力诺的亨廷顿图书馆则以其丰富的历史书籍和手稿收藏著称。

近年医院图书馆发展迅速，自1945年以来，其数量和规模跃增。供医生和护士使用的技术图书馆和供患者使用的大众图书馆都已成为大型医院的标准设施。例如，芝加哥至少有44座与医学相关的图书馆，包括医院、医学院、护理学院和各种协会总部的图书馆。其中，儿童纪念医院（Children's Memorial Hospital）不仅设有医生图书馆和护士图书馆，还设有专为儿童服务的图书馆。

监狱图书馆的重要性日益凸显，规模也逐渐扩大，联邦监狱系统的图书馆为典型代表，许多图书馆聘用了专业的图书馆员。惩教机构中较大的图书馆藏书量为2万—3万册。除了在改造计划中发挥娱乐和教育的辅助价值，图书馆的启发性与心理治疗价值也开始受到关注。美国惩教协会（American Correctional Association）和医院与机构图书馆协会（Association of Hospital and Institution Libraries）都关注监狱和未成年犯管教所图书馆的质量，两者共同制定了此类机构图书馆的标准。1977年，美国最高法院裁定囚犯拥有获取法律资源的宪法权利，为惩教机构图书馆的发展注入了强劲的动力。伴随着这一裁决及其他法律决定，加上图书馆行业对监狱图书馆的日益重视，以及监狱数量和规模的急剧增长，大多数惩教机构图书馆的规模和范围得到显著扩大。

总体而言，专门图书馆，尤其是技术与科学领域的图书馆，在20世纪60年代面临着一项艰巨的任务：应对世界范围内印刷机器和加工机器所产生的海量信息。即使只聚焦于一个具体的行业，该行业中某个范围相对较小的领域，近年来信息量也以几何级数增长，专业图书馆员和信息专家需要组织和处理这些资料，以便科学家和研究人员快速有序地使用。对于工业企业而言，时间就是金钱，从书籍和文件中检索信息的速度越快，对公司的价值就越高。可用的资料不仅信息量巨大，形式还多种多样，由此可以看出专门图书馆的管理工作异常艰巨。在技术图书馆中，信息不仅以书籍、期刊、电影等常见形式存在，还可能以地图、油井日志、仪表读数、打孔卡片等形式呈现，近年来更是发展为通过越来越先进的信息技术存储和访问的集成数字信息。

与专门图书馆学密切相关或可能涵盖专门图书馆学领域的是文献学（documentation）或信息科学（information science）。文献学被定义为"一种涉及专业信息传播的复杂活动体系，包括准备、复制、收集、分析、组织和分发……"该术语通常指技术信息的存储与检索，但在广义上也可用于指所有记录或保存的知识，从这点出发，它可以涵盖图书馆服务本身。到20世纪 60 年代末时，documentation 一词逐渐被 information science 取代，因为后者更能全面地概括该领域的多重意义。

美国文献学会（American Documentation Institute）成立于 1937 年，早期主要关注缩微复制技术，在第二次世界大战期间，与图书馆员传统处理流程不匹配的技术和情报报告大量涌现，这促使学会开展更广泛的探索。通过其期刊《美国文献学》（*American Documentation*），美国文献学会在文献学发展的初期和成长阶段为图书馆界提供了研究成果和解读。如今，该学会已更名为美国信息科学学会（American Society for Information Science），继续扩大并深化其服务。同时，它与美国图书馆协会下属的图书馆与信息技术协会（Library and Information Technology Association）、《图书馆自动化期刊》（*Journal of Library Automation*）以及其他众多相关组织和出版物携手合作，共同在这"信息时代"中提供更全面的支持。

专门图书馆协会仍是最具影响力和成效的同类组织之一，近年来，它已与其他一些更专业的图书馆协会携手合作。这些协会包括音乐图书馆协会（Music Library Association）、戏剧图书馆协会（Theater Library Association）、美国法学图书馆协会（American Association of Law Libraries）、医学图书馆协会（Medical Library Association）、美国神学图书馆协会（American Theological Library Association）、犹太图书馆协会（Association of Jewish Libraries）和天主教图书馆协会（Catholic Library Association）等。

加拿大图书馆

直到 19 世纪的最后二三十年，加拿大图书馆的发展才取得重大进步。以西部省份为代表，新兴的大学和学院纷纷成立，学校图书馆得到了更多关注，各省也通过立法支持设立由市政府资助的免费公共图书馆。

《安大略省免费图书馆法案》(Ontario Free Libraries Act) 于 1882 年授权各城镇征税建立免费图书馆，到 1900 年时，省内大约有 390 座公共图书馆。然而，其中大多数仍是源自机械工人协会和协会图书馆的小规模遗留机构。1895 年，部分获得补贴的机械工人协会要么选择转型为政府资助的免费公共图书馆，要么选择加入订阅制协会图书馆。这导致更多免费公共图书馆的出现，到 1900 年时，人们对图书馆的关注度异常之高，促成了安大略省图书馆协会（Ontario Library Association）的建立。

新不伦瑞克省的波特兰于 1882 年建立了免费公共图书馆，同省的圣约翰紧随其后，次年也建立了图书馆。圣约翰的免费公共图书馆最初设在城市市场大楼（City Market Building）的两个房间里，直到 1904 年才搬入由卡内基资助建造的新楼。在新斯科舍省的哈利法克斯，机械工人图书馆建立于 1831 年，1864 年被移交给市政府，并与一座早期的流通图书馆合并，形成了哈利法克斯市民图书馆（Halifax Citizens' Library），馆址设在市政厅。在西部省份，不列颠哥伦比亚省于 1891 年颁布了一项公共图书馆法案,并开始在温哥华和维多利亚建立图书馆。在其他地方,从安大略省到太平洋沿岸,订阅图书馆在1900年前仍是普遍形式,其中一些规模较大且运营良好。

这一时期新成立的高校包括1818年在哈利法克斯创办的戴尔豪斯大学(Dalhousie University)、1877年在新斯科舍省沃尔夫维尔创办的阿卡迪亚大学(Acadia University)、1874年成立的安大略农业学院(Ontario Agricultural College),以及1887年在多伦多成立的麦克马斯特大学(McMaster University)。在世纪之交,这些学校的图书馆都只有几千册藏书。1855年在蒙特利尔成立的麦吉尔大学(McGill University)藏书约10万册,与魁北克的拉瓦尔大学(Laval University)不相上下,两者是当时加拿大藏书最多的大学。

20世纪初期,安德鲁·卡内基的慈善捐赠、交通的改善以及人们对教育的浓厚兴趣促使公共图书馆的发展速度更快。1901年至1917年间,加拿大建成了125座卡内基图书馆大楼,其中大部分为公共图书馆,其余位于大学校园内。1909年的一项公共图书馆设施调查显示,安大略省的活动相当活跃,拥有131座免费公共图书馆和234座协会图书馆。它们共向省内居民提供了超过100万册藏书,其中多伦多公共图书馆(Public Library of Toronto)规模最大,藏书达15万册。在魁北克省,蒙特利尔于1903年成立了一座公共图书馆,最初仅限于收藏技术和科学类书籍。魁北克市拥有弗雷泽-希克森研究所(Fraser-Hickson Institute),其图书馆是一座依靠捐赠建立的公共图书馆，藏书约3.8万册，其中1.3万册为法文书籍。在魁北克省其他地区，较为常见的是为英语社区服务的小型图书馆协会和以法语材料为主的宗教导向的教区图书馆。在加拿大的海洋省份（Maritime Provinces），新斯科舍省的哈利法克斯和新不伦瑞克省的圣约翰拥有公共图书馆。而在西部省份，公共图书馆建设也开始起步或发展，尤其是在温尼伯、埃德蒙顿、维多利亚和温哥华。

1900年之后，一个重要的进展是麦克伦南流动图书馆（McLennan Traveling Libraries）的成立，该图书馆由私人资助，但由麦吉尔大学提供服务。这项服务始于1901年，收取4美元的费用，提供30—40册书的借阅服务，为期3个月，包括运输费用。这项服务面向加拿大几乎所有负责任的团体或个人，从小型学院到矿区营地均可覆盖，甚至还会为牧师和教会提供神学书籍。一些西部省份也提供类似的服务，但它们免费面向公众，例如始于1914年的萨斯喀彻温省流动图书馆服务（Saskatchewan Traveling Library Service）。

到20世纪20年代时，加拿大的公共图书馆迎来了又一轮平稳的进步浪潮。大型图书馆开始出现训练有素的图书馆员，并建立了分馆。各省也颁布了更广泛的公共图书馆法案，并在一定程度上提供资金支持和政策鼓励。多伦多公共图书馆仍然是加拿大同类图书馆中规模最大的；它于1930年迁入一座新的中心建筑，并通过16个分馆为大约50万人提供服务，其中包括大英帝国首家专为儿童设立的分馆。安大略省的其他大型公共图书馆包括渥太华、哈密尔顿和伦敦的图书馆。该省拥有加拿大一半以上的公共图书馆，但仍有约 40% 的居民未能享受公共图书馆服务。20 世纪二三十年代，魁北克省的公共图书馆发展滞后。蒙特利尔公共图书馆（Montreal Public Library）开设了分馆，广泛使用英语的韦斯特蒙（Westmount）地区的一座公共图书馆运营良好，并于 1922 年设立了儿童阅览室。同样在蒙特利尔，古老而珍贵的圣叙尔皮斯图书馆（Bibliothèque Saint Sulpice）成立于 1845 年，1931 年它被赠予该市，作为公共参考图书馆开放。新斯科舍省的哈利法克斯公共图书馆（Halifax Public Library）到 1927 年时藏书达 8.9 万册，新不伦瑞克省的圣约翰免费公共图书馆（St. John Free Public Library）则有约 4.5 万册藏书。20 世纪 30 年代初，卡内基基金会资助了两个区域图书馆服务的试验项目。其中一个项目在爱德华王子岛（Prince Edward Island），最终以夏洛特敦和萨默赛德的城镇图书馆为中心，建立了全省范围的图书馆服务体系。另一个项目位于不列颠哥伦比亚省的菲沙河谷，该项目同样取得了成功，通过 7 个分馆和一辆图书车，为分布在几百甚至上千平方千米的 4 万人提供服务，证明了区域图书馆的可行性。

在不列颠哥伦比亚省的主要城市中，温哥华公共图书馆（Vancouver Public Library）于 1921 年首次设立，并在 1922 年开设了第一个分馆。到 1927 年时，其馆藏数量已达到约 4 万册，而省会城市维多利亚的图书馆规模略大一些。内陆省份曼尼托巴省、阿尔伯塔省和萨斯喀彻温省在主要城市温尼伯、卡尔加里、埃德蒙顿和里贾纳拥有完善的公共图书馆服务，较小的城镇仍主要依赖于订阅图书馆或来自省会城市的流动图书馆服务。

1930年，不列颠哥伦比亚大学（University of British Columbia）图书馆馆长约翰·里丁顿（John Ridington）对加拿大公共图书馆服务展开了一项调查。调查报告显示，除安大略省和不列颠哥伦比亚省外，其他省份普遍缺乏推动公共图书馆发展的积极性。该报告还指出，公众对图书馆漠不关心，但在已提供服务的地区，如菲沙河谷，图书馆的示范项目得到了充分的使用和认可。遗憾的是，由于大萧条和第二次世界大战的影响，这项调查得出的建议迟迟未能实施。

自1945年以来，加拿大的公共图书馆事业突飞猛进。里丁顿调查的其中一个建议是建立区域图书馆，以更高效地服务于小城镇和农村地区。这种形式的图书馆已被证明十分适合加拿大，并在几乎所有省份都得到了广泛应用。安大略省依然是对图书馆最为重视的省份，但加拿大所有省份的图书馆事业均举步向前。新的图书馆法律规定了多单元服务的模式，大型图书馆与小型图书馆之间的合作也使公共图书馆服务覆盖了超过75%的加拿大人。公共图书馆的资金主要来自地方税收，大多数省份的支持力度也有所提升。省政府也提供了一些财政支持，但联邦政府几乎没有参与其中。

1977年，多伦多大都会参考图书馆（Metropolitan Toronto Reference Library）迁入宏伟的新建筑。该图书馆被誉为世界图书馆建筑的典范，也是加拿大最大的图书馆。通过多伦多大都会图书馆委员会（Metropolitan Toronto Library Board）的协调，多伦多还为周边地区提供服务。加拿大公共图书馆服务主要依赖地方资金，但魁北克省是个例外。1960年，魁北克省在省政府的支持下重建了整个公共图书馆系统。这一计划的实施彻底革新了魁北克省的图书馆服务，大幅提升了省内居民享受的服务质量，扩大了服务的覆盖范围。

加拿大其他大型都市地区也拥有极具影响力的图书馆系统，如温尼伯和温哥华。20世纪80年代，大多数加拿大图书馆依然依赖地方资金，但省政府的资金支持有所增加。萨斯喀彻温省尤为积极地直接参与其中，不仅提供集中编目服务，还在馆藏建设方面给予协助。

20世纪初，加拿大的大学与学院图书馆类似于美国的同类机构，它们通常藏书不多，管理松散，人员配备不足，对于学生和教职员工的价值也有待考量。一些历史悠久的学府拥有珍贵的书籍，它们通常由私人捐赠而来，但这些书籍大多未能得到有效利用。在安大略省，1909年，金斯顿的女王大学（Queen's University）图书馆藏书约有4万册，而多伦多大学（University of Toronto）图书馆的馆藏数量略胜一筹。蒙特利尔的麦吉尔大学（McGill University）图书馆和魁北克的拉瓦尔大学（Laval University）图书馆藏书均突破了10万册，而哈利法克斯的戴尔豪斯大学图书馆则仅有约2万册藏书。位于新斯科舍省温莎市的国王大学学院（King's University College），是加拿大最古老的学院之一，1920年它被大火烧毁，1924年学院重建时迁至哈利法克斯，并与戴尔豪斯大学建立了紧密的合作关系。它们的联合图书馆藏书仅有3万册左右。即使到20世纪20年代后期时，加拿大的大学图书馆整体规模仍然较小，大多馆藏仅有几万册。不过也有例外，多伦多大学的图书馆在1927年藏书约有21万册，女王大学藏书约有17.5万册。在此期间，加拿大又新建了几所大学，包括西安大略大学（University of Western Ontario）和大部分西部省份的省立大学。然而，这些高校不仅自己的馆藏规模不足，馆际合作也十分有限，许多图书馆更多依赖邻近的美国高校的资源，而非彼此的协作。

1945年之后，加拿大学术图书馆数量激增。数十所新的大学和学院相继成立，学术图书馆设施也得到了大量投资。到1990年时，加拿大研究图书馆协会（Canadian Association of Research Libraries）的27个成员报告称，馆藏图书近8000万册，支出超过3亿加元。同时，多伦多大学和不列颠哥伦比亚大学的图书馆规模庞大、资金雄厚，仅次于美国一些最大的大学图书馆。多伦多大学还开发了"多伦多大学图书馆自动化系统"（University of Toronto Library Automation System，缩写为UTLAS），该系统已经成为计算机化书目服务和产品领域的全球领导者。1992年，多伦多大学图书馆自动化系统国际加拿大公司（UTLAS International Canada）被ISM信息系统管理公司（ISM Information Systems Management Corporation）收购，现服务于北美洲、亚洲、大洋洲和欧洲的2500多座图书馆。ISM公司53%的股份由IBM加拿大公司（IBM Canada）持有。加拿大的大学图书馆员与美国的大学图书馆员合作密切，且在跨境的思想与创新交流中，双方互有裨益。

加拿大的学院本质上是技术学校，目前有近200所。1945年之后，对此类课程的需求剧增，学院在加拿大各地如雨后春笋。学院图书馆的藏书量比大学图书馆的藏书量少得多，学院图书馆员通常侧重于与本校的教学职能直接相关的馆藏建设和项目规划，他们还参与了许多跟全国各地的学术和公共图书馆合作的项目。

加拿大的学校图书馆发展较为缓慢。学校图书馆的发展一直是由各省自行负责的，缺乏国家层面的规划。在1950年之前，加拿大的学校图书馆通常规模小、使用频率低且没有工作人员管理藏书。虽然许多学校报告有图书馆，但是这些图书馆实际上在学校的教育计划中并未发挥重要作用。

1950年以后，许多学校开始设立图书馆，但加拿大各地的发展极为不平衡。在20世纪80年代加拿大遭受严重的经济衰退之前，这一领域还是取得了丰硕的成果。经济衰退几乎使学校图书馆的发展停滞不前。虽然相关统计数据十分不完整，但显而易见的是这一领域还有大量工作亟待完成。目前，大多数加拿大学校图书馆设施不够完善，而且很少配备受过专业训练的图书馆员。加拿大学校图书馆协会（Canadian School Library Association）作为加拿大图书馆协会（Canadian Library Association）的一个分支，正积极宣传优质学校图书馆的必要性，并鼓励为学校图书馆工作人员制定专业培训计划。

加拿大的政府图书馆包括联邦政府和省政府的图书馆。在20世纪初期，国会图书馆充当了准国家图书馆的角色，其服务主要针对议会及部分政府部门的需求。1953年，加拿大国家图书馆（National Library of Canada）正式成立；1967年，它迁入与国家档案馆共用的新馆舍。加拿大国家图书馆积极参与全国各地图书馆的合作项目，同时作为加拿大出版物的书目中心发挥重要作用。

加拿大另一座具有全国性质的图书馆是加拿大科学技术信息研究所（Canada Institute for Scientific and Technical Information）。该机构成立于1974年，由国家研究委员会（National Research Council）与国家科学图书馆（National Science Library）合并而成，目前坐落于渥太华的一座现代化建筑内。该研究所收藏科学与技术领域的大量重要文献，并开发了一系列供加拿大科学和工业领域使用的在线数据库。

加拿大最高法院图书馆（Canadian Supreme Court Library）还拥有大量法律藏书，国会图书馆（Parliamentary Library）继续满足国家立法机构对参考用书的需求。渥太华还有许多为政府机构服务的小型专门图书馆。

各省通常设有一座或多座省级图书馆。通常有一座主要的图书馆被称为省立图书馆，还有立法参考图书馆、高等法院图书馆，以及若干服务于省政府特定部门的专门图书馆。但魁北克省是个例外，其政府于1968年创立了魁北克国家图书馆（Bibliothèque Nationale du Québec）。该图书馆在某些方面类似于加拿大国家图书馆的服务,但其更注重法语出版物,是国家法语研究中心。

继学术图书馆之后,专门图书馆可能是第二次世界大战以来藏书规模和数量增长最快的图书馆。早年间,加拿大的神学图书馆、历史图书馆以及政府研究机构图书馆发展较为平稳,但近年来新增了许多工业、银行以及私人研究图书馆。法律和医学学会图书馆是最古老且最活跃的专门图书馆之一,其中许多可以追溯至19世纪。例如,蒙特利尔的律师图书馆(Advocates Library)成立于1849年,到1970年时已拥有约7万册藏书。在不列颠哥伦比亚省,律师协会(Law Society)在维多利亚、温哥华和新威斯敏斯特设有主要图书馆,并在省内其他14个地点设有小型法院图书馆。维多利亚医学学会图书馆(Victoria's Medical Society Library)成立于1922年,其在温哥华的机构则始于1906年。加拿大各地的医院图书馆纷纷成立,尤其是在1945年之后,这些图书馆通常分别为医生、护士和患者单独提供藏书。

在工业图书馆中,保险、矿业和化工公司的图书馆规模最大。在加拿大的专门图书馆中,与大学相关的图书馆也不容忽视,这些图书馆通常以院系或研究所图书馆的形式存在,或作为主图书馆中的特别收藏。例如,不列颠哥伦比亚大学的查尔斯·阿瑟·克莱恩纪念图书馆(Charles A. Crane Memorial Library)是全球规模最大的盲文书籍馆藏之一。

纵观加拿大图书馆的历史,其发展经历了漫长的积累,随后迎来了数十年的快速变革。第二次世界大战之后，各类图书馆实现了迅猛发展，尤其在20世纪六七十年代，呈现出遍地开花之势。到20世纪80年代时，加拿大和其他国家一样，也遭遇了经济衰退，这导致所有类型图书馆的经费大幅削减。面对这些挑战，加拿大的图书馆人仍在积极探索新技术，为即将到来的21世纪"信息时代"做好系统性准备。

北美的图书馆教育

美国和加拿大的图书馆教育发展轨迹相似。北美第一个正式的图书馆教育项目是梅尔维尔·杜威于1887年在哥伦比亚大学创办的图书馆经济学学院。杜威坚信，在美国培训图书馆员普遍采用的学徒制存在致命缺陷。首先，他指出，旧有的学徒制缺乏组织性和标准化，这导致通过这种方式培养出来的图书馆员在技能和职业承诺上存在巨大差异。其次，他坚信，学徒制无法培养出足够的图书馆员，而这些图书馆员正是美国快速发展的图书馆系统所需要的，后来的事实也证明了杜威的设想。

尽管他的计划遭到了贾斯廷·温瑟和威廉·弗雷德里克·普尔（William Frederick Poole）等图书馆领导者的反对，但他仍坚持不懈，并于1889年将他的学校迁至奥尔巴尼，使其成为美国图书馆教育的发源地。多年来，许多学校的风格和内容与奥尔巴尼的学校非常相似。杜威坚持认为图书馆学是一门"机械艺术"，这一理念在所有课程中得到了贯彻。课程重点放在实践性内容上，旨在确保"图书馆机器"顺畅运作。

第三部分：西方现代图书馆的发展

杜威提出了另一个影响深远的创新点，他坚持认为图书馆学院应积极招募女性从事这一行业。他预测图书馆学对男性的吸引力将逐渐减弱，同时意识到受过大学教育的有才华的女性随处可见。他对女性的积极招募促进了图书馆学的快速转型，到 1920 年时，几乎完全呈现出"图书馆学的女性化"。

从 1887 年到 20 世纪 20 年代，杜威的图书馆教育理念占据主导地位。但是随着时间的推移，反对杜威理念的声音越来越多，1919 年，卡内基基金会资助了一项由查尔斯·克拉伦斯·威廉姆森（C. C. Williamson）进行的图书馆教育研究。1921 年，极具影响力的《威廉姆森报告》（*Williamson Report*）发布。威廉姆森提议对图书馆教育进行全面改革，包括将所有图书馆教育转移到大学，强调"专业"教育而非技术培训，并对图书馆学院进行认证。威廉姆森的报告得到了普遍认可，并在许多方面决定了未来美国图书馆教育的形式和内容。1928 年，芝加哥大学开设了研究生图书馆学院（Graduate Library School），为图书馆教育增添了另一种元素。该学院从一开始就被设计为一个专注于研究和培养博士生的高级项目，对图书馆教育和图书馆实践产生了巨大影响。

从那时起，美国的图书馆教育发展速度缓慢，一直持续到 20 世纪 60 年代。随后出现了迅猛的发展，许多新学校相继成立。入学人数也大幅增加，随着联邦政府对国家图书馆系统的巨额投资，这些新毕业生迅速在其中获得了职位。到 1985 年时，美国已有 56 个获得认证的图书馆教育项目。此后美国经历了很长一段时间的经济衰退期，图书馆的支持力度也不断减弱。不少图书馆学院被迫关闭，其中包括凯斯西储大学（Case Western Reserve University）、哥伦比亚大学和芝加哥大学的图书馆学院。存续下来的图书馆学院则积极开发新课程，重点聚焦新兴信息技术及其在国家图书馆中的应用。

杜威的影响同样深刻地渗透到了加拿大。1904年，他的挚友兼同事查尔斯·古尔德（Charles Gould）在蒙特利尔的麦吉尔大学创办了加拿大第一个正式的图书馆学培训项目。随后，麦吉尔大学与多伦多大学分别于1927年和1928年推出了一年制课程。这两所学校不仅与美国的同类学校有着相同的目标和方法，还迅速通过了美国图书馆协会认证委员会（American Library Association's Committee on Accreditation）的审核，开创了加拿大图书馆学教育的先河，如今加拿大的7个项目都获得了协会的认证。值得一提的是，加拿大的学校在课程设置上率先推出了两年制的创新模式，如今这一模式正在被越来越多的美国学校借鉴。

拉丁美洲图书馆的发展

在过去一个世纪中，拉丁美洲图书馆的发展难以用简明扼要的语言概括。与发展迅速且相对均衡的加拿大和美国图书馆的历史不同，拉丁美洲图书馆的历史在各国之间差异显著；发展不均衡的情况几乎无法一概而论。以巴西为代表的一些国家似乎已经成功实现了从欠发达国家到工业化国家的转型，随着经济的快速增长，图书馆事业也蓬勃发展。大多数拉丁美洲国

第三部分：西方现代图书馆的发展

家仍处于工业化前的阶段，用于发展图书馆等社会机构的资金极为有限。各国政府的不稳定性和多样性进一步导致了图书馆服务性质和覆盖范围的巨大差异。

在整个拉丁美洲，图书馆服务发展缓慢。这种情况部分归因于总体的社会与文化条件、亟待解决的经济与政治问题，以及对书籍和图书馆价值的认知不足。不稳定的政府和经济保障的缺失，限制了图书馆发展所需的财政支持。即便具备经济支持，对知识的不重视以及对图书馆事业的轻视也会成为阻碍图书馆发展的绊脚石。

幸运的是，局势正在逐步改善。许多专业图书馆员组织中有不少在国外接受过培训的图书馆员，还有数量不断增长的图书馆学院，这些图书馆员和图书馆学院正在合力提升拉丁美洲图书馆事业的专业水平，并培养出大量新图书馆员，以满足日益增多的职位需求。还有来自外部的支持与鼓励，例如来自联合国、泛美联盟（Pan-American Union）和美国各机构的援助，为"边境以南"的图书馆发展提供了重要助力。最终，图书馆之间、国家之间以及相关团体之间的合作，正逐步解决诸多问题。短期内为所有拉丁美洲人提供充分的图书馆服务尚不现实，但从长远来看，前景仍然光明。

总结：信息时代的图书馆

1982年，《时代》（*Times*）杂志将一台电脑评选为"年度人物"，这一举动令许多美国人感到震惊。它宣告了世界历史上

"信息革命"的到来。信息时代的驱动力源自越来越强大的计算机、通信系统和专家系统软件的出现。20世纪90年代，人类生活的所有领域几乎都在新兴信息技术的影响下发生了深刻变革。面对这种变化，所有的图书馆管理者不得不跟紧脚步。在美国这样的国家，"信息时代"引发了关于书籍与图书馆未来的热烈讨论，也激起了人们对未来的种种幻想与恐惧。一些图书馆员欣然接受了完全"无纸化"图书馆的设想，而另一些则将这种趋势视为文化的自我毁灭。大多数图书馆员依旧默默耕耘，稳步推进新技术的应用，同时始终牢记图书馆肩负的核心使命：守护人类三千年间大多数以纸张为载体的文化印记。

21世纪中期的图书馆与1993年世界范围内的图书馆必定会截然不同，但其变化的具体方向和速度仍未可知。然而，有一点毋庸置疑：未来的变革将至少在一定程度上由我们的过去指引。几个世纪以来，图书馆在全世界的社会中一直扮演着不可或缺的文化角色，而如今我们终于意识到，图书馆是一个旨在保存、传递、传播和重现文明历史的文化机构，这决定了它必须深深扎根于社会的文化领域，也决定了它的结构和功能特征的表现形式。这塑造了图书馆持续数百年的历史使命，正是社会学家迈克尔·温特（Michael Winter）所称的"历史传统的强大反作用力"，因此，任何想要预见图书馆未来的人，都应当铭记图书馆与信息服务的悠久历史。

| 延伸阅读 |

美国图书馆的历史没有单卷本的专著。一些论文集提供了较为全面和系统的介绍。其中一些最优秀的作品包括:《美国图书馆史读本》(*Reader in American Library History*, Michael H. Harris, ed., Washington, D. C.: NCR, 1971),《美国图书馆史(1876—1976年)》("American Library History, 1876—1976," Howard Winger, ed., *Library Trends* 25, 1976: whole issue)、《百年服务: 美国和加拿大的图书馆事业》(*A Century of Service: Librarianship in the United States and Canada*, Sidney Jackson, ed., Chicago: American Library Association, 1976),以及《到现在的里程碑》(*Milestones to the Present*, Harold Goldstein, ed., Syracuse, N. Y.: Gaylord Professional Publications, 1978)。读者还应参考第10章结尾列出的作品。

以下是美国图书馆史领域具有重要意义的部分著作:

Adkinson, Burton W. *Two Centuries of Federal Information*, Stroudsburg, Pa.: Dowden, Hutchinson, and Ross, 1978.

Braverman, Miriam. *Youth, Society and the Public Library*, Chicago: American Library Association, 1979.

Casey, Marion. *Charles McCarthy: Librarianship and Reform*, Chicago: American Library Association, 1981.

Cole, John. *For Congress and the Nation: A Chronological History of the Library of Congress*, Washington, D. C.: Library of

Congress, 1979.

Cutler, Wayne and Michael H. Harris. *Justin Winsor: Scholar-Librarian*, Littleton, Colo.: Libraries Unlimited, 1980.

Dain, Phyllis and John Y. Cole, eds. *Libraries and Scholarly Communication in the United States: The Historical Dimension*, Westport, Conn.: Greenwood Press,1990.

DuMont, Rosemary Ruhig. *Reform and Reaction: The Big Public Library in American Life*, Westport, Conn.: Greenwood Press, 1977.

Fain, Elaine. "The Library and American Education: Through Secondary School," *Library Trend* 22 (1979): 327—52.

Garrison, Dee. *Apostles of Culure: The Public Librarian and American Society, 1876—1920*, New York: Free Press, 1979.

Hamlin, Arthur T. *The University Library in the United States: Its Origins and Development*, Philadelphia: University of Pennsylvania Press, 1981.

Harris, Michael H. *The Role of the Public Library in American Life: A Speculative Essay*. University of Illinois, Graduate School of Library Science, Occasional Paper, No.117, 1975.

Harris, Michael H. "State, Class, and Cultural Reproduction: Toward a Theory of Library Service in the United States," *Advances in Librarianship* 14 (1986): 211—52.

Harris, Michael H. and Stan A. Hannah. "Why Do We Study

the History of Libraries? A Meditation on the Perils of Ahistoricism in the Information Era," *Library and Information Science Research* 14 (1992): 123—130.

Harris, Michael H, and Stan A, Hannah. *Into the Future: The Foundations of Library and Information Services in the Post-Industrial Era*, Norwood, N. J.: Ablex,1993.

Marcum, Deanna B. *Good Books in a Country Home: The Public Library as Cultural Force in Hagerstown, Maryland, 1878—1920*, Westport, Conn.: Greenwood Press, 1994.

McNally, Peter F. ed. *Readings in Canadian Library History*, Ottawa: Canadian Library Association, 1986.

Miksa, Francis. *The Subject in the Dictionary Catalog from Cutter to the Present*, Chicago: American Library Association, 1983.

Musmann, Klaus. *Technological Innovations in Libraries, 1860—1960: An Anecdotal History*, Westport, Conn.: Greenwood Press, 1993.

Ring, Daniel F. *Studies in Creative Partnership: Federal Aid to Public Libraries During the New Deal*, Metuchen, N. J.: Scarecrow Press, 1980.

Rosenberg, Jane Aikin. *The Nation's Great Library: Herbert Putnam and the Library of Congress, 1899—1939*, Urbana: University of Illinois Press, 1993.

Shifflett, Lee. *Origins of American Academic Librarianship*,

Norwood, N. J.: Ablex, 1981.

Sullivan, Peggy. Carl H. *Milam and the American Library Association*, Chicago: American Library Association, 1976.

Thomison, Dennis. *The History of the American Library Association, 1876—1972*, Chicago: American Library Association, 1977.

Weibel, Kathleen and Kathleen M. Heim. *The Role of Women in Librarianship, 1876—1976*, Phoenix: Oryx Press, 1979.

Wiegand, Wayne. *An Active Instrument for Propaganda: The American Public Library During World War I*, Westport, Conn.: Greenwood Press, 1989.

Williamson, C. C. *Training for Library Services: A Report Prepared for the Carnegie Corporation of New York*, New York: Merrymount Press, 1923.

Winter, Michael. *The Culture and Control of Expertise: Toward a Sociological Understanding of Librarianship*, Westport, Conn.: Greenwood Press, 1988.

Young, Arthur P. *Books for Sammies: The American Library Association and World War I*, Pittsburgh: Beta Phi Mu, 1981.